학교에서 통하는 엔트리 프로그래밍

PERFECT ENTRY PROGRAMMING

학교에서 통하는 엔트리 프로그래밍

Copyright ⓒ 2017 by Youngjin.com Inc.
1016, 10F. Worldmerdian Venture Center 2nd, 123, Gasan digital 2-ro, Geumcheon-gu, Seoul, Korea 08505
All rights reserved. No part of this book may be reproduced or transmitted in any form or by any means, electronic or mechanical, including photocopying, recording or by any information storage retrieval system, without permission form Youngjin.com Inc.,

저작권법에 의해 한국 내에서 보호를 받는 저작물이므로 무단 전재와 복제를 금합니다.
이 책의 저작권은 ㈜영진닷컴이 소유합니다.

이 책에 언급된 모든 상표는 각 회사의 등록 상표입니다.
또한 인용된 사이트의 저작권은 해당 사이트에 있음을 밝힙니다.
파본이나 잘못된 도서는 구입하신 곳에서 교환해 드립니다.

ISBN 978-89-314-5298-3

독자님의 의견을 받습니다

이 책을 구입한 독자님은 ㈜영진닷컴의 가장 중요한 비평가이자 조언가입니다. 저희 책의 장점과 문제점이 무엇인지, 어떤 책이 출판되기를 바라는지, 책을 더욱 알차게 꾸밀 수 있는 아이디어가 있으면 이메일, 또는 우편으로 연락주시기 바랍니다. 의견을 주실 때에는 책 제목 및 독자님의 성함과 연락처(전화번호나 이메일)를 꼭 남겨 주시기 바랍니다. 독자님의 의견에 대해 바로 답변을 드리고, 또 독자님의 의견을 다음 책에 충분히 반영하도록 늘 노력하겠습니다.

이메일 : support@youngjin.com
주 소 : (우)08505 서울시 금천구 가산디지털2로 123 월드메르디앙벤처센터2차 10층 1016호 영진닷컴
내용 문의 메일 : mtj798@nate.com
자료 파일 제공 : 엔트리

STAFF

저자 문택주, 정동임 | **기획** 기획1팀 | **총괄** 김태경 | **진행** 정소현
본문 편집 영진닷컴 디자인팀 | **표지 디자인** 지화경 | **인쇄** 성신프린팅

머 리 말

　우리 주변에는 우리가 상상하는 것보다도 훨씬 많은 소프트웨어들이 숨어 있습니다. 학생들이 일상생활 속에서 만나는 소프트웨어를 떠올려보겠습니다. 집에서 나오는 순간 만나는 엘리베이터, 길을 건널 때 만나는 신호등, 신체검사를 할 때 사용하는 인바디 기계, TV를 볼 때 쓰는 리모컨, 그리고 매일같이 사용하는 컴퓨터와 스마트폰은 날이 갈수록 더 광범위하게 활용되고 있습니다. 또한, 소프트웨어는 컴퓨터 관련 산업뿐만 아니라 수학, 과학, 심지어 예술 분야에까지 광범위하게 쓰이고 있습니다. 심지어 전혀 관련이 없어 보이는 예술가, 운동선수와 같은 직업들조차도 소프트웨어와 밀접하게 연계되어 있고 이러한 현상은 앞으로 더 심화될 것입니다. 17세기에는 산업혁명으로 길이를 재고 계산을 할 수 있는 사람을 필요로 했습니다. 그렇게 '수학'은 교과로 들어왔습니다. 다가올 미래 사회에는 우리 주변을 가득 채울 소프트웨어의 원리를 알고 이를 바탕으로 문제를 해결하는 새로운 능력을 가진 사람을 필요로 합니다. 그러한 능력(컴퓨팅 사고력)을 길러주는 것을 목표로 지금 영국, 일본, 인도, 미국 등 전 세계적으로 SW 교육의 중요성이 강조되고 필수 과목으로 가르치는 움직임이 있으며, 우리나라에서도 2018년부터 초·중등에서 SW 관련 사항을 필수로 이수하도록 지침을 내렸습니다.

　최근에 강조되고 있는 컴퓨팅 사고력이란 '문제를 해결할 수 있는 사고 능력'입니다. 그렇다면 컴퓨팅 사고력은 이제까지 교육에서 강조해 온 문제 해결력과 어떤 점이 다를까요? 사람은 같은 일을 반복하는 것을 쉽게 지루해합니다. 그 때문에 우리 주변의 많은 단순작업들을 기계가 대신하도록 만들고 우리는 좀 더 고차원적인 활동을 하기 원합니다. 우리가 어떤 문제를 만났을 때 그것을 해결하는 방법을 찾아내는 것은 사람의 몫이지만, 그 이후부터 같은 문제를 만났을 때는 컴퓨터나 기계가 미리 찾아 놓은 방법에 따라 문제를 자동으로 해결해 주기를 원하는 것입니다. 실제로 우리 주변의 많은 문제들이 그렇게 자동화되어 처리되고 있으며 우리가 앞으로 만날 미래 사회에서는 그러한 경향이 더욱 커질 것입니다. 즉, 문제를 '사람'이 아니라 '컴퓨터'가 자동으로 해결할 수 있는 방법으로 해결하는 것이 바로 '컴퓨팅 사고력'인 것입니다.

본 교재에서 다루고 있는 '교육용 프로그래밍 언어 – 엔트리'란 C, JAVA와 같이 진입장벽이 높은 전문 언어가 아닌, 아이들이 프로그래밍을 쉽게 할 수 있게 고안된 언어입니다. 교육적인 목적을 가지고 개발되었으며 학습자에게 친숙한 일상 언어를 사용하여 블록 형식 또는 텍스트 형식으로 손쉽게 프로그램을 만들 수 있습니다. 쉬운 프로그래밍 방법과는 달리 복잡한 알고리즘의 구현이 얼마든지 가능하여 컴퓨팅 사고력 향상에 적합한 도구입니다. 이러한 도구로 학생들은 게임, 애니메이션, 미디어 아트, 응용 프로그램 등을 자유롭게 만들며 창의성과 컴퓨팅 사고력을 기를 수 있습니다.

교과 연계 SW 교육은 크게 표현 중심, 교과 중심, 컴퓨팅 사고력 중심의 3가지로 나누어 볼 수 있습니다. 표현 중심은 엔트리와 같은 SW 교육 툴을 표현의 도구로써 사용하는 것입니다. 주로 교과와 관련된 주제를 가지고 애니메이션, 시뮬레이션 형태로 자유롭게 표현합니다. 교과 중심은 교과에서 배우는 내용에 가장 중점을 둔 방법입니다. 학생들은 교과에서 배운 내용을 적용해보는 기회를 가짐으로써 교과 내용을 내면화 및 심화합니다.

컴퓨팅 사고력 중심은 SW 교육에서 가장 추구하는 방향입니다. 학생들이 컴퓨터 과학적 지식을 바탕으로 실생활 문제를 해결할 수 있도록 하는 것에 중점을 둡니다. 이 3가지 구분은 절대적인 것이 아니며, 2~3가지 방법이 융합되어 수업에 적용될 수 있습니다.

SW 교육은 우리에게는 조금 생소하게 느껴지지만 미래를 살아갈 아이들을 위해 시대의 변화를 인식하고 준비해야만 합니다. IT 기술과 SW로 인해 세상이 변하는 속도는 점점 빨라지고 있습니다. 하지만 우리는 이런 변화에 무감각할 때가 많습니다. 우리가 이러한 변화에 무감각해진다면 나도 모르게 SW 중심 사회에서 살아갈 아이들을 사회 부적응자로 만들게 될 수도 있습

문 택 주
- (현) 서울진관초등학교교사, 서울교대 컴퓨터과 석사
- 서울, 인천, 대전, 충북교육연수원 1정연수, 수석교사 강의
- 서울시교육청, 경기도교육청 강원교육정보원 연수 강의
- 조선일보, 대교, 한국교육개발원 스마트교육 연수 강의
- 대표저서 : 선생님을 위한 컴퓨터활용 BEST 30, 스마트러닝 활용 BEST 30, 학교에서 통하는 Prezi로 발표수업 달인되기 개정판 (영진닷컴)

니다. 사실 현장에 계신 대부분의 선생님들께서는 SW 교육을 접해본 적이 없기 때문에 새로운 것에 대한 막연한 두려움이 있는 것이 사실입니다. 그러나 우리는 미래를 살아갈 아이들을 위해 SW 교육이라는 큰 변화를 맞이해야만 합니다.

아직은 시작 단계이지만, 저는 작년과 올해 SW 선도학교를 운영하며, 제 주변의 학생, 선생님, 학부모님들께 'SW 교육은 어렵지 않고, 꼭 필요하다' 는 믿음을 드리기 위해 열심히 노력하고 있습니다. 사실 지금 저보다 훨씬 훌륭하신 분들께서 이미 SW 교육을 위해 관련 동아리, 연구회 등의 모임도 만드시고, 수업 연구도 하시면서 수업 자료를 만들고 공유할 수 있는 문화도 형성해놓았습니다. 사실 제 스스로도 부족한 실력으로 만든 책이기에 세상에 내놓기 많이 부끄럽지만, SW 선도학교를 운영하며 학생들과 교과연계 SW 수업을 위해 만들었던 자료들을 하나의 사례로 내놓고자 책으로 집필하게 되었습니다. 더 좋은 교재가 완성되기까지 많은 어려움과 두려움이 있겠지만, '예측할 수 없다면 창조하면 된다.' 라는 믿음을 가지고 끊임없이 연구하고 부지런히 전파하는 후배 교사가 되고 싶습니다. 부족하지만 이 교재가 나오기까지 많은 도움을 주신 분들께 감사의 말씀을 드립니다.

저자. 문택주 · 정동임

| 저서 | 정 동 임
- 업무에 바로 쓰는 엑셀 & 파워포인트 2007, 2010
- ICT교수학습자료제작, 컴퓨터로 준비하는 중학수행평가
- 완벽대비, GTQ 포토샵 1급, 완전 소중한 다이어리 꾸미기 (에이스엠이 출판사)
- 학교에서 통하는 Prezi로 발표수업 달인되기 개정판 (영진닷컴)외 다수

효율적인 학습을 위한 본문 구성 살펴보기

Section 제목
다양한 프로젝트를 각 특징에 맞게 구성하여 필요한 내용을 쉽게 찾아볼 수 있습니다.

Section 리드문
해당 Section에서 학습하게 될 핵심 내용을 선별하여 설명합니다.

예제 파일 경로
학습할 프로젝트에 필요한 예제 파일과 웹 주소를 수록하여 참고할 수 있습니다.

프로젝트 미리보기
학습하게 될 프로젝트의 완성 결과물을 미리 보여줍니다.

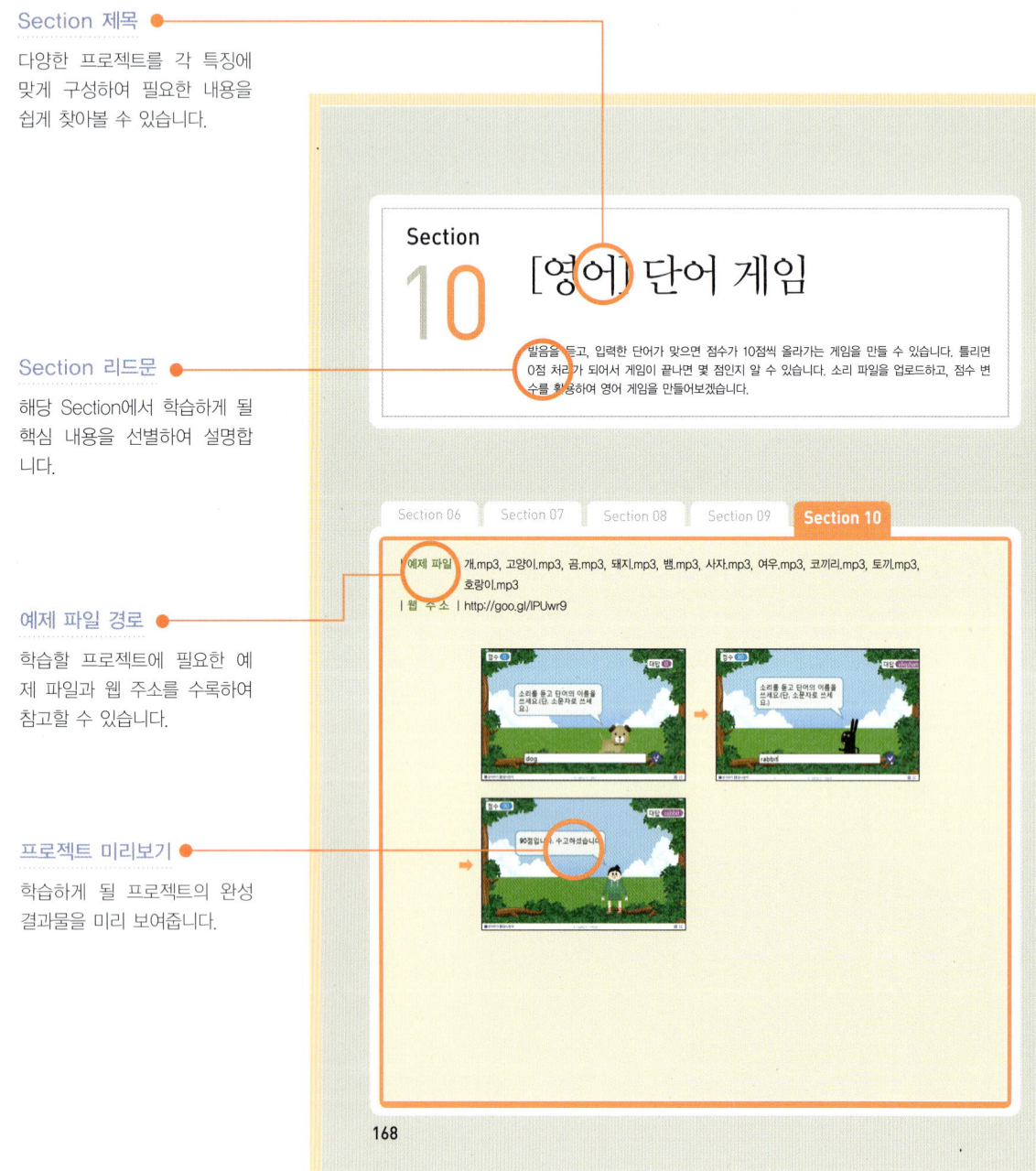

• Step 제목

실제 프로젝트를 제작하는 과정의 단계입니다.

Section 13 [음악] 피아노건반 연주하기

키보드와 소리 연결하기   Step 03

01 ›› '도' 오브젝트를 선택한 후 [블록] 탭의 [시작] 카테고리에서 블록을 블록 조립소로 가져갑니다. [생김새] 카테고리에서 블록을 가져와서 조립합니다.

[시작하기] 버튼을 클릭하면 건반 모양은 보이지 않고, 피아노만 보이게 됩니다.

02 ›› [시작] 카테고리에서 블록을 블록 조립소로 가져온 후 'q' 부분을 클릭하면 가상 키보드가 표시됩니다. 진한 파란색 부분의 키만 선택할 수 있으므로 실제 키보드에서 숫자키 중 1을 누릅니다.

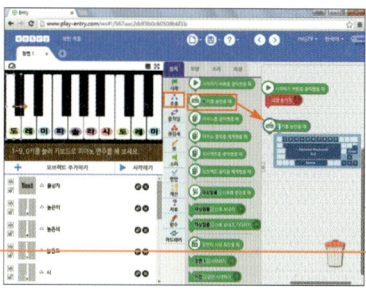

숫자키 중 1을 누르면 '도' 소리가 날 수 있게 설정하는 과정입니다.

03 ›› [생김새] 카테고리에서 블록을 가져와서 조립하고, [소리] 카테고리에서 블록을 가져와서 조립합니다.

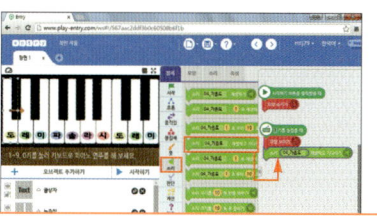

숫자키 중 1을 누르면 '도' 건반이 보이고, '가온도' 소리가 재생되도록 블록 조립합니다.

• 부연 설명

프로젝트 제작 과정에서 쉽게 틀리는 사항이나 참고할 내용들을 부연 설명합니다. 프로젝트 상에서 오류가 발생할 수 있는 부분에 주의할 수 있도록 꼼꼼하게 살펴봅니다.

• 따라하기

실제 프로젝트를 제작하는 내용입니다. 그림과 설명을 함께 참고하면서 프로젝트를 완성해 봅니다.

효율적인 학습을 위한
본문 구성 살펴보기

학습정리

각 Section에서 학습한 핵심 내용을 정리하였습니다. 학습정리를 통해 놓치기 쉬운 내용들을 다시 학습할 수 있습니다.

퀴즈 및 실습 문제

01 엔트리의 그림판을 사용하려면 블록 꾸러미 중 어떤 탭을 클릭해야 합니까? ( )
① 블록 ② 모양
③ 소리 ④ 속성

02 엔트리 그림판 도구 중 반듯한 선을 그릴 때 사용하는 것은 어느 것입니까? ( )
① ✏️ ② ✏️
③ 🟧 ④ T

03 오브젝트가 입력한 x와 y좌표로 이동할 때 필요한 블록은 어느 것입니까? ( )
① `10 위치로 이동하기`
② `10 뒤로 이동하기`
③ `x 0 y 0 위치로 이동하기`
④ `2 초 동안 x: 10 y: 10 위치로 이동하기`

04 스위치를 누르면 방 안의 전등에 불이 들어오게 만드세요.
(웹 주소 : http://goo.gl/LarxiU)

- 오브젝트 : '초록방', '전등(1)', '스위치(2)' 추가하기
- 신호 : 'on' 추가하기

▲ 실행 화면

정답
1. ② 2. ② 3. ③
4. ① 상단 메뉴 중 🗀 - [새로 만들기]를 클릭하여 새 작품을 만듭니다.
   ② [오브젝트 추가하기]를 클릭한 후 [라이브러리] 탭을 클릭하고, '초록방', '전등(1)', '스위치(2)'를 각각 불러옵니다.
   ③ '스위치(2)' 오브젝트를 선택한 후 [시작] 카테고리에서 블록을 블록 조립소로 가져온 후 블록을 가져와서 조립합니다.
   ④ '전등(1)' 오브젝트를 선택한 후 [시작] 카테고리에서 블록을 블록 조립소로 가져옵니다.
   ⑤ [생김새] 카테고리에서 블록을 드래그하여 블록 조립소로 가져가서 조립합니다.

Contents

Chapter 01 SW 교육의 필요성 • 14

Section 01 소프트웨어 교육의 필요성과 교육 방법론   16
- Step 01   소프트웨어 교육의 필요성   17
- Step 02   소프트웨어 교육 방법론   22

Section 02 엔트리 보드와 카드 게임   28
- Step 01   언플러그드 교육이란?   29
- Step 02   엔트리 보드 게임과 카드 게임   33

Section 03 엔트리 시작하기   47
- Step 01   엔트리 회원가입하기   48
- Step 02   엔트리 둘러보기   50
- Step 03   엔트리 만들기 화면 구성 요소 알아보기   53

Section 04 엔트리 학습하기   59
- Step 01   [문제 해결하기]로 순차 학습하기   60
- Step 02   [문제 해결하기]로 반복 학습하기   64
- Step 03   [문제 해결하기]로 조건 학습하기   67
- Step 04   [문제 해결하기]로 함수 학습하기   69

Section 05 엔트리 프로그래밍의 첫걸음   74
- Step 01   순차 프로그래밍   75
- Step 02   반복 프로그래밍   79
- Step 03   조건 프로그래밍   83
- Step 04   신호 프로그래밍   87
- Step 05   변수 프로그래밍   91

Chapter 02 엔트리 수업에 바로 활용하기 1 • 98

Section 06 [수학] 두 자릿수 덧셈하기 — 100
- Step 01 새 작품 만들기 — 101
- Step 02 오브젝트 추가하기 — 102
- Step 03 블록 꾸러미 — 104
- Step 04 변수 만들기 — 105
- Step 05 덧셈 문제 내고 대답하기 — 107

Section 07 [사회] 지도를 이용하여 우리 지역의 도시 찾기 — 116
- Step 01 글상자 추가하기 — 117
- Step 02 장면 추가하기 — 120
- Step 03 파일 업로드하기 — 121
- Step 04 묻고 대답 기다리기 — 125

Section 08 [국어] 선거 유세하고 투표하기 — 132
- Step 01 선거 유세 말풍선 만들기 — 133
- Step 02 신호 사용하여 오브젝트간 연속적인 활동 일으키기 — 136
- Step 03 변수 만들어서 학생수 정하기 — 139
- Step 04 후보자에 투표하기 — 142

Section 09 [과학] 꼬마 전구의 밝기 비교하기 — 150
- Step 01 장면 추가하고 오브젝트와 연결하기 — 151
- Step 02 전선 그리기 — 153
- Step 03 신호와 변수 만들기 — 156
- Step 04 직렬 연결에서 전지개수에 따른 전구 밝기 — 157
- Step 05 병렬 연결에서 전지개수에 따른 전구 밝기 — 162

Contents

Section 10 [영어] 단어 게임 ... 168
- Step 01 영어 발음 추가하기 ... 169
- Step 02 소리 듣고 정답 입력하기 ... 171
- Step 03 점수 변수 만들고 모양 추가하기 ... 173

Chapter 03 엔트리 수업에 바로 활용하기 2 • 180

Section 11 [실과] 쓰레기 분리수거 게임 ... 182
- Step 01 '분리수거함' 오브젝트 복제하고 모양 추가하기 ... 183
- Step 02 무작위로 쓰레기 모양 변경하기 ... 185
- Step 03 방향키로 쓰레기 모양 움직이게 조립하기 ... 187
- Step 04 쓰레기를 분리수거함에 넣고 점수 올리기 ... 188
- Step 05 초시계 설정하고 글상자로 게임 방법 설명하기 ... 191

Section 12 [미술] 연필로 그림 그리고 공유하기 ... 197
- Step 01 연필로 그리기 ... 198
- Step 02 신호 추가하고 지우개로 지우기 ... 201
- Step 03 연필 선 굵기 ... 202
- Step 04 작품 공유하기 ... 206

Section 13 [음악] 피아노건반 연주하기 ... 211
- Step 01 모양 바꾸기 ... 212
- Step 02 소리 추가하고 글상자 삽입하기 ... 215
- Step 03 키보드와 소리 연결하기 ... 217

Section 14 [체육] 운동회 사진 보기   222
- Step 01   파일 업로드하고 모양 추가하기   223
- Step 02   이전과 다음 버튼 신호 보내기   225
- Step 03   이전과 다음 버튼 신호를 받았을 때 사진 변화 블록 조립하기   228
- Step 04   나의 학급 만들기   233

Section 15 [도덕] 법과 규칙 문제 풀기   238
- Step 01   문제 장면 추가하기   239
- Step 02   리스트 추가하고 문제 만들기   241
- Step 03   나머지 문제 만들기   245
- Step 04   정답 점수 확인하기   247
- Step 05   오픈 강의   250

Chapter 01

학 교 에 서 통 하 는 E n t r y

Section 01   소프트웨어 교육의 필요성과 교육 방법론
Section 02   엔트리 보드와 카드 게임
Section 03   엔트리 시작하기
Section 04   엔트리 학습하기
Section 05   엔트리 프로그래밍의 첫걸음

SW 교육의 필요성

다가올 미래 사회에는 우리 주변을 가득 채울 소프트웨어의 원리를 알고 이를 바탕으로 문제를 해결하는 새로운 능력을 가진 사람을 필요로 합니다. 그러한 능력(컴퓨팅 사고력)을 길러주는 것을 목표로 지금 영국, 일본, 인도, 미국 등 전 세계적으로 SW 교육의 중요성이 강조되고 필수 과목으로 가르치는 움직임이 있으며, 우리나라에서도 2018년부터 초·중등에서 SW 관련 사항을 필수로 이수하도록 지침이 내려온 상황으로 그 어느 때보다 SW 교육이 필요합니다. 언플러그드 활동을 통해 '알고리즘/프로그래밍'의 원리를 배우고, 알고리즘의 기본 개념 습득 활동을 통해 교육용 프로그래밍 언어인 엔트리에 대해서 알아보겠습니다.

Section 01 소프트웨어 교육의 필요성과 교육 방법론

우리 주변에는 상상하는 것보다도 훨씬 많은 소프트웨어들이 숨어 있습니다. 집에서 나오는 순간 엘리베이터, 길을 건널 때 만나는 신호등, TV를 볼 때 쓰는 리모컨, 매일같이 사용하는 컴퓨터와 스마트폰은 날이 갈수록 더 광범위하게 활용되고 있습니다. 또한, 소프트웨어는 컴퓨터 관련 산업뿐만 아니라 수학, 과학, 심지어 예술 분야까지도 광범위하게 쓰이고 있습니다. 컴퓨터 사고력을 길러주는 것을 목표로 전 세계적으로 SW 교육의 중요성이 강조되고 있으며, 우리나라에서도 SW 교육이 필수가 될 예정입니다. 소프트웨어 교육의 필요성과 교육 방법에 대해 더욱 자세히 알아보겠습니다.

Section 01 | Section 02 | Section 03 | Section 04 | Section 05

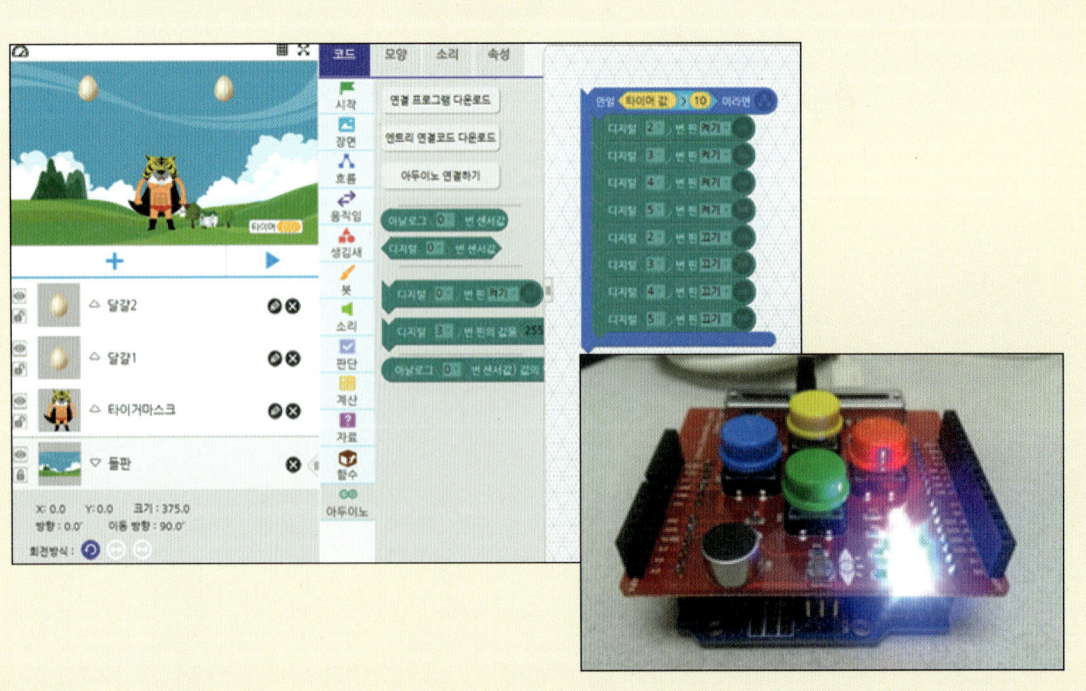

소프트웨어 교육의 필요성

Step 01

01 >> 소프트웨어란?

지금까지 과거 시대와 오늘날의 변화를 살펴보면 이러한 변화를 이끈 힘에는 크게 2가지가 있습니다. 첫 번째로는 컴퓨터라고 하는 하드웨어가 등장한 것이고, 그 하드웨어에 들어가는 '소프트웨어'가 나머지 한 축이라 할 수 있습니다. 하지만 하드웨어가 있다고 해서 큰 변화가 일어나지는 않았습니다. 다양한 소프트웨어 개발로 많은 발전과 변화가 일어났습니다. 소프트웨어는 하드웨어에 사람이 원하는 일을 하기 위해 명령을 해놓은 것을 말하며, 컴퓨터 프로그램이나 스마트폰이 대표적입니다.

▲ 하드웨어   ▲ 소프트웨어

02 >> 현재 우리 주변의 소프트웨어

소프트웨어는 컴퓨터 프로그램이나 스마트폰 외에도 생활 속 많은 기기에서 사용되고 있습니다. 신호등에는 신호를 제어하는 기능, 밥솥에는 다양한 밥을 지을 수 있는 기능, 에어컨에는 온도를 조절하는 기능 등 다양한 부가 기능을 할 수 있게 하는 소프트웨어가 우리 생활 속에 있습니다. 그뿐만 아니라 소프트웨어는 산업 속에서도 널리 쓰이고 있습니다. 비행기와 배, 무기를 만들 때에도 소프트웨어는 매우 중요한 역할을 합니다. 산업 중에서 소프트웨어를 사용하지 않는 경우를 이제는 거의 찾기가 힘들 정도입니다.

03 » 미래를 변화시키는 소프트웨어

소프트웨어의 발전은 분명 우리 생활을 편리하게 만들어 주지만, 인간 생활을 위협하기도 합니다. 지금도 취업난이 심각한데, 로봇·컴퓨터에게 밀려 20년 내에 직업의 35% 이상이 사라진다고 합니다. 소프트웨어 발전에 따라 미래의 직업도 재편될 것입니다.

현재에도 소프트웨어가 생활, 산업 전반에 걸쳐 있는데, 미래에는 사물인터넷(Internet of Things)과 웨어러블(Wearable)을 통해 소프트웨어는 점점 더 우리와 밀접해질 것입니다.

하지만 소프트웨어는 인간만이 가능한 영역이라고 생각했던 전문직, 연구직까지 위협하게 되었습니다. 인공지능 컴퓨터 '왓슨'은 암 치료에 관해 의료전문가보다도 2배 가량 높은 수준으로 정확한 의사결정을 해내고 있으며 인공지능 컴퓨터는 스스로 학습할 수 있는 능력을 갖추고 있기 때문에 다양한 전문 영역까지 가능해졌습니다.

따라서 미래의 유망 직종은 소프트웨어와 융합을 잘 이끌어낸 산업이 될 것이고, 그 관련 직업들이 될 것입니다. 그래서 세계 여러 나라들은 SW 교육에 힘쓰고 있습니다.

> **사물인터넷과 웨어러블**
> - 사물인터넷(Internet of Things) : 냉장고, TV, 집의 보일러, 자동차와 같은 다양한 사물들이 인터넷을 통해 서로 정보를 교환하며 스스로 다양한 일을 하는 것을 말합니다. 생활 속 사물들을 유무선 네트워크로 연결하여 정보를 공유하는 가전제품, 스마트홈, 스마트카, 원격 의료 등 다양합니다.
> - 웨어러블(Wearable) : 말 그대로 '착용할 수 있는'으로 컴퓨터가 탄생한 이래로 컴퓨터의 크기는 점점 소형화, 경량화되고 있습니다. 옷이나 시계, 안경 등 자유롭게 몸에 착용하고 다닐 수 있는 컴퓨터를 말합니다.

04 » SW 교육의 필요성

현재 시대가 소프트웨어를 중심으로 변화되다 보니 그 시대를 살아갈 학생들에게는 소프트웨어가 기초 역량으로 필요하게 되었습니다. 다양한 연구 결과에 의하면 소프트웨어 교육은 '논리적 사고력/창의력 사고력/문제 분석 능력/문제 해결 능력'을 향상 시켜줍니다. 소프트웨어 교육은 학생들의 사고력을 향상 시켜주므로, 소프트웨어 교육이 절실히 필요하다고 할 수 있습니다.

05 » SW 교육 목표

지금까지는 컴퓨터 과학이 단순히 컴퓨터 및 첨단 정보통신기기에 대한 지식을 가지거나 다양한 소프트웨어를 활용하는 능력에 관한 분야로 인식되었지만 SW 교육은 미래 사회의 핵심적인 사고 과정이라고 할 수 있는 컴퓨팅 사고력(Computational Thinking)을 함양하는 것이라고 할 수 있습니다.

컴퓨팅 사고력은 컴퓨팅 시스템의 역량을 활용하여 해결하고자 하는 문제를 효과적이고 효율적으로 해결할 수 있는 절차적 사고 능력입니다.

(한국 과학 창의 재단, 2014)

컴퓨팅 사고력	정의
자료 수집	해결해야 하는 문제와 관련된 알맞은 자료를 모으는 과정
자료 분석	자료를 이해하고, 패턴을 찾아 결론을 도출
자료 표현	적절한 그래프, 차트, 글, 그림 등으로 자료 정리
문제 분해	문제를 해결 가능한 수준의 작은 문제로 나누기
추상화	문제 해결을 위해 반드시 필요한 핵심 요소를 파악하고, 복잡함을 단순화
알고리즘 & 절차	문제를 해결하거나 어떤 목표를 달성하기 위해 수행되는 일련의 단계
자동화	컴퓨팅 시스템이 수행할 수 있는 형태로 해결책 나타내기
시뮬레이션	자동화의 결과이며, 문제를 해결하기 위하여 만든 모델을 실행시켜 결과 파악하기
병렬화	목표를 달성하기 위한 작업을 동시에 수행하도록 자원을 구성

우리나라에서도 컴퓨팅 사고력을 가진 인재를 키우기 위해 교육부의 SW 교육 운영 지침의 SW 교육의 목표를 컴퓨팅 사고력을 가진 창의·융합 인재 양성이라고 명시하고 있습니다.

▲ 교육부의 SW 교육의 목표

06 » 해외와 우리나라의 SW 교육 흐름

❶ 세계 주요국 SW 교육

• 최근 해외 SW 교육의 변화

연도	국가	내용
2010, 2013년	인도	인도 초중등에서 **필수 과목**으로
2011년	이스라엘	중학교 CS 과정 개발 및 운영(고등 이미 필수)
2012년	일본	'정보' 과목을 고등학교에서 **필수 과목**으로
2014년	영국	'컴퓨팅' 과목을 5세 ~ 16세 **필수 과목**으로
	미국	code.org 가입자 3천 7백 명
2014, 2015년	에스토니아, 핀란드	개정 움직임
2015년	미국	30개 교육청 정보 과학을 졸업 학점 인정 과목 지정
2016년	미국	AP 코스 'Computational Thinking' 과목 실시 결정

• 해외 초등 SW 교육 현황

국가	내용
영국	만 5세부터 컴퓨팅 교육 시작(필수)
프랑스	연간 78시간/주당 11시간(필수)
인도	1~4학년 주 1시간/5~8학년 주 2시간(필수)
중국	3~6학년 총 70시간(선택)

❷ 우리나라의 SW 교육 의무화 발표(2015)
• 문·이과 통합형 교육 과정 중 'SW 교육 강화 방안'

	기존 교육 과정	개편안
초등학교	실과 과목의 ICT 활용 단원으로 존재	• 실과 ICT 활용 단원을 SW 기초 소양 단원으로 확대 구성 • 17시간 이상 필수 교육 • 2019년부터 초등학교 5~6학년 대상 1학기 동안 1주일에 1시간씩 학습
중학교	선택 과목으로 정보 교과 존재	• '과학/기술·가정/정보' 교과군 신설 • '정보' 과목을 SW 교육 중심으로 개편 • '정보' 과목을 필수 과정으로 34시간 이상 교육 • 2018년부터 3년 중 1년 동안 1주일에 1시간씩 학습
고등학교	심화 선택 과목으로 정보 교과 존재	'정보' 과목을 일반 선택으로 전환하여 운영

• 초·중등 소프트웨어 연구학교, 선도학교 운영

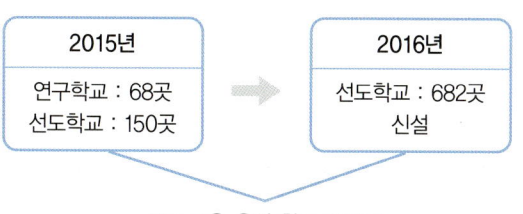

SW 교육 운영 학교 900곳

소프트웨어 교육 방법론

Step 02

01 » SW 교육 단계

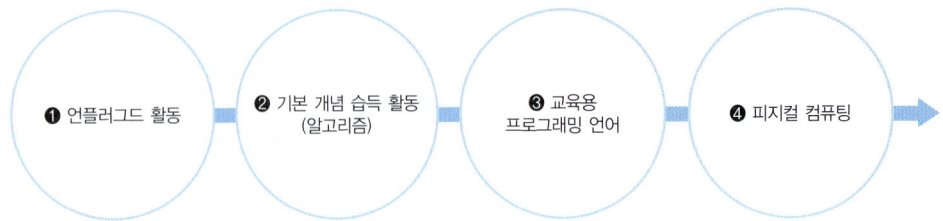

❶ 언플러그드 활동 → ❷ 기본 개념 습득 활동 (알고리즘) → ❸ 교육용 프로그래밍 언어 → ❹ 피지컬 컴퓨팅

02 » SW 교육 단계별 활동

❶ 언플러그드 활동

언플러그드 활동은 컴퓨터 없이 컴퓨터 과학의 원리와 알고리즘을 학습할 수 있는 놀이 활동을 말합니다. 어떠한 컴퓨터 기기도 사용하지 않고 몸이나 학습지, 교구들을 이용하여 활동하는 것을 말합니다.

 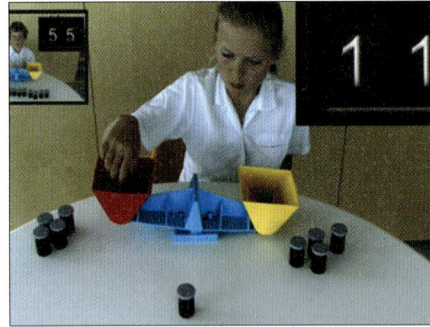

> **알고리즘이란?**
> 어떠한 문제를 해결하기 위한 일련의 절차를 말합니다. 예를 들어 집에서 학교까지 등교하는 방법을 문제라고 할 때 집에서 나와 횡단보도를 건너 좌회전하고 학교에 도착할 때까지의 일련의 절차를 알고리즘이라고 합니다.

• 대표적인 언플러그드 활동

대표적인 언플러그드 활동으로 '엔트리봇 보드 게임'과 '엔트리봇 카드 게임'이 있는데, 보드 게임과 카드 게임을 통해서 '알고리즘/프로그래밍'의 원리를 가르칠 수 있습니다.

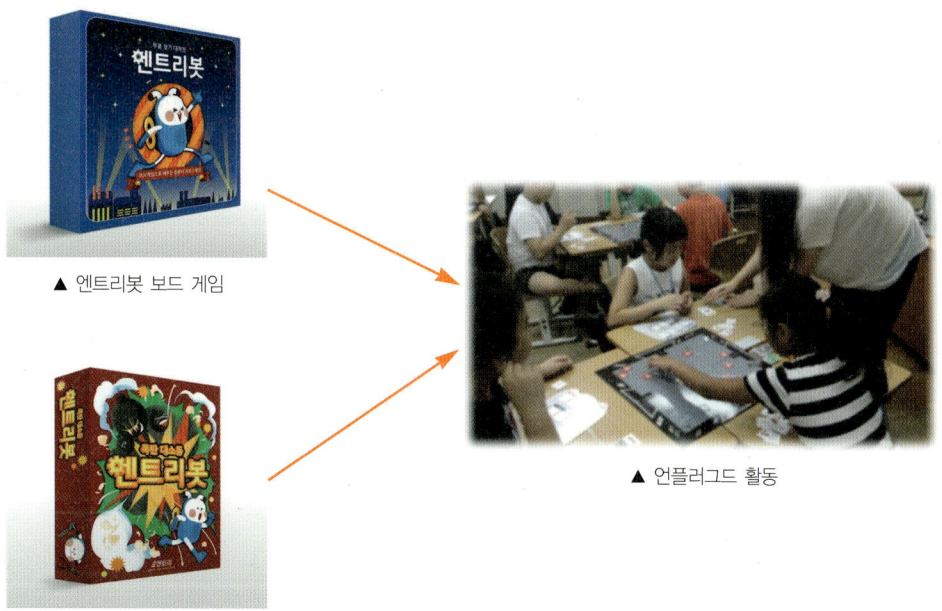

▲ 엔트리봇 보드 게임

▲ 엔트리봇 카드 게임

▲ 언플러그드 활동

❷ 기본 개념 습득 활동(알고리즘)

놀이(게임) 형식의 소프트웨어를 통해서 학생들에게 프로그래밍의 기초 개념, 즉 순차, 반복, 조건, 함수 등을 가르칠 수 있습니다.

• 대표적인 기본 개념 습득 활동(알고리즘)

놀이(게임) 형식의 소프트웨어로 대표적인 것에는 엔트리 학습 모드, light-bot, code.org가 있습니다.

엔트리 학습 모드

단계별로 시작점에 있는 엔트리봇을 특정 목적지까지 보내는데 미션을 받고 미션을 수행하면서 학습합니다. 미션에 맞게 블록을 순차, 반복, 조건에 맞게 조립하여 소프트웨어를 만드는 기초 알고리즘을 학습할 수 있습니다.

❸ 교육용 프로그래밍 언어

언플러그드와 기초 개념 습득 활동은 주로 '사고력'을 통해 알고리즘을 학습하였다면 직접 교육용 프로그래밍 언어를 사용할 수 있습니다.

• 대표적인 교육용 프로그래밍 언어

학생들이 손쉽게 소프트웨어를 만들 수 있도록 개발된 프로그래밍 언어로 '엔트리'와 '스크래치'가 있습니다. 학생들은 게임, 미디어 아트, 응용 프로그램 등을 자유롭게 만들며 창의성과 컴퓨팅 사고력을 기를 수 있습니다.

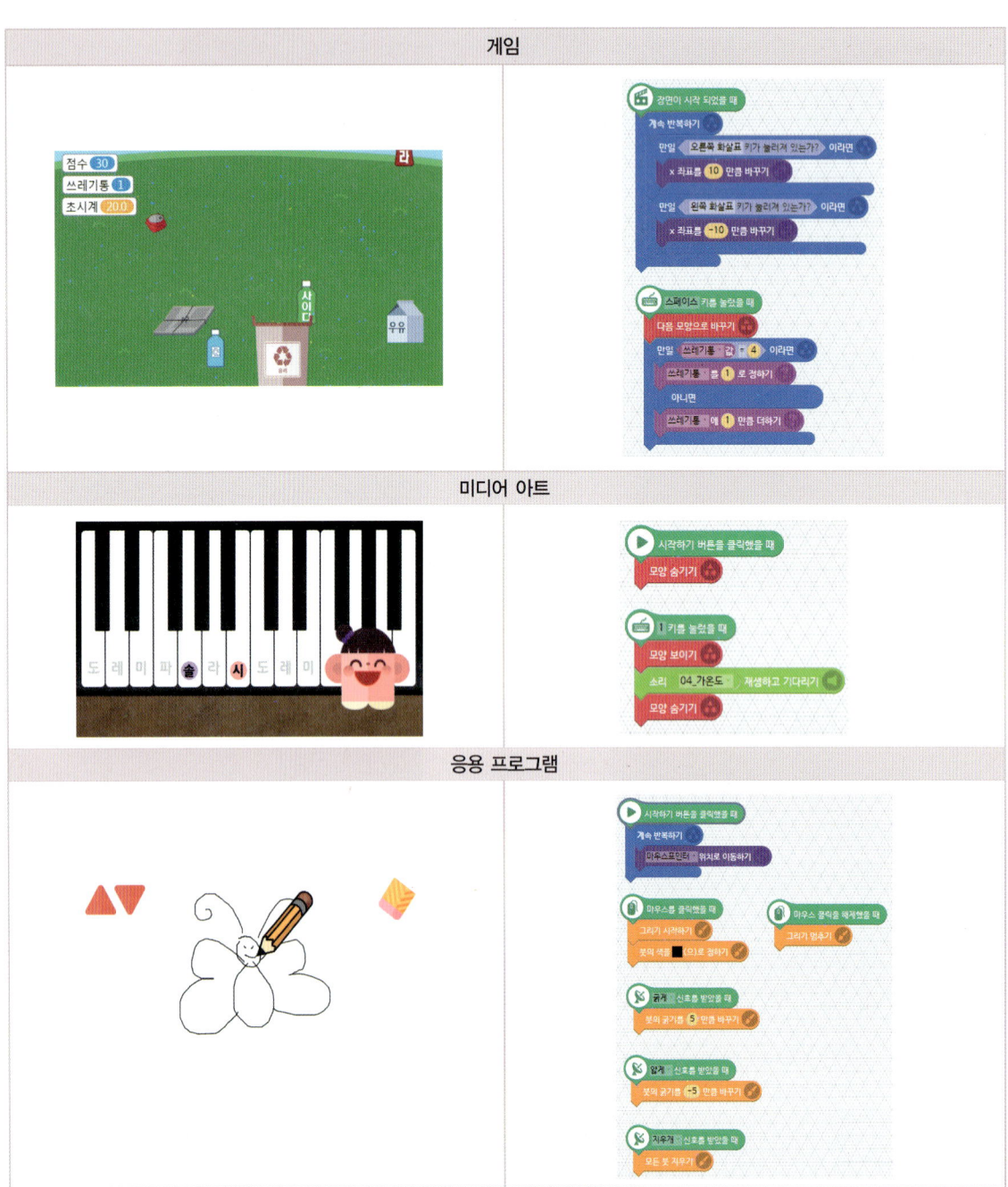

❹ 피지컬 컴퓨팅

피지컬 컴퓨팅이란 '컴퓨터 프로그램과 현실 세계가 서로 상호 작용할 수 있게 하는 것'을 말합니다.

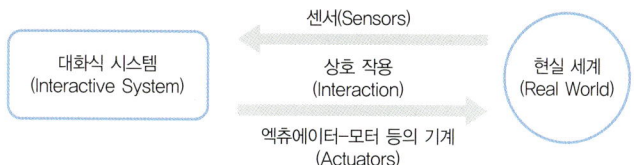

피지컬 컴퓨팅은 센서를 통해서 현실 세계의 정보(온도, 습도, 압력, 광량, 적외선)를 받고 그 값에 따라 프로그램의 동작이 달라지게 하는 방식과 엑츄에이터(모터 등의 기계)를 사용하여 프로그램으로 현실 세계에 있는 기계의 동작을 제어하는 방식이 있습니다.

• 메이키메이키
사람의 몸, 과일, 물 등의 다양한 소재로 키보드나 마우스와 같은 입력 장치를 대체할 수 있는 도구입니다.

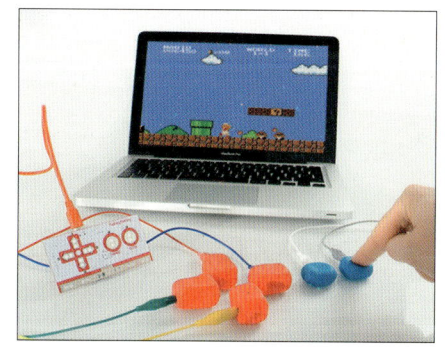

• 센서보드(엔트리 센서보드)
빛 센서, 소리 센서, 슬라이더, LED, 버튼 등 간단한 센서들을 모아 놓은 보드. 엔트리나 스크래치 같은 블록형 도구와 결합하여 사용합니다.

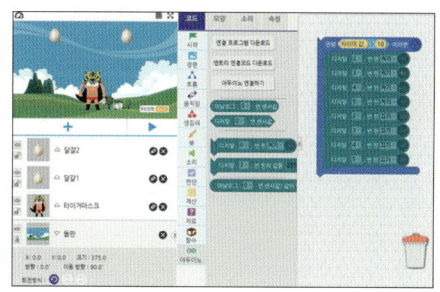

그 외 피지컬 컴퓨팅 도구	
레고WEDO	레고와 컴퓨터를 연결시켜 레고를 제어하는 교육 도구
리틀비츠	자석이 부착된 블록을 연결해 가면서 전자회로를 간단하게 구성할 수 있는 도구
아두이노	오픈소스를 기반으로 한 단일보드 마이크로컨트롤러. 센서 값을 받아 외부장치를 통제하며 환경과 상호 작용이 가능한 물건을 만들 수 있으며 비전공자들이 손쉽게 접근할 수 있다는 장점을 가짐

학습정리

❶ 소프트웨어
- 소프트웨어는 하드웨어에 사람이 원하는 일을 하기 위해 명령을 해 놓은 것을 말하며 소프트웨어는 컴퓨터 프로그램이나 스마트폰이 대표적입니다.
- 현재 우리 주변의 소프트웨어 : 신호등, 밥솥, TV, 에어콘은 물론 비행기와 배, 무기를 만들 때에도 소프트웨어는 매우 중요한 역할을 합니다. 생활과 산업 속에서 소프트웨어가 사용되지 않는 경우는 거의 찾기 어렵습니다.
- 미래를 변화시키는 소프트웨어 : 미래에는 사물인터넷(Internet of Things)과 웨어러블(wearable)을 통해 소프트웨어는 점점 더 우리와 밀접해지고, 스스로 학습할 수 있는 능력을 갖춘 인공지능 컴퓨터는 인간 고유 영역이었던 다양한 전문 영역까지 가능해질 것입니다. 소프트웨어의 발전은 분명 우리 생활을 편리하게 만들어 주지만, 인간 생활을 위협하기도 합니다.

❷ SW 교육의 필요성
소프트웨어 교육은 학생들에게 '논리적 사고력/창의력 사고력/문제 분석 능력/문제 해결 능력'을 향상 시켜주기 때문에 학생들의 사고력 향상을 위해 소프트웨어 교육이 절실히 필요합니다.

❸ SW 교육 목표
SW 교육은 미래 사회의 핵심적인 사고 과정이라고 할 수 있는 컴퓨팅 사고력(Computational Thinking)을 함양하는 것으로, 교육부에서는 컴퓨팅 사고력을 가진 창의·융합 인재 양성을 SW 교육의 목표로 삼고 있습니다.

❹ SW 교육 단계와 단계별 활동

• 퀴즈 및 실습 문제 •

01 다음 중 소프트웨어가 아닌 것은 어느 것입니까? (   )
① 컴퓨터
② 엔트리
③ 파워포인트
④ 프레지

02 다음에서 설명하는 것은 미래를 변화시키는 소프트웨어 중 어느 것입니까? (   )

> 냉장고, TV, 집의 보일러, 자동차와 같은 다양한 사물들이 인터넷을 통해 서로 정보를 교환하며 스스로 다양한 일을 하는 것을 말합니다.

① 웨어러블
② 왓슨
③ 사물인터넷
④ 메이키메이키

03 소프트웨어 교육 단계 중 교육용 프로그래밍 언어에 속하지 <u>않는</u> 것은 어느 것입니까? (   )
① 스크래치
② 엔트리
③ 앱인벤터
④ 엔트리 센서보드

04 다음 그림처럼 사람의 몸이나 과일 등이 키보드가 되어 피아노 연주를 할 수 있게 만들어주는 도구와 SW 단계 중 어디에 속하는지 쓰시오.

(,   )

정답
1. ① 2. ③ 3. ④
4. 메이키메이키, 피지컬 컴퓨팅
 • 메이키메이키 : 사람의 몸, 과일, 물 등의 다양한 소재로 키보드나 마우스와 같은 입력 장치를 대체할 수 있는 도구로 '컴퓨터 프로그램과 현실 세계가 서로 상호 작용할 수 있게 하는 것'을 말하는 피지컬 컴퓨팅 단계에 속합니다.

Section 02
엔트리 보드와 카드 게임

엔트리 보드와 카드 게임은 프로그래밍의 개념 중 '순차, 반복, 조건'을 재미있게 보드와 카드 게임을 통해서 학습할 수 있는 교구입니다. 엔트리와 같은 블록형 교육 프로그래밍 언어에 대한 이해도를 높이기 위해 선행 학습을 하는 것이 좋습니다. 최소 2명, 최대 4명의 인원으로 진행할 수 있는 게임입니다.

Section 01 | **Section 02** | Section 03 | Section 04 | Section 05

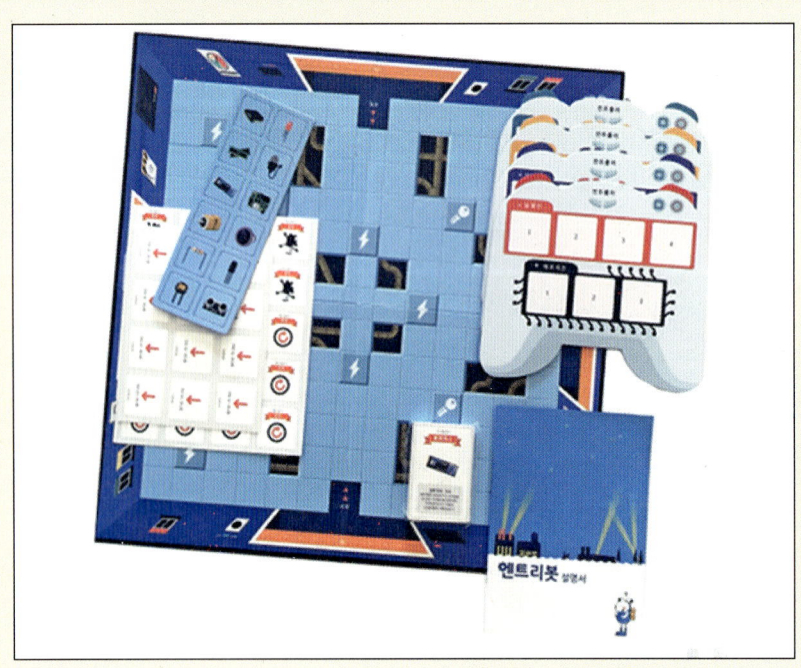

언플러그드 교육이란?

Step 01

■ **언플러그드 활동의 종류**

01 ›› 언플러그드 활동

언플러그드는 '전기 콘센트가 분리된' 이란 뜻으로 컴퓨터 없이 활동이나 놀이를 통해 컴퓨터 과학 개념, 알고리즘을 학습할 수 있는 활동입니다.

02 ›› 종류

컴퓨터 과학 개념 중심	알고리즘, 프로그래밍 중심
• 이진수 • 이미지 표현 • 텍스트 압축 • 오류 탐색	• 순차/반복/조건 • 정렬/탐색 알고리즘

■ **언플러그드 활동의 종류**

01 ›› 카드로 이진수 원리 학습하기

컴퓨터는 전기로 작동되는 기기이기 때문에 전기 신호가 있을 때 '1', 없을 때 '0'으로 나타냅니다. 따라서 컴퓨터에서는 문자, 그림, 소리, 동영상 등의 모든 자료를 이진수 형태로 저장하고 처리합니다. 우리가 사용하는 숫자는 십진수인데, 십진수에서는 10이 되었을 때 한 자리를 올리지만, 이진수에서는 2가 되었을 때 한 자리를 올립니다. 십진수 1, 2, 3…은 이진수에서 1, 10, 11… 입니다.

초등학생들이 이해하기 어려운 이진수도 카드 게임을 활용하면 이진수의 개념과 자릿수 개념을 학습할 수 있습니다. 카드의 한쪽 면에는 점이 그려져 있고, 한쪽 면에는 아무것도 그려지지 않은 카드가 있습니다. 카드를 점이 보이도록 했다면 '1' 이고, 뒤집어서 아무것도 그려지지 않은 면이라면 '0' 입니다.

제시된 점 카드는 이진수의 각 자릿수를 나타내는 카드로, 1개, 2개, 4개, 8개, 16개로 되어 있습니다.

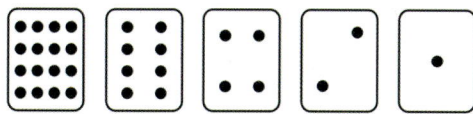

다음처럼 카드를 배치합니다.

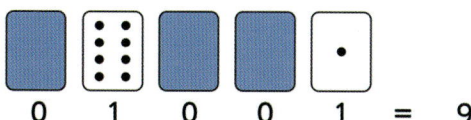

이진수 01001는 십진수 9라는 것을 알 수 있습니다. 카드로 다양한 숫자를 만들어보는 활동을 통해 이진수 원리를 학습할 수 있습니다.

02 >> 이미지 표현법

컴퓨터는 숫자만을 이용하여 그림이나 사진을 저장한다는 사실을 이미지 표현법을 통해 학습할 수 있습니다.

다음 그림은 'a'를 확대한 것입니다. 각 점은 흰색과 파란색으로 표현되었으며, 오른쪽의 숫자는 흰색의 숫자와 파란색의 숫자를 차례대로 표현한 것입니다.

```
1,3,1
4,1
1,4
0,1,3,1
0,1,3,1
1,4
```

먼저 모눈종이에 있는 그림을 숫자로 변경시키는 규칙을 찾고 직접 이미지를 숫자로 표현해볼 수 있습니다. 그러면 이미지의 기본인 픽셀과 컴퓨터가 이미지를 표현하는 방식에 대해서 학습할 수 있습니다.

■ 알고리즘/프로그래밍 중심

01 >> 순차

컴퓨터는 명령을 순서대로 처리하므로 사람은 컴퓨터에게 문제 해결 순서에 따라 명령을 내려야 합니다. 이를 '순차'라 하는데, 문제 해결 방법이나 특정한 일을 순서대로 설명하는 활동을 통해 학습할 수 있습니다.

예를 들어 종이비행기를 접는 순서의 이미지와 상관없는 이미지를 섞어 무작위로 나열한 후, 학생들에게 종이비행기를 접는 순서를 순서대로 나열하게 합니다. 이 활동을 통해 '순차'에 대해서 자연스럽게 학습합니다.

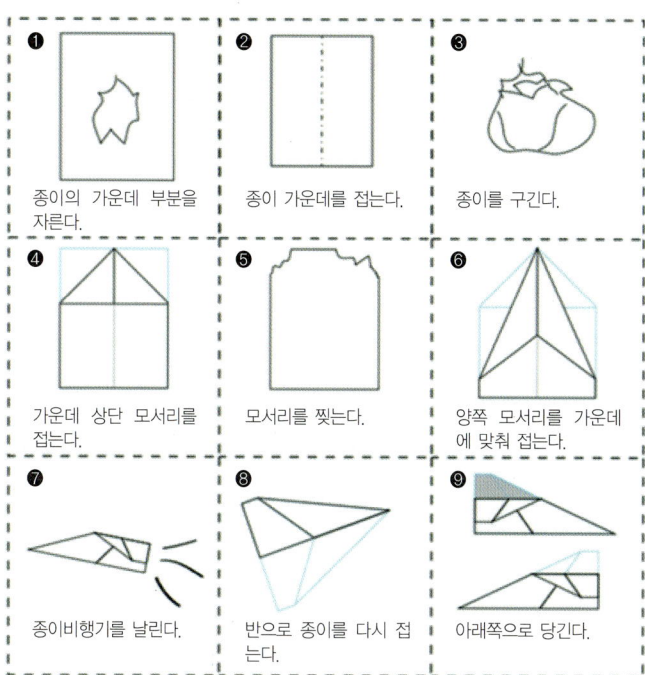

종이비행기를 접는 순서 = 순차
②→④→⑥→⑧→⑨→⑦

02 » 반복

알고리즘을 만들 때 반복되는 명령이 있으면 그것을 계속 나열하지 않고 반복으로 묶어서 표현하면 보다 쉽게 알고리즘을 표현할 수 있습니다. 이를 '반복' 이라 합니다. 반복을 학습하기 위해서는 가장 먼저 반복되는 부분을 찾는 연습을 해야 합니다. 노래 가사나 이야기에서 반복되는 부분 찾아서 묶어보기, 율동에서 반복되는 부분 찾아서 묶어보기 등을 통해 반복 개념을 학습할 수 있습니다.

예) 우리 비행기

떴다 떴다 비행기
날아라 날아라
높이 높이 날아라
우리 비행기
↓
떴다(×2) 비행기
날아라(×2)
높이(×2) 날아라
우리 비행기

03 >> 조건

알고리즘을 만들 때 상황에 따라 다른 일을 하기 위해서 '조건'을 사용합니다. '조건'은 보통 '만약~라면', '만약~라면, 아니면'으로 표현할 수 있고, 조건이 참/거짓일 경우 어떤 행동을 할지 표현해야 합니다. 자신이 평소에 하는 간단한 놀이나 게임을 조건으로 나타내거나 여러 가지 도형(직사각형, 정사각형, 마름모, 평행사변형)을 특정 조건으로 나누어보기, 재활용품을 특정 조건으로 나누어보는 활동으로 조건의 개념을 학습할 수 있습니다.

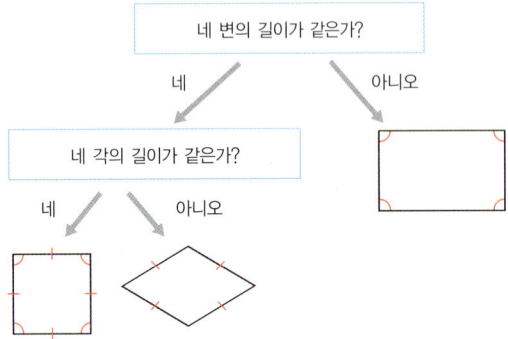

■ 언플러그드 활동의 장점과 단점

01 >> 장점

학생들이 놀이 학습을 통해 컴퓨터 과학의 개념을 재미있게 학습할 수 있습니다.
- 학생들이 수업에 높은 몰입과 관심을 보이며 참여할 수 있는 기회를 제공합니다.
- 선생님들이 어려운 내용을 간단한 도구로 기초 개념을 소개할 수 있어서 컴퓨터를 활용한 학습에 비해 비용이 적게 듭니다.
- 컴퓨터 교육 환경이 갖추어지지 않은 학교가 아직도 많은데 컴퓨터실이 아닌 곳에서도 교육이 가능하므로 학습 장소가 제한적이지 않습니다.

02 >> 단점

- 학생들이 직접 체험하고 규칙과 해결 방안을 직접 찾아야 되기 때문에 학습 활동 운영 시간이 많이 듭니다.
- 선생님이 자료 개발 및 수업 준비를 위해 많은 시간과 노력이 필요한 교육입니다.

03 >> 주의할 점

- 언플러그드 활동이 놀이로만 끝나지 않도록 선생님께서 활동의 의미를 활동 전후로 정리해주어야 합니다.
- 언플러그드 활동이 그 활동 안에서 끝나지 않고 컴퓨터로 연결시켜야 합니다.

Section 02 엔트리 보드와 카드 게임

엔트리 보드 게임과 카드 게임

Step 02

■ 엔트리 보드 게임

01 >> 엔트리 보드란?

엔트리 보드 게임은 '재미있는 보드 게임을 통해서 프로그래밍의 개념 중 '순차, 반복, 함수'를 학습할 수 있는 교구' 입니다.

- 인원 수 : 최소 2명, 최대 4명의 인원으로 진행합니다.
- 대상 : 8세 이상부터 사용 가능합니다.
- 게임 목표 : 정해진 수만큼 부품을 먼저 획득하면 게임에서 이깁니다(2인 : 5장, 3인 : 4장, 4인 : 3장).

02 >> 구성물 설명

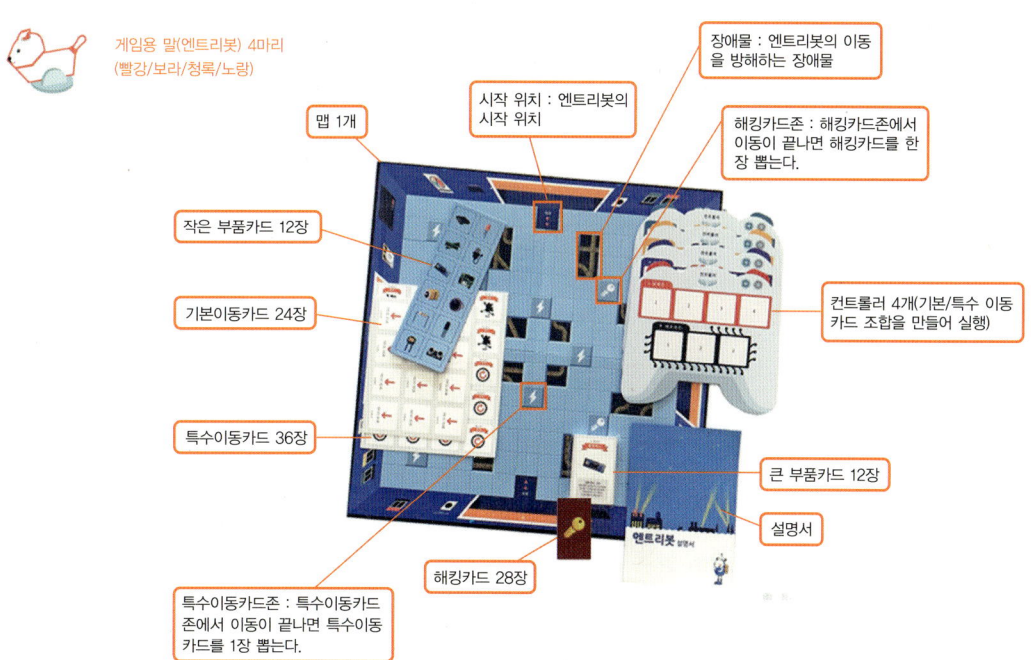

- 게임용 말(엔트리봇) 4마리 (빨강/보라/청록/노랑)
- 맵 1개
- 시작 위치 : 엔트리봇의 시작 위치
- 장애물 : 엔트리봇의 이동을 방해하는 장애물
- 해킹카드존 : 해킹카드존에서 이동이 끝나면 해킹카드를 한 장 뽑는다.
- 작은 부품카드 12장
- 기본이동카드 24장
- 컨트롤러 4개(기본/특수 이동 카드 조합을 만들어 실행)
- 특수이동카드 36장
- 큰 부품카드 12장
- 설명서
- 해킹카드 28장
- 특수이동카드존 : 특수이동카드 존에서 이동이 끝나면 특수이동 카드를 1장 뽑는다.

33

03 >> 게임 방법

❶ 큰 부품카드, 해킹카드, 특수이동카드를 종류별로 정리하여 뒤집어 놓습니다.

▲ 큰 부품카드

▲ 해킹카드

▲ 특수이동카드

❷ 기본이동카드는 1인당 6장씩 나누어 갖습니다. 게임이 진행되는 동안 계속 사용할 수 있습니다.

▲ 앞면

▲ 뒷면

❸ 특수이동카드는 각자 종류별로 1장씩, 총 3장(점프, 메모리, 반복)을 나누어 가지고, 남은 특수이동카드는 함께 섞어서 뒤집어 놓습니다.

> **특수이동카드 사용 방법**
> ① 점프카드 : 장애물을 뛰어넘거나, 상대방의 말을 뛰어넘거나, 앞으로 2칸을 갈 수 있는 카드입니다.
> ② 반복카드 : 이전까지의 과정을 한 번 더 실행하는 카드입니다.

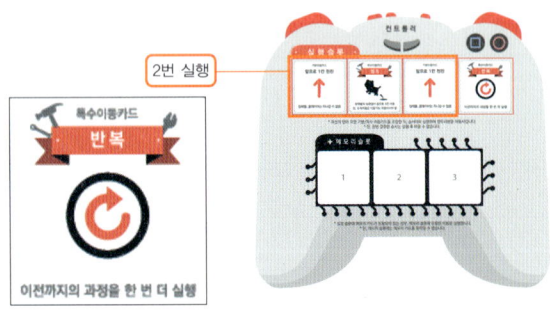

③ 메모리카드 : 메모리 슬롯에 놓은 카드를 메모리 칸에서 명령을 실행시켜줍니다. 즉 앞으로, [앞으로, 왼쪽으로 회전, 앞으로], 앞으로, 왼쪽으로 회전 순으로 실행합니다.

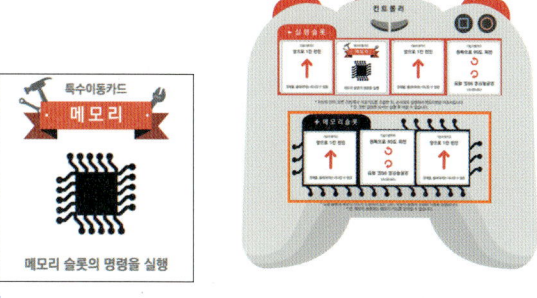

❹ 게임용 말(엔트리봇)과 컨트롤러도 색깔별로 하나씩 나누어 갖습니다.
❺ 작은 부품카드를 맵 위에 자유롭게 배치합니다(단, 출발지점, 장애물, 해킹카드존, 특수이동카드존에는 놓을 수 없습니다.).

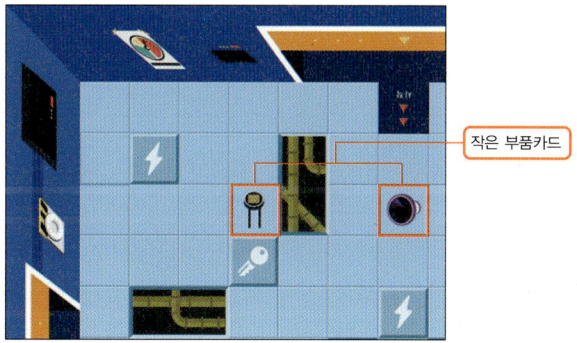

❻ 가위바위보를 통해 순서를 정합니다.
❼ 이긴 순서대로 네 곳의 시작 위치 중 원하는 곳을 선택하여 엔트리봇이 화살표 방향을 보도록 놓습니다.

❽ 큰 부품카드를 1장씩 나눠 갖습니다. 이때 받게 되는 부품이 참가자가 처음으로 획득해야 하는 부품입니다.

04 >> 턴 진행 방법(컨트롤러)

❶ 기본 및 특수이동카드 조합을 만들어서 실행/메모리 칸에 놓습니다. 예를 들어 다음처럼 시작 지점에서 부품까지 이동하려면 실행 칸에 다음처럼 기본이동카드를 올려서 부품까지 이동합니다.

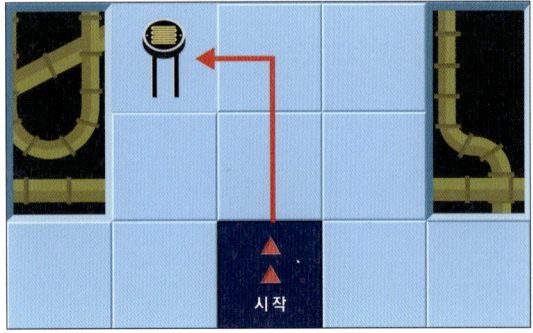
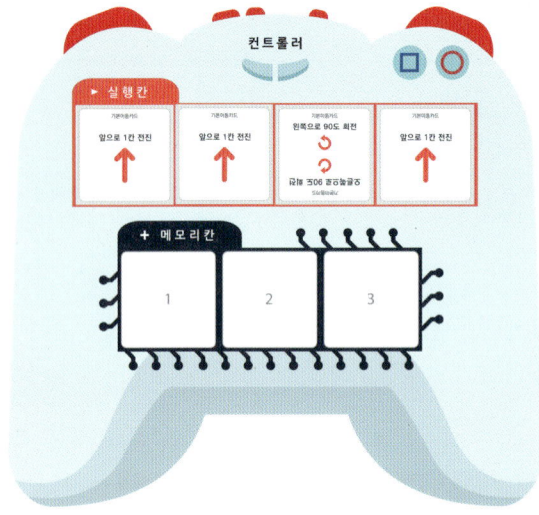

❷ 모두가 보는 앞에서 하나씩 차근차근 실행하여 말을 옮긴 뒤 실행이 모두 끝나면 사용했던 실행/메모리 칸의 특수이동카드는 모두 반납하고 기본이동카드는 다음 차례에도 재사용이 가능합니다(단, 한 번 실행/메모리 칸에 위치시킨 이동카드의 순서와 방향을 결정하면 그 뒤를 수정할 수 없습니다.).

❸ 자신의 큰 부품카드에 해당하는 부품을 획득했다면 새로운 큰 부품카드를 1장 뽑고 차례를 다음으로 넘기도록 합니다.

만약 큰 부품카드로 '조광센서'를 받았는데, 해당하는 부품카드를 획득하였다면 새로운 큰 부품카드를 1장 뽑고 차례를 다음으로 넘깁니다.

❹ 자신의 게임용 말(엔트리봇)이 멈춘 곳이 해킹카드존 혹은 특수이동카드존일 경우에는 해당 카드를 1장 뽑습니다.

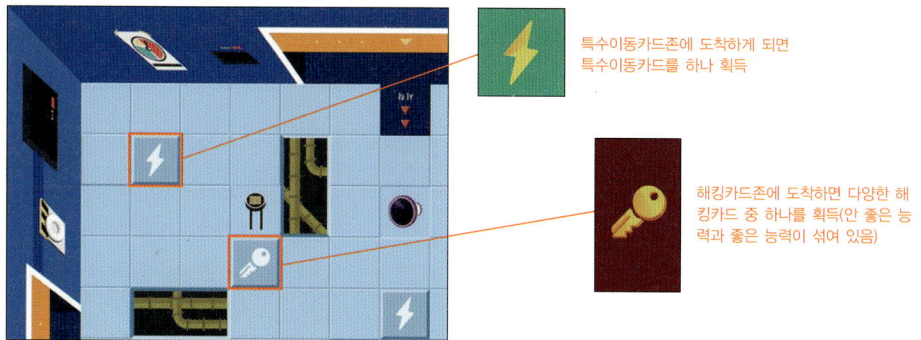

❺ 정해진 작은 부품카드의 장 수(2인 : 5장, 3인 : 4장, 4인 : 3장)만큼 먼저 획득하는 참가자가 승리합니다.

> 해킹카드/특수카드 세부 규칙
> - 해킹카드 또는 특수카드를 획득하려면 해킹카드존 혹은 특수이동카드존 자리에 멈춰야 획득할 수 있고, 지나갈 때는 카드를 획득할 수 없습니다.
> - 해킹카드를 획득하면 그 턴에 무조건 사용해야 합니다.
> - 해킹카드존에 있는 참가자가 다른 참가자와 자리를 바꿀 때 바뀐 참가자는 해킹카드를 획득할 수 없습니다. 그 턴에서는 효과를 발휘하지 않습니다.
> - 해킹카드/특수카드존 위에 있는 참가자가 회전만 해서 자신의 턴을 끝내도 2회 연속 카드를 획득할 수는 없습니다.

■ 엔트리 카드 게임

01 >> 엔트리 카드란?

- 엔트리 카드는 엔트리 도시에 갑자기 나타난 12가지 종류의 폭탄들을 안전하게 해체하는 게임입니다. '순차, 반복, 조건'을 통해 폭탄을 하나씩 해체하다보면 자연스럽게 소프트웨어의 원리를 학습할 수 있습니다.
- 인원 수 : 최소 2명, 최대 4명의 인원으로 진행합니다.
- 대상 : 8세 이상부터 사용 가능합니다.
- 게임 목표 : 성공카드와 폭발카드 사이에 폭탄들을 줄 세워 성공카드 칸에 자신의 폭탄카드를 가장 많이 들여보낸 사람이 이기는 게임입니다. 모든 참가자가 12장의 폭탄카드를 다 내려놓으면 게임이 종료됩니다.

엔트리 보드 게임에 비해서 시작은 약간 복잡하지만 12가지의 카드 기능을 익히면 자연스럽게 프로그램상의 순차, 반복 조건을 활용하여 게임을 할 수 있습니다.

02 » 구성물 설명

- 폭탄카드 48장(주황, 초록, 파랑, 빨강 카드 각 12장씩)

- 성공카드 1장, 폭발카드 1장

- 요약 카드 4장(각 색깔별 1장씩) : 1~12번 폭탄카드의 기능 요약

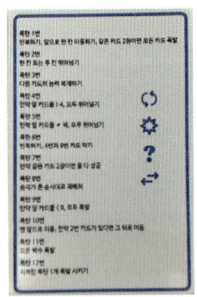

- 설명서 1부

03 » 게임 방법

❶ 참가자는 주황, 초록, 파랑, 빨강 중 자신의 색을 정하고 해당 색의 폭탄카드 세트를 갖습니다.
❷ 나누어 가진 폭탄카드를 잘 섞어서 자신 앞에 뒤집어 놓고, 맨 위의 4장은 손에 듭니다.
❸ 성공카드와 폭발카드는 가운데 5장의 폭탄카드가 들어갈 수 있는 간격으로 벌려 테이블 위에 배치합니다.

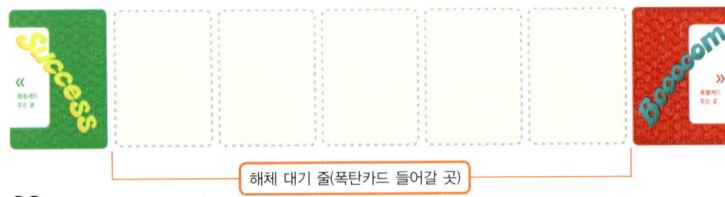

❹ 가위, 바위, 보를 통해 처음으로 카드를 내려놓을 사람을 정하고 그 사람의 왼쪽 방향으로 턴이 돌아갑니다.

❺ 자신의 차례가 되면 손에 들고 있는 폭탄카드 중 1장을 골라 성공카드 옆에서부터 오른쪽으로 놓습니다.

성공카드 옆에서부터 차례대로 오른쪽으로 놓습니다.

❻ 내려놓은 폭탄카드의 고유 능력에 따라 카드를 재배치합니다.

❼ 뒤집어 놓은 자신의 폭탄카드 중 1장을 손으로 가지고 와서 항상 손에 4장의 카드를 유지해야 합니다.

❽ 순서대로 내려놓는 도중 폭탄카드가 5장으로 꽉 채워지면 해체 과정이 시작됩니다.

❾ 성공카드 가까이에 있는 2장의 폭탄카드는 해체에 성공하여 성공카드 위로 쌓이고, 가장 마지막에 있던 1장의 폭탄카드는 폭발카드위에 쌓이게 됩니다. 남은 두 카드는 성공카드 옆에 붙어서 계속해서 게임을 진행합니다.

성공카드 옆에 붙인 후 계속해서 게임 진행

❿ 모든 참가자가 손에서 12장의 폭탄카드를 내려놓으면 게임이 종료됩니다. 성공카드 쪽에 가장 많이 쌓인 카드 색깔의 참가자가 승리합니다.

04 》 카드 능력 설명

❶ 1번 폭탄 : 반복하기, 앞으로 한 칸 이동하기, 같은 카드 2장이면 모든 카드 폭발

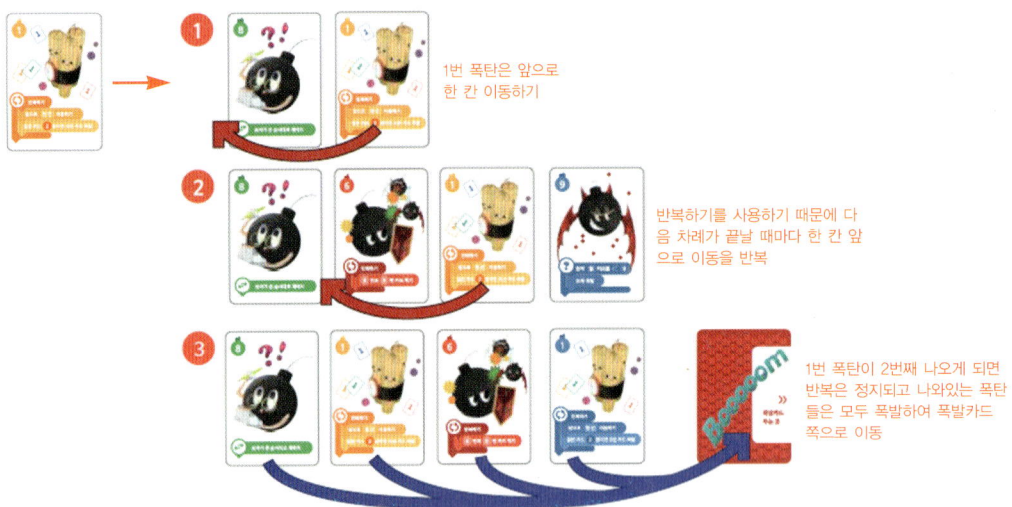

❷ 2번 폭탄 : 한 칸 또는 두 칸 뛰어넘기

❸ 3번 폭탄 : 다른 카드의 능력 복제하기

3번 폭탄은 놓여있는 카드 중 하나를 선택하여 복제 후 평범한 3번으로 돌아옴(반복카드를 복제해도 1번만 능력을 실행할 수 있음)

❹ 4번 폭탄 : 앞 카드가 4보다 크다면 모두 뛰어넘기

4번 폭탄은 만약 자신보다 숫자가 큰 폭탄들이 있다면 모두 뛰어넘음

뛰어넘는 도중 자신보다 작거나 같은 숫자가 앞에 나온다면 그 자리에서 멈춤

❺ 5번 폭탄 : 앞 카드와 색이 같지 않으면 모두 뛰어넘기

5번 폭탄은 만약 자신과 같은 색이 아니라면 모두 뛰어넘는 능력

자신과 같은 색깔의 폭탄이 있다면 그 다음 자리에 놓임

❻ 6번 폭탄 : 반복하기, 4번과 9번 카드 막기

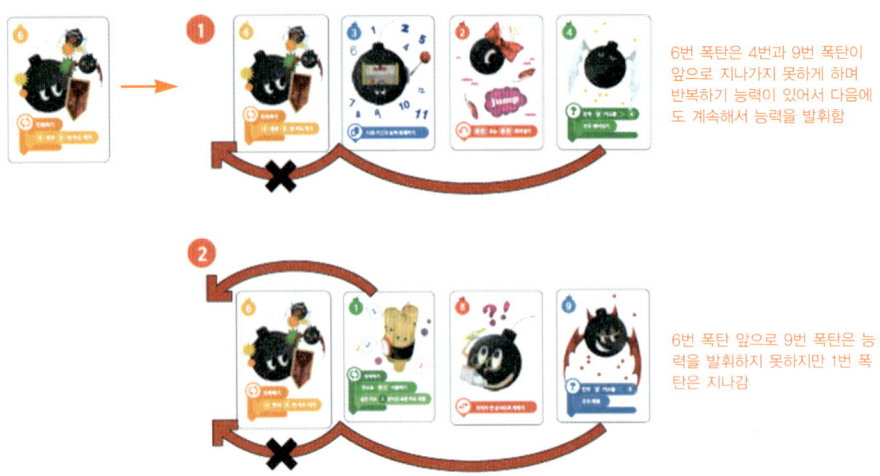

❼ 7번 폭탄 : 같은 카드 2장이면 둘 다 성공

❽ 8번 폭탄 : 숫자가 큰 순서대로 재배치

❾ 9번 폭탄 : 앞 카드가 9보다 작으면 모두 폭발

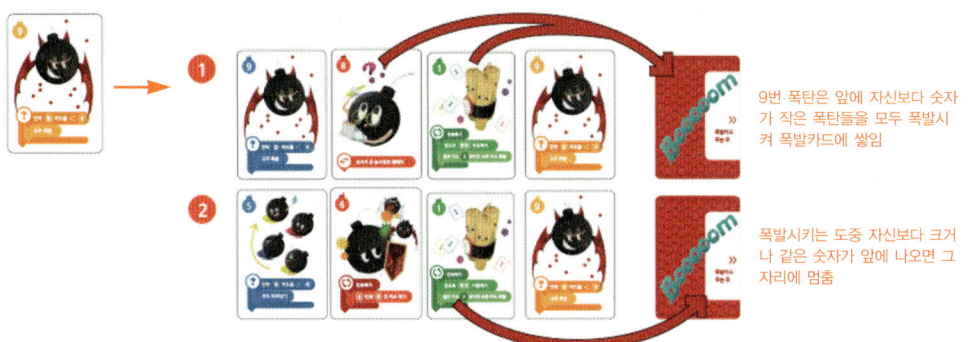

❿ 10번 폭탄 : 맨 앞으로 이동, 만약 2번 카드가 있다면 그 뒤로 이동

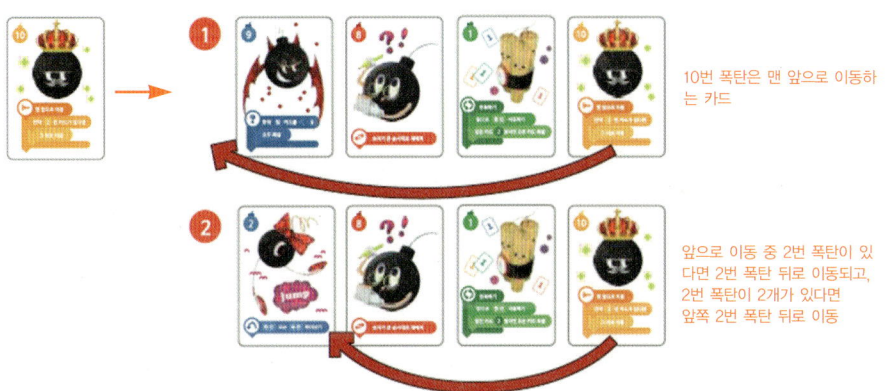

⓫ 11번 폭탄 : 모든 짝수 폭발

⓬ 12번 폭탄 : 지목한 폭탄 1개 폭발

학습정리

❶ 언플러그드 활동의 종류
- 언플러그드는 말뜻 그대로 '전기 콘센트가 분리된'으로 컴퓨터 없이 활동이나 놀이를 통해 컴퓨터 과학 개념, 알고리즘을 학습할 수 있는 활동입니다.
- 종류
  - 컴퓨터 과학 개념 중심 : 이진수, 이미지 표현, 텍스트 압축, 오류 탐색
  - 알고리즘, 프로그래밍 중심 : 순차/반복/조건과 같은 기초 알고리즘, 정렬/탐색과 같은 응용 알고리즘

❷ 언플러그드 활동의 장점과 단점
- 장점 : 학생들이 놀이 학습을 통해 컴퓨터 과학의 개념을 재미있게 학습할 수 있고, 학생들이 수업에 높은 몰입과 관심을 보이며 참여할 수 있는 기회를 제공하며 비용이 적게 듭니다.
- 단점 : 학생들이 직접 체험하고 규칙과 해결 방안을 직접 찾아야 하기 때문에 학습 활동 운영 시간이 많이 들고, 선생님이 자료 개발 및 수업 준비를 위해 많은 시간과 노력이 필요한 교육입니다.

❸ 엔트리 보드 게임
- 엔트리 보드 게임은 '재미있는 보드 게임을 통해서 프로그래밍의 개념 중 '순차, 반복, 함수'를 학습할 수 있는 교구' 입니다.
- 인원 수 : 2~4명
- 대상 : 8세 이상
- 게임 목표 : 정해진 수만큼 부품을 먼저 획득하면 게임에서 이깁니다(2인 : 5장, 3인 : 4장, 4인 : 3장).
- 게임 방법
  - 큰 부품카드, 해킹카드, 특수이동카드를 종류별로 정리하여 뒤집어 놓습니다.
  - 기본이동카드는 1인당 6장씩 나누어 갖습니다.
  - 특수이동카드는 각자 종류별로 1장씩, 총 3장(점프, 메모리, 반복)을 나누어 가지고, 남은 특수이동카드는 함께 섞어서 뒤집어 놓습니다.
  - 게임용 말(엔트리봇)과 컨트롤러도 색깔별로 하나씩 나누어 갖습니다.
  - 작은 부품카드를 맵 위에 자유롭게 배치합니다.
  - 가위바위보를 통해 순서를 정하고, 이긴 순서대로 네 곳의 시작 위치 중 원하는 곳을 선택하여 엔트리봇이 화살표 방향을 보도록 놓습니다.

- 큰 부품카드를 1장씩 나눠 갖는데, 이때 받은 부품이 참가자가 처음으로 획득해야 하는 부품입니다.

❹ 엔트리 카드 게임
- 엔트리 카드는 엔트리 도시에 갑자기 나타난 12종류의 폭탄들을 안전하게 해체하는 게임입니다. '순차, 반복, 조건'을 통해 폭탄을 하나씩 해체하면 자연스럽게 소프트웨어의 원리를 학습하게 됩니다.
- 인원 수 : 2~4명
- 대상 : 8세 이상
- 게임 목표 : 성공카드와 폭발카드 사이에 폭탄들을 줄 세워 성공카드 칸에 자신의 폭탄카드를 가장 많이 들여보낸 사람이 이기는 게임입니다.
- 게임 방법
  - 참가자들은 자신의 색을 정하고, 12장의 폭탄카드 세트를 각자 나누어 가진 후 4장의 카드만 손에 들고, 나머지는 뒤집어 놓습니다.
  - 성공카드와 폭발카드는 가운데 5장의 폭탄카드가 들어갈 수 있게 간격을 벌려 배치합니다.
  - 순서를 정한 후 자신의 차례가 되면 손에 들고 있는 폭탄카드 중 1장을 내려놓고, 성공카드의 오른쪽으로 줄을 세우듯 차례로 놓습니다.
  - 내려놓은 폭탄카드의 고유 능력에 따라 재배치하고, 폭탄카드 5장이 채워지면 해체 과정이 시작됩니다.
  - 성공카드 가까이 있던 2장의 폭탄카드는 해체에 성공하여 성공카드 위에 쌓이고, 가장 마지막에 있던 1장의 폭탄카드는 폭발카드 위에 쌓입니다.
  - 모든 참가자가 12장의 폭탄카드를 손에서 내려놓으면 게임이 종료되고, 성공카드에 가장 많이 쌓인 카드 색깔의 참가자가 이깁니다.

• 퀴즈 및 실습 문제 •

01 다음에서 설명하는 것은 무엇입니까? (   )

> 컴퓨터 없이 활동이나 놀이를 통해 컴퓨터 과학 개념, 알고리즘을 학습할 수 있는 활동입니다.

① 피지컬 컴퓨팅
② 교육용 프로그래밍 언어
③ 기본 개념 습득 활동
④ 언플러그드 활동

02 언플러그드 활동의 장점이라고 할 수 없는 것은 어느 것입니까? (   )
① 놀이 학습을 통해 과학 개념을 배웁니다.
② 학생들이 수업에 높은 몰입과 관심을 보이며 참여합니다.
③ 학습 활동 운영 시간이 많이 듭니다.
④ 컴퓨터 수업에 비해 비용이 적게 듭니다.

03 엔트리 보드 게임을 2명에서 할 때 몇 장의 부품 카드를 먼저 획득해야 이기는 게임입니까?
(   )
① 3장   ② 4장
③ 5장   ④ 6장

04 오른쪽의 숫자는 흰색과 파란색의 숫자를 차례대로 표현한 것입니다. 이것을 모눈종이에 나타내고 무슨 모양이 되는지 쓰세요.

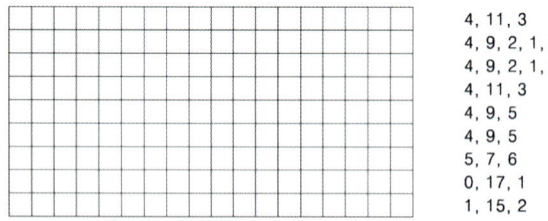

4, 11, 3
4, 9, 2, 1, 2
4, 9, 2, 1, 2
4, 11, 3
4, 9, 5
4, 9, 5
5, 7, 6
0, 17, 1
1, 15, 2

(   )

정답

1. ④   2. ③   3. ③
4. 컵
　① 흰색의 숫자와 파란색의 숫자를 차례대로 모눈종이에 그려넣습니다.
　② 차례대로 나타내면 컵 모양이 됩니다.

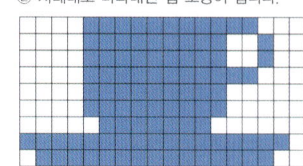

Section 03 엔트리 시작하기

엔트리는 게임을 하듯 미션을 달성하는 과정을 통해 소프트웨어의 기본적인 원리들을 깨우칠 수 있습니다. 블록을 조립하는 형태의 교육용 프로그래밍 언어를 통해 프로그래밍을 처음 접하는 사람도 다양한 프로그램들을 만들 수 있습니다. 엔트리에 회원가입하는 방법과 화면 구성에 대해서 알아보겠습니다.

| 웹 주소 | http://play-entry.org

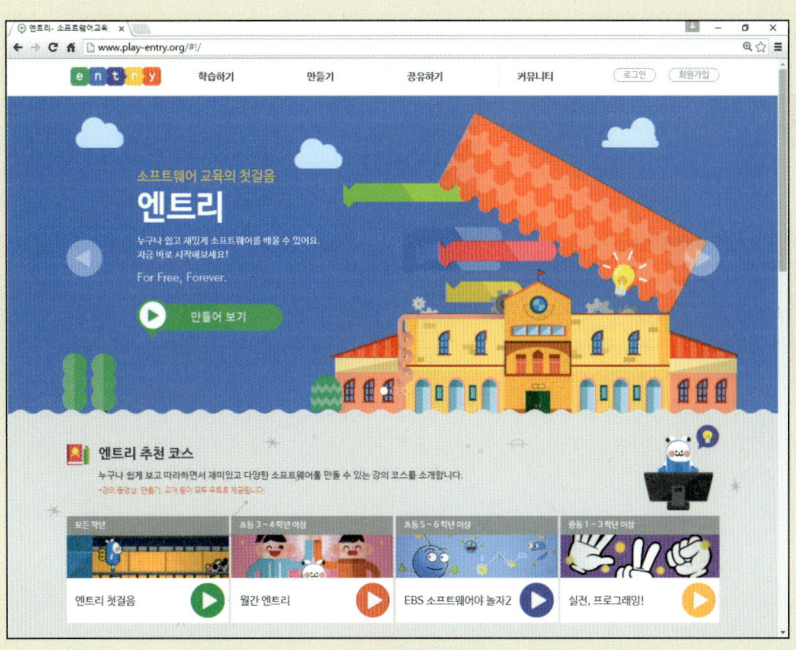

엔트리 회원가입하기 Step 01

01 엔트리는 가입하지 않아도 누구나 무료로 이용할 수 있지만, 회원가입을 하면 작품을 만들고 저장한 후 편리하게 사용할 수 있습니다. 크롬 브라우저를 실행한 후 엔트리(play-entry.org)에 접속하고, 오른쪽 상단의 [회원가입]을 클릭합니다.

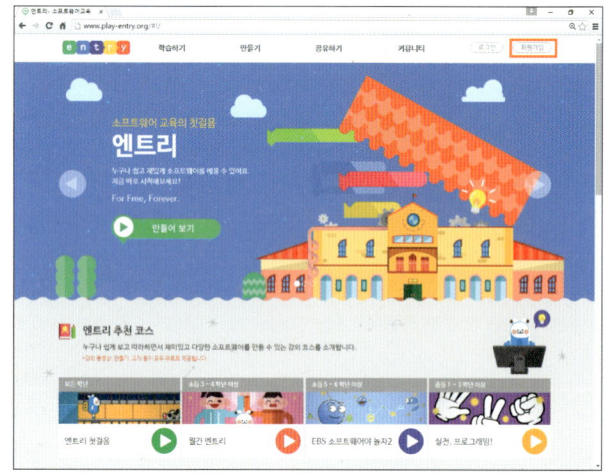

크롬 브라우저

엔트리는 크롬( )을 기반으로 하고 있어서 웹브라우저 중 크롬을 사용해야 제대로 구동됩니다. 구글의 크롬 다운로드 페이지(www.google.com/chrome)에 접속하여 [Chrome 다운로드] 단추를 클릭한 후 약관에 동의하고 설치 단계에 따라 크롬을 설치합니다.

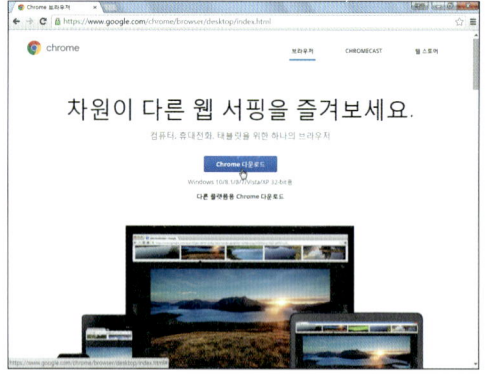 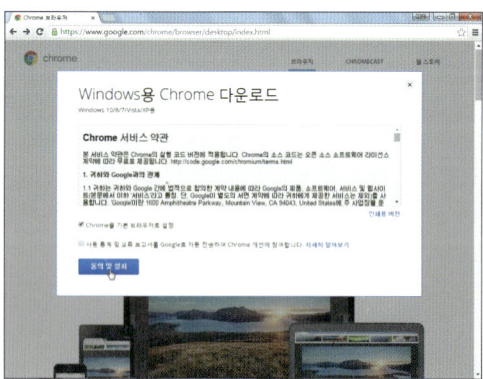

02 [학생] 또는 [선생님]을 선택한 후 이용약관에 동의하고 [다음] 버튼을 클릭합니다. 원하는 아이디와 비밀번호를 입력하고, 다시 한 번 비밀번호를 재입력한 후 [다음] 버튼을 클릭합니다.

03 내가 만든 작품을 공유하고 싶은 그룹과 성별은 필수 항목이므로 꼭 선택하고, 이메일 주소는 선택 사항이므로 원하는 사람만 입력합니다. [다음] 버튼을 클릭하면 회원가입이 완료됩니다. [확인] 버튼을 클릭합니다.

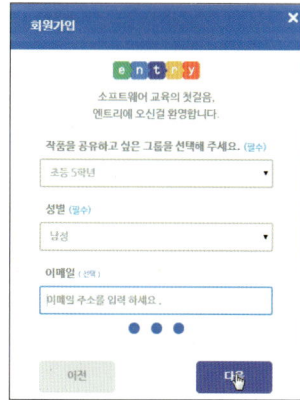 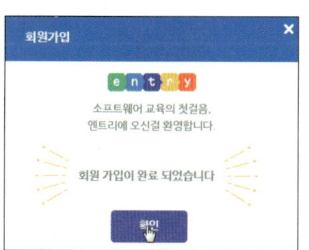

이메일 주소는 비밀번호를 잃어버렸을 때 사용하므로, 입력하는 것이 좋습니다.

엔트리 둘러보기 — Step 02

01 » 엔트리에 회원가입을 한 후 오른쪽 상단의 [로그인]을 클릭합니다. 회원가입한 아이디와 비밀번호를 각각 입력한 후 [로그인] 버튼을 클릭합니다.

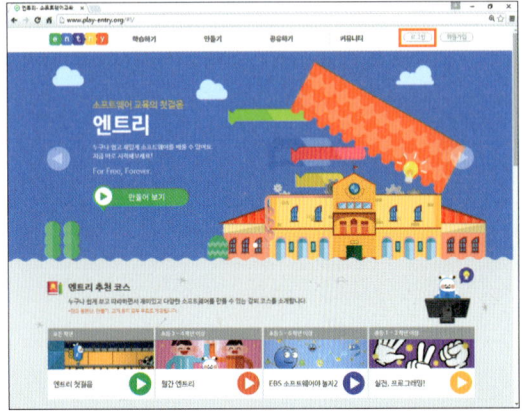
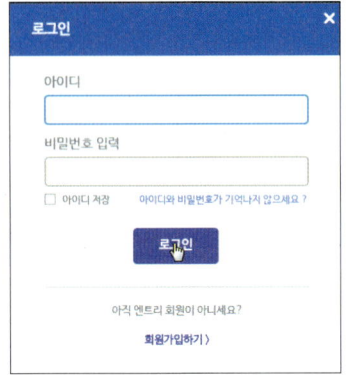

02 » 엔트리 상단에 있는 [학습하기] 메뉴를 클릭하면 [문제 해결하기], [소프트웨어야 놀자], [교육 자료]에서 엔트리를 활용한 다양한 교육 콘텐츠를 제공받을 수 있습니다. [오픈 강의]에서는 엔트리에서 만든 작품을 활용하여 나만의 수업을 만들어 학생들과 공유할 수 있습니다.

오픈 강의
① [학습하기] 메뉴의 [오픈 강의]에서 [강의] – [강의 만들기] 버튼을 클릭합니다.
② 엔트리 작품 또는 강의 영상을 선택합니다.
③ 엔트리 작품을 선택한 경우에는 내가 만든 엔트리 작품 중에서 불러온 후 추천학년, 난이도, 학습 시간, 제목, 학습 목표, 설명 등을 입력하고 단계에 따라 강의 만들기를 진행합니다.
④ 강의 영상을 선택한 경우에는 유튜브 링크 주소를 입력한 후 불러옵니다.

03 〉〉 [만들기] 메뉴에서는 만든 작품을 저장하고, 저장한 작품을 불러올 수 있습니다. [엔트리 다운로드]를 클릭하면 오프라인용 프로그램을 다운로드하여 인터넷이 연결되지 않아도 사용할 수 있습니다.

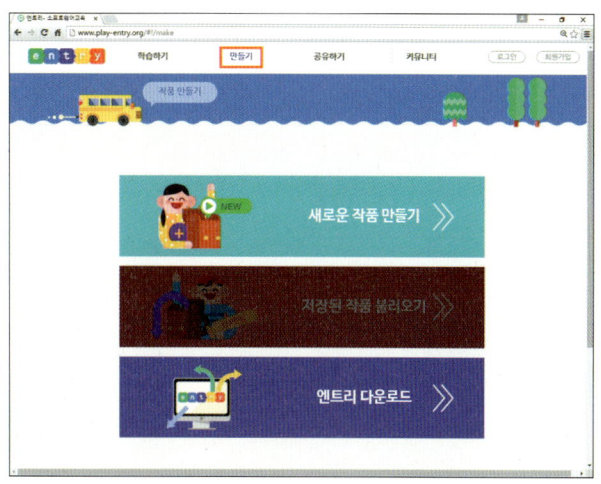

엔트리 오프라인 다운로드

- [만들기] 메뉴의 [엔트리 다운로드]를 클릭한 후 운영체제에 맞는 프로그램을 선택합니다. 설치 프로그램이 다운로드되면 실행 파일의 ▼의 [열기]를 클릭합니다.

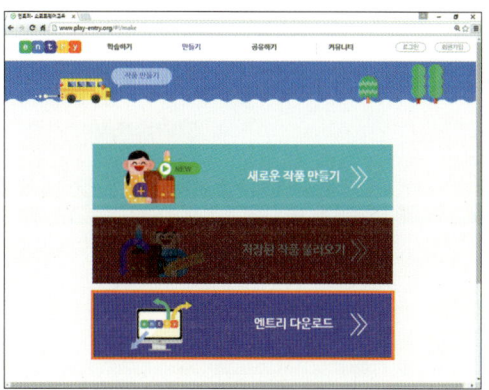 

- 설치하려는 구성 요소를 선택한 후 [다음] 버튼을 클릭하고, 설치 폴더를 설정한 후 [설치] 버튼을 클릭합니다.

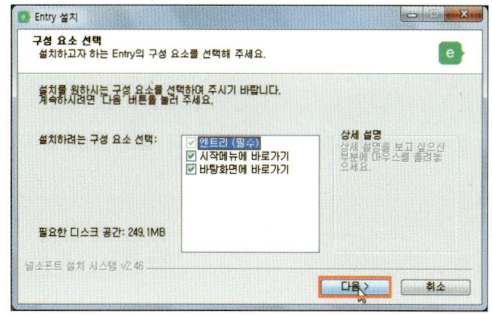 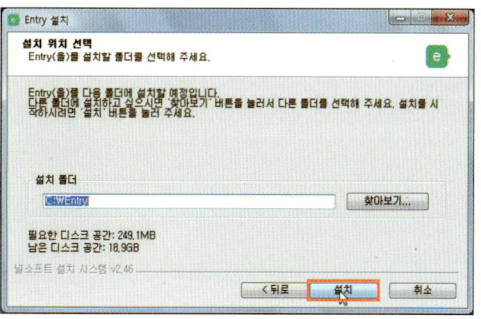

Chapter 01 SW 교육의 필요성

- 설치가 진행된 후 완료되면 [닫음] 버튼을 클릭합니다. 내 컴퓨터의 [시작] 버튼 - [모든 프로그램] - [Entry] 폴더 - [Entry]를 클릭하면 엔트리 오프라인 프로그램이 실행됩니다.

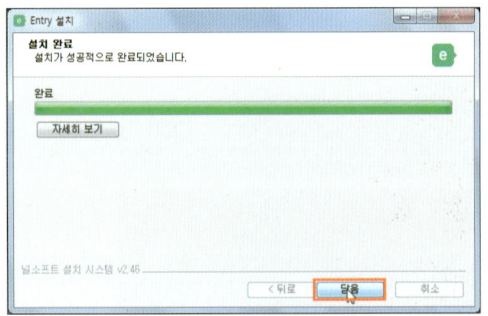
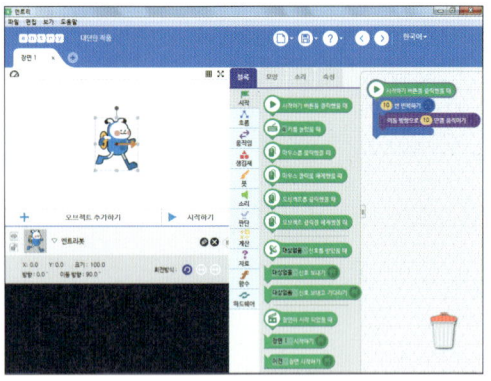

04 [공유하기] 메뉴를 클릭하면 [작품 공유하기]에서 다른 사람들이 만든 다양한 엔트리 작품을 구경하고, '좋아요'나 관심 작품을 등록할 수 있고, 댓글을 달 수 있습니다.

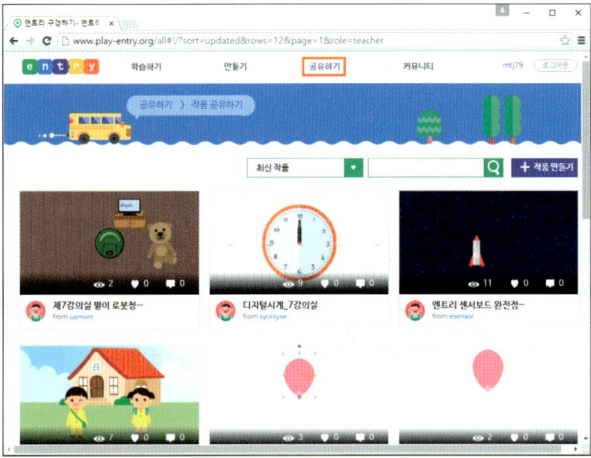

[공유하기] 메뉴 - [학급 공유하기]에서는 내가 개설한 학급의 학생들과 작품을 공유할 수 있습니다.

05 [커뮤니티] 메뉴를 클릭하면 [글 나누기]에서 다른 친구들과 다양한 의견을 주고받을 수 있습니다.

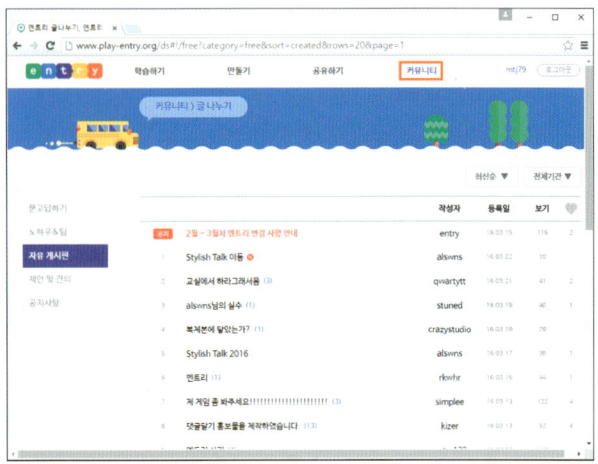

[커뮤니티] 메뉴 - [학급 글 나누기]를 클릭하면 학급 학생들과 다양한 의견을 주고받을 수 있습니다.

엔트리 만들기 화면 구성 요소 알아보기

Step 03

[만들기] 메뉴의 [작품 만들기]를 클릭하면 만들기 화면 구성 요소를 살펴볼 수 있습니다.

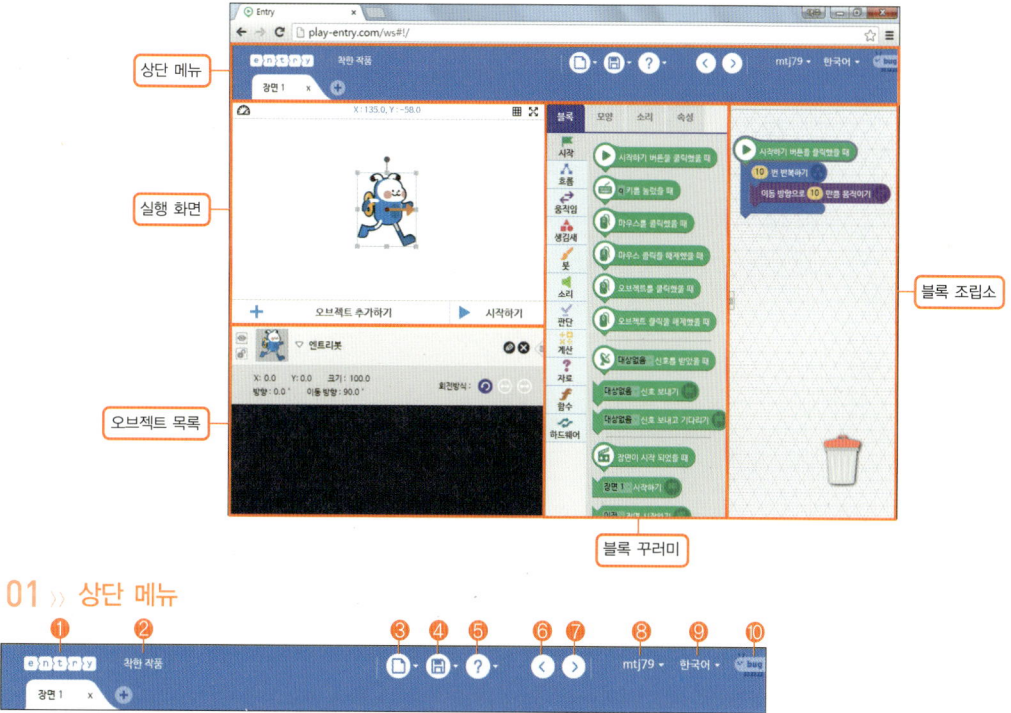

01 » 상단 메뉴

❶ 메인 : 엔트리 메인 화면으로 이동합니다.

❷ 작품 이름 : 작품의 이름 부분을 클릭하면 다른 이름으로 변경할 수 있습니다.

❸ 새로 만들기 : 작품을 새로 만들거나 저장한 작품을 불러옵니다.

❹ 작품 저장 : 현재 작품을 저장하거나 다른 이름으로 저장합니다.

❺ 도움말 : 블록 설명을 보거나 하드웨어 연결 안내 파일을 받을 수 있습니다. [블록 설명]을 선택하면 오브젝트 목록 창에 블록 설명 창이 나타나고 내가 선택한 블록 설명을 볼 수 있습니다.

❻ 이전 작업 : 작업을 바로 이전으로 되돌립니다.

❼ 다음 작업 : 바로 이후로 복구시킵니다.

❽ 계정 : 로그인한 경우 자신의 아이디가 나타납니다. 자신의 아이디를 클릭하면 내가 만든 작품을 조회하거나 나의 정보 수정, 로그아웃을 할 수 있습니다.

❾ 언어 : 언어를 변경할 수 있는 곳으로 현재 사용 가능한 언어는 한국어, 영어, 베트남어이고, 코드보기를 할 수 있습니다.

❿ bug : 버그 리포트로 클릭하면 이용 시 발생하는 오류나 버그 신고 및 엔트리를 위해 좋은 제안을 할 수 있습니다.

02 》 블록 꾸러미 : 블록 꾸러미는 블록, 모양, 소리, 속성의 총 4개의 탭으로 되어 있습니다.

❶ 블록 : 오브젝트를 움직일 수 있는 다양한 명령어 블록들이 있는 곳입니다. 시작, 흐름 등 11개 카테고리에 140여개의 블록들이 있습니다.

❷ 모양 : 오브젝트의 모양을 추가하거나 이름을 수정하고 복제하는 등의 작업을 할 수 있습니다.

❸ 소리 : 오브젝트가 낼 소리를 관리하는 곳으로 새롭게 소리를 추가하고, 이미 추가된 소리들을 재생 버튼을 이용해서 바로 들어볼 수도 있습니다.

❹ 속성 : 코드에 관여하는 변수나 신호, 리스트, 함수를 추가할 수 있습니다. 엔트리 중·고급 과정에서 많이 사용합니다.

❺ 영역 조절 : 좌·우로 끌어 블록 꾸러미와 블록 조립소의 영역을 조절합니다.

03 》 블록 조립소 : 블록 꾸러미에서 블록을 끌어와 블록 조립소에서 조립할 수 있습니다. 이렇게 조립된 블록 묶음을 코드라고 합니다.

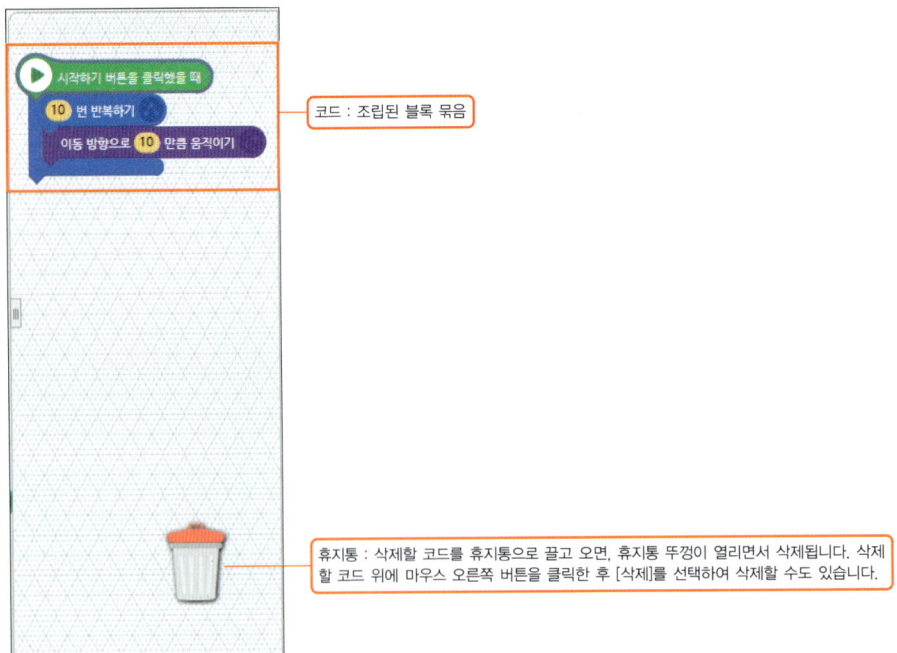

코드 : 조립된 블록 묶음

휴지통 : 삭제할 코드를 휴지통으로 끌고 오면, 휴지통 뚜껑이 열리면서 삭제됩니다. 삭제할 코드 위에 마우스 오른쪽 버튼을 클릭한 후 [삭제]를 선택하여 삭제할 수도 있습니다.

04 » 실행 화면 : 실제로 코딩한 결과를 확인할 수 있는 곳입니다. 명령어를 통해 움직일 수 있는 오브젝트를 추가하여 블록 조립하면 결과가 실행 화면에 나타납니다.

❶ 속도 조절 : 작품이 실행되는 속도를 조절할 수 있습니다. 다섯 단계로 조절 가능하며, 오른쪽으로 갈수록 빨라집니다.

❷ 좌표계 : 실행 화면 위에 좌표가 표시됩니다. 좌표계가 표시되면 선택된 오브젝트의 위치를 정확하게 확인하고 이동시킬 수 있습니다. 실행 화면의 x축(가로축)은 '-240~240', y축(세로축)은 '-135~135'로 이루어져 있습니다.

❸ 전체 화면 : 작품을 전체 화면으로 크게 볼 수 있습니다.
❹ 오브젝트 : 명령어를 통해 움직일 수 있는 것들로, 캐릭터, 사물, 글상자, 배경 등이 있습니다.
❺ 마우스 포인터의 좌표 : 실행 화면에서 마우스 포인터의 위치를 x축과 y축의 좌표로 표시됩니다.
❻ 오브젝트 추가하기 : 새로운 오브젝트를 추가할 수 있습니다.
❼ 시작하기 : 블록 조립소에 조립한 명령에 따라 작품의 실행을 시작하거나 정지할 수 있습니다.

05 » 오브젝트 목록 : 추가한 오브젝트의 목록이 나타납니다.

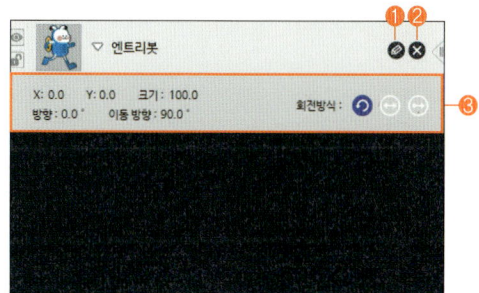

❶ 정보 수정 : 오브젝트의 이름, 오브젝트의 정보들을 직접 입력하여 수정할 수 있습니다.
❷ 삭제 : 오브젝트를 삭제할 수 있습니다.
❸ 오브젝트 정보 : 오브젝트의 x, y 좌표 값, 크기, 방향, 이동 방향 및 회전 방식 등 오브젝트와 관련된 정보들을 보여줍니다.

엔트리와 스크래치 비교 분석

- 개발 환경 측면

비교기준	엔트리	스크래치
개발국	한국	미국
개발 년도	2013	2007
운영 지원	네이버	MIT
개발 언어	자바스크립트	플래시

→ 스크래치는 플래시 기술 미디어 처리는 뛰어나지만 호환성의 문제가 있어 사양되고 있는 기술입니다.
→ 엔트리는 자바스크립트로 개발하여 PC, 스마트폰, 태블릿 등 다양한 기기에서 잘 동작합니다.

- 서비스 측면

비교기준	엔트리	스크래치
작품 만들기 기능	○	○
작품 공유 기능	○	○
토론/게시판 기능	○	○
학생용 학습하기 기능	○	X
교사용 시스템	○	X

→ 스크래치는 창작의 도구에 초점을 둔 프로그래밍 언어입니다.
→ 반면, 엔트리는 '교육 플랫폼'에 초점을 두어 학생들이 학교에서 소프트웨어를 쉽게 배울 수 있고, 교사들이 편리하게 가르칠 수 있는 다양한 기능(학습하기, 강의하기)을 제공합니다.

- 다양한 외부 기능 측면

비교기준	엔트리	스크래치
학습 교구 제공	○	X
오프라인 버전	○	○
하드웨어 연동	○	○
교육 자료 제공	○	X
전문 언어 연계	○	X

→ 교육부에서는 소프트웨어 교육을 할 때, 컴퓨터 없이 교육하는 방법(언플러그드)을 강조하고 있습니다. 국내에서는 엔트리가 유일하게 컴퓨터 없이 교육할 수 있는 언플러그드 교구를 개발·제공하고 있습니다.
→ 엔트리는 국내외 다양한 하드웨어를 연동할 수 있는 프로그램을 제공합니다.
→ 엔트리는 국내 수업 환경에서 적용할 수 있는 풍부한 콘텐츠를 제공합니다. 'EBS 소프트웨어야 놀자' 방송과 관련된 실습을 직접해 볼 수도 있으며, 다양한 단계별/수준별/학년별 지도서과 교재를 무료로 제공합니다.
→ 엔트리는 전문 언어(자바스크립트, 파이썬)와 연계하여 학습할 수 있습니다.

학 습 정 리

❶ 엔트리 : 엔트리는 게임을 하듯 미션을 달성하는 과정을 통해 SW의 기본적인 원리들을 배울 수 있고, 무료로 이용할 수 있습니다. 블록을 조립하는 형태의 교육용 프로그래밍 언어를 통해 프로그래밍을 처음 접하는 사람도 다양한 프로그램들을 만들 수 있습니다.

❷ 엔트리 회원가입
- 크롬 브라우저를 실행한 후 엔트리(play-entry.org)에 접속하고, 오른쪽 상단의 [회원가입]을 클릭합니다.
- 사용자에 따라 '학생' 또는 '선생님'을 선택하고, 이용약관에 동의한 후 회원가입 절차에 따라 가입합니다.
- 오른쪽 상단의 [로그인]을 클릭하여 가입한 계정으로 로그인합니다.

❸ 엔트리 기능
- 학습하기 : [문제 해결하기], [소프트웨어야 놀자], [교육 자료]에서 엔트리를 활용한 다양한 교육 콘텐츠를 제공받고, [오픈 강의]에서는 엔트리에서 만든 작품을 활용하여 나만의 강의 자료를 만들 수 있습니다.
- 만들기 : 만든 작품을 저장하고, 저장한 작품을 불러올 수 있습니다. [엔트리 다운로드]에서는 오프라인용 프로그램을 다운로드하여 인터넷이 연결되지 않아도 사용할 수 있습니다.
- 공유하기 : 다른 사람들이 만든 다양한 엔트리 작품을 구경하고, 관심 작품에 '좋아요'나 관심 작품을 등록하고, 댓글을 달 수 있습니다.
- 커뮤니티 : 다른 친구들과 다양한 의견을 주고받을 수 있습니다.

❹ 만들기 화면 구성 : [만들기] 메뉴의 [작품 만들기]를 클릭합니다.

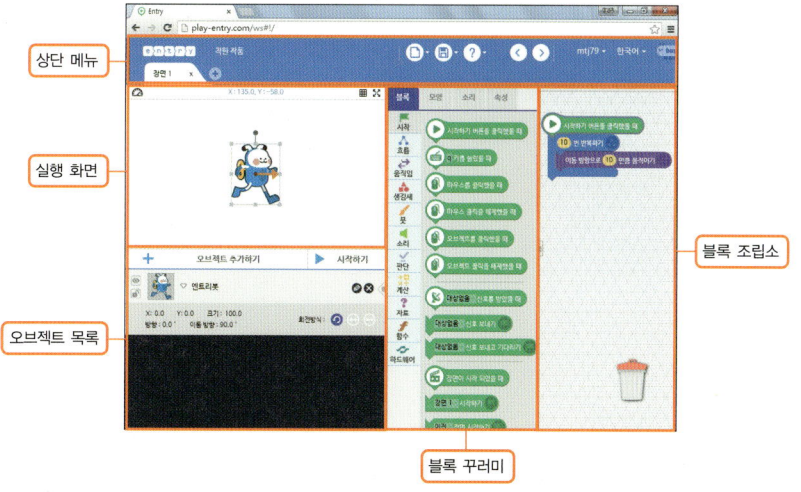

• 퀴즈 및 실습 문제 •

01 게임을 하듯 미션을 달성하는 과정을 통해 SW의 기본적인 원리들을 배울 수는 프로그램으로 누구나 무료로 사용할 수 있는 것은 어느 것입니까? (   )
① 프레지   ② 파워포인트   ③ 엔트리   ④ 엑셀

02 다음 문제에 O, ×로 답하세요.
① 엔트리는 인터넷 익스플로러를 기반으로 합니다. (   )
② 엔트리에서는 데스크톱용 프로그램을 무료로 제공합니다. (   )
③ 엔트리 사이트는 한국어, 영어, 베트남어로 볼 수 있습니다. (   )

03 다음 중 블록을 조립할 수 있는 곳은 어디입니까? (   )

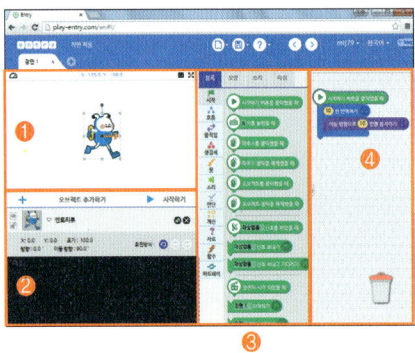

04 다음처럼 새 작품을 만들고, 작품 이름을 '[실습문제]03'로 변경하세요.
(웹 주소 : http://goo.gl/stigWQ)

[만들기] 메뉴의 [작품 만들기]를 클릭한 후 제목을 변경합니다.

정답
1. ③   2. X / O / O   3. ④
4. ① [만들기] 메뉴의 [작품 만들기]를 클릭합니다.
   ② 작품 이름 부분을 클릭하여 '[실습문제]03'로 변경합니다.
   ③ 🖫 - [저장하기]를 클릭하여 새 이름으로 저장합니다.

Section 04 엔트리 학습하기

언플러그드 활동으로 미리 교육용 프로그래밍 언어에 대해 선행 학습을 했다면 이제 직접 컴퓨터에서 실습을 해야 합니다. 엔트리 학습하기를 통해 미션을 수행하면서 순차, 반복, 조건, 함수에 대해서 미리 공부하면 소프트웨어의 원리를 자연스럽게 익힐 수 있습니다.

Section 01 | Section 02 | Section 03 | **Section 04** | Section 05

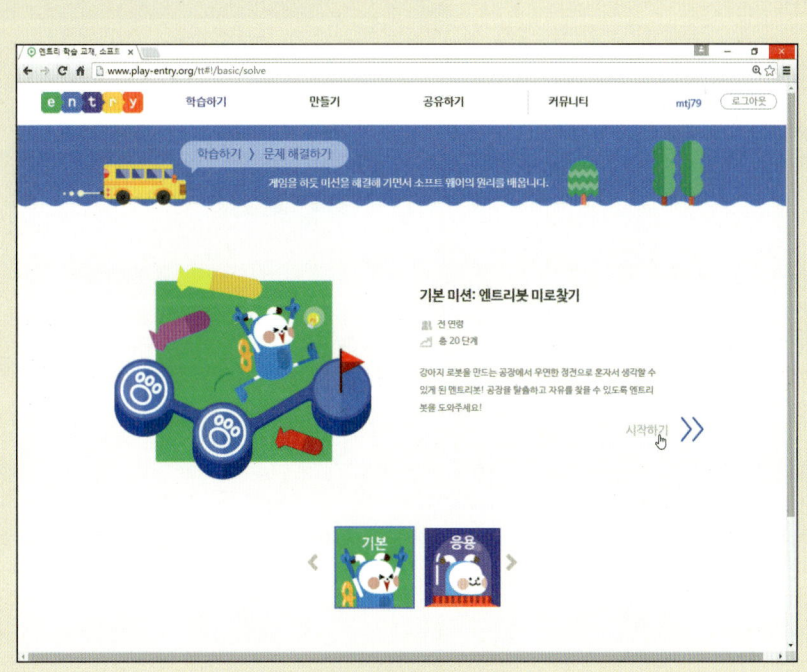

[문제 해결하기]로 순차 학습하기

Step 01

01 미션을 해결하면서 소프트웨어의 원리를 배우기 위해 상단 메뉴 중 [학습하기] 메뉴 – [문제 해결하기]를 클릭합니다.

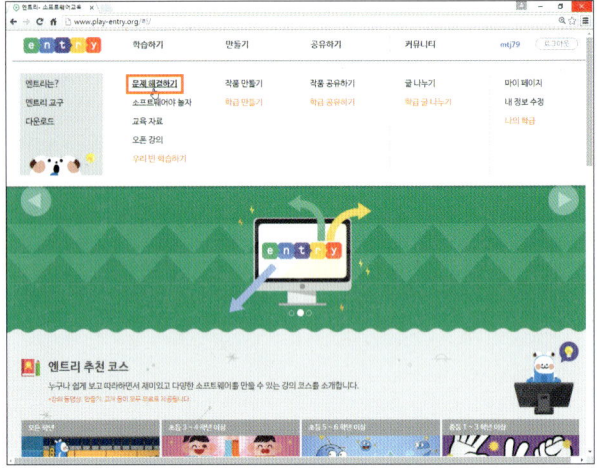

02 학습 모드는 2가지가 있는데, [기본] 미션을 선택하여 [시작하기]를 클릭합니다.

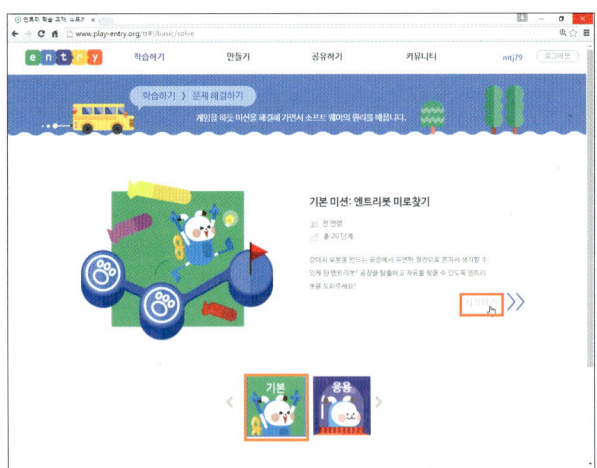

> **문제 해결하기**
> 문제 해결하기는 '미션'을 확인하기 → '블록'을 조립하기 → '시작하기'를 눌러서 미션을 해결합니다. 미션을 해결하면서 소프트웨어의 원리인 순차, 반복, 조건을 학습할 수 있습니다.
> • 기본 미션 : 총 20단계가 있으며 초3~6학년 학생들이 학습하기에 적합합니다.
> • 응용 미션 : 총 10단계가 있으며 중1~3학년 학생들이 학습하기에 적합합니다.

03 [START]를 클릭하거나 다른 단계를 클릭합니다.

> **기본 미션 단계**
> - 1~6단계 : 순차의 개념
> - 7~14단계 : 반복과 조건의 개념
> - 15~20단계 : 함수의 개념

04 1단계를 시작하기 위해 미션을 읽어본 후 [시작하기] 버튼을 클릭합니다.

05 〉〉 미션이 시작되면 미션을 확인합니다. 엔트리봇이 부품까지 가는 미션인데 부품까지는 앞으로 3칸을 가야 합니다.

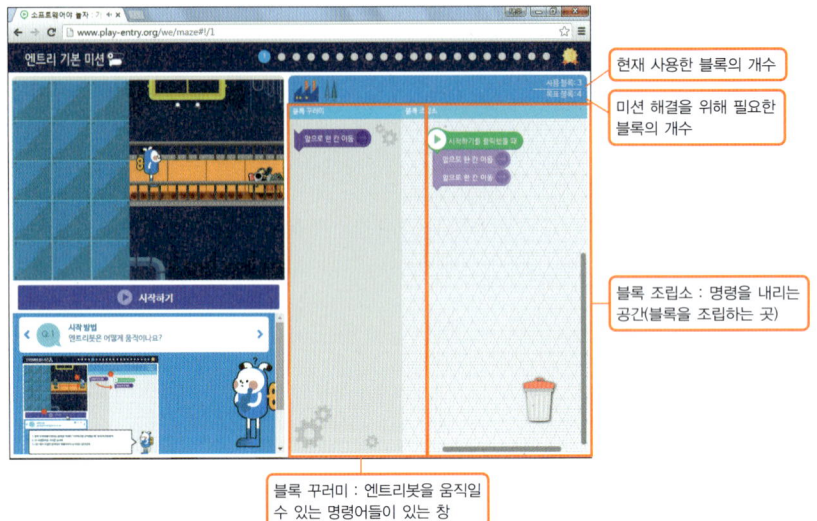

06 〉〉 미션 해결까지 필요한 블록 개수가 4개인데 현재 3개를 사용하고 있습니다. 미션을 해결하려면 앞으로 3칸을 가야하므로, 블록 꾸러미에서 [앞으로 한 칸 이동] 블록을 블록 조립소로 드래그하여 조립한 후 [시작하기] 버튼을 클릭합니다.

07 〉〉 미션 해결되면 [다음단계 가기] 버튼을 클릭하여 다음 미션 단계로 이동합니다. 만약 목표 블록보다 블록을 많이 사용하였거나, 잘못했을 경우에는 [다시하기] 버튼을 클릭하여 다시 도전해봅니다.

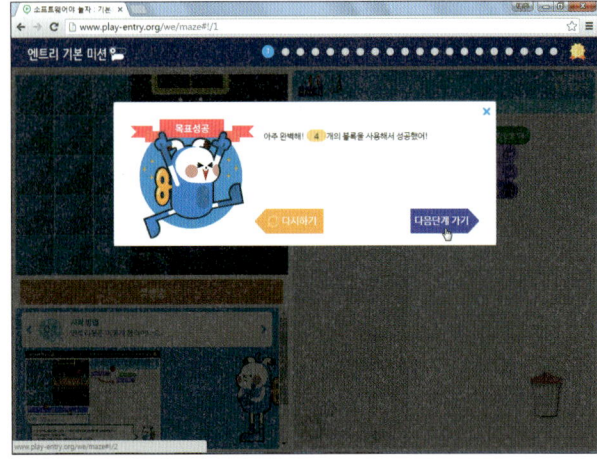

> **미션 해결 시 주의할 점**
>
> 미션을 수행할 때 아무렇게나 블록을 나열해서 우연히 미션을 해결하지 않도록 주의해야 합니다. 간단한 문제들은 쉽게 풀수 있지만 조금만 복잡해져도 문제 해결에 어려움을 느낄 수 있으므로 생각을 하면서 풀어야 합니다. 그래야 스스로 문제해결을 통해 소프트웨어의 원리를 깨달을 수 있습니다.

08 » 같은 방법으로 2~6단계까지 미션을 수행하며 순차 개념을 학습합니다.

▲ 2단계

▲ 3단계

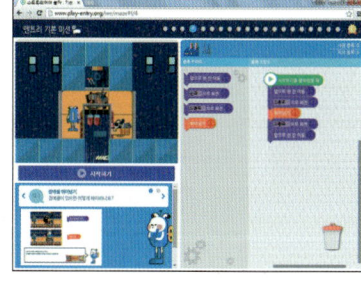

▲ 4단계

▲ 5단계

▲ 6단계

[문제 해결하기]로 반복 학습하기

Step 02

01 〉〉 [7단계]를 클릭한 후 미션을 읽고, [시작하기] 버튼을 클릭합니다. 문제 해결을 통해 반복 개념을 학습할 수 있습니다. 반복 블록의 숫자를 변경하여 미션을 해결할 수 있습니다.

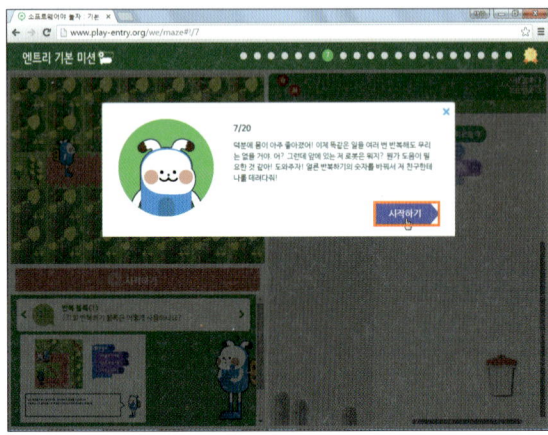 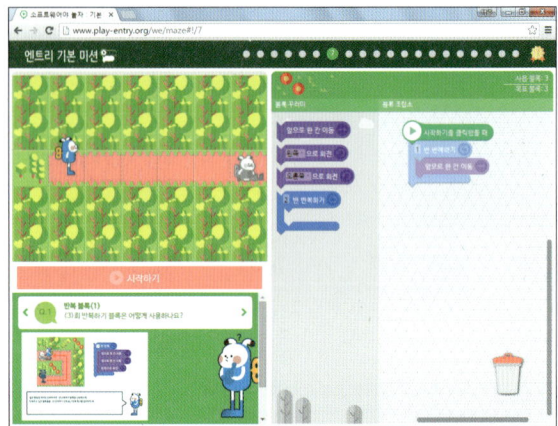

02 〉〉 「앞으로 한 칸 이동」 블록을 5개를 조립한 후 [시작하기] 버튼을 누르면 문제를 해결합니다.

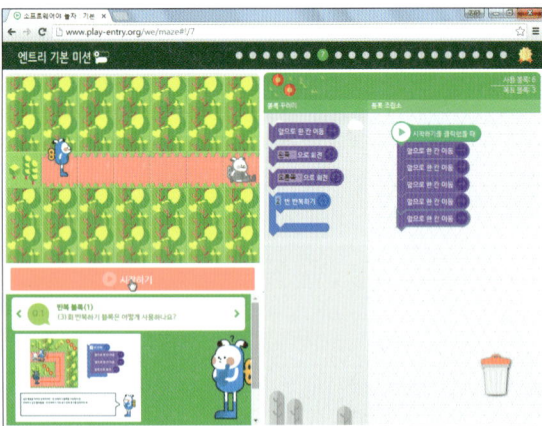 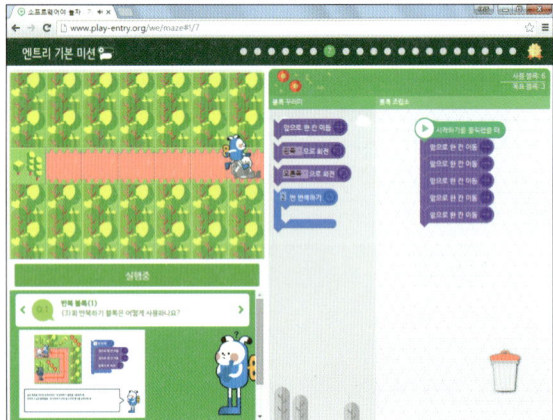

03 >> 이번 단계는 반복 블록을 사용해야 하므로 [다시하기] 버튼을 클릭합니다.

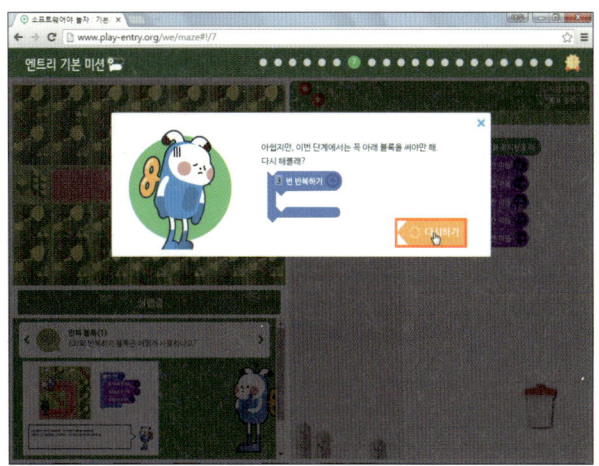

04 >> 블록의 숫자를 '5'로 변경한 후 [시작하기] 버튼을 클릭하면 미션을 성공합니다.

05 >> 실행되면 미션을 성공합니다.

06 〉〉 [다음단계 가기] 버튼을 클릭하여 8
단계에 도전합니다.

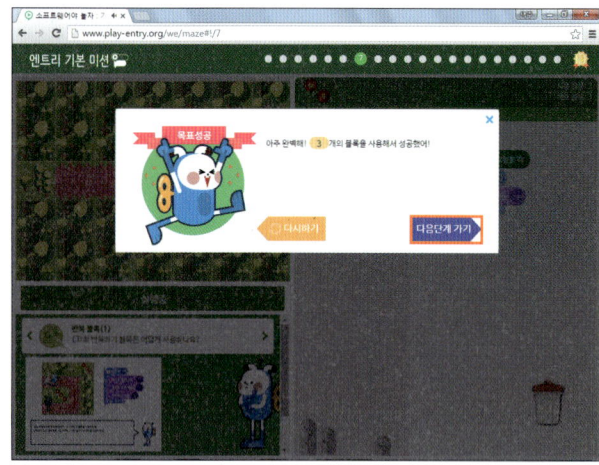

07 〉〉 같은 방법으로 8, 9단계까지 미션을 수행하며 반복 블록에는 반복 숫자를 변경하고, 뛰어넘기, 회전
블록, 앞으로 한 칸 이동 블록을 조립하여 문제를 해결합니다.

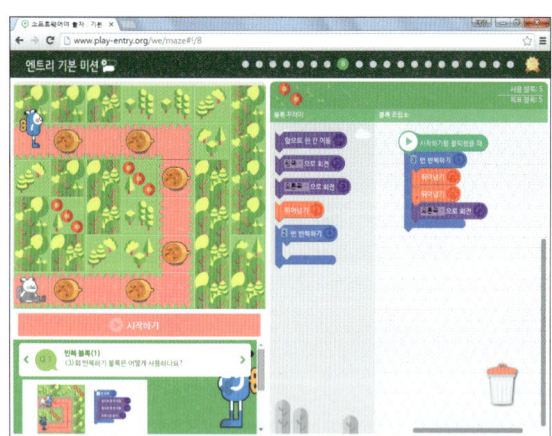   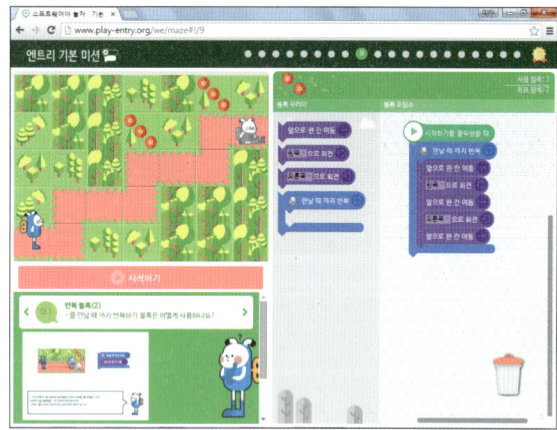

▲ 8단계   ▲ 9단계

[문제 해결하기]로 조건 학습하기

Step 03

01 » [10단계]를 클릭한 후 미션을 읽고, [시작하기] 버튼을 클릭합니다.

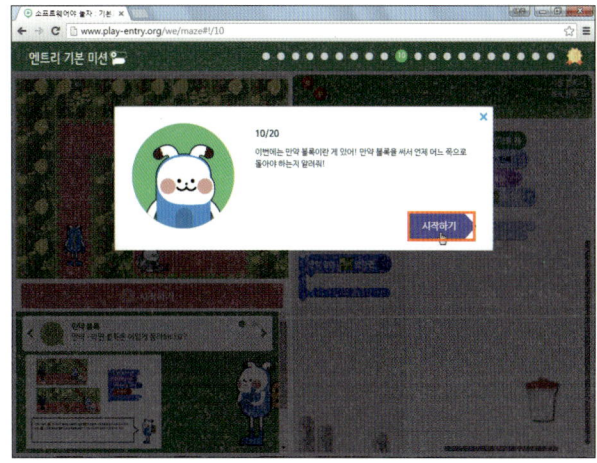

> **조건 블록**
> 조건 블록은 특정한 상황에 따라 다른 행동을 하기 위해 사용되는 블록입니다. 반복된 일을 하다가, 특정 상황에서 다른 행동을 하려면 [반복]과 [조건]을 같이 사용해야 합니다.

02 » 이번 단계는 [만일 앞에 ~ 있다면]이라는 조건 블록을 학습할 수 있습니다. 엔트리봇이 앞으로 가다가 🌳를 만나면 오른쪽으로 회전해서 이동해야 하는데, 이것을 반복하면 미션을 해결할 수 있습니다. [만약 앞에 있다면] 블록 사이에 [오른쪽으로 회전] 블록을 끼워 넣습니다. [시작하기] 버튼을 클릭하면 미션을 성공합니다.

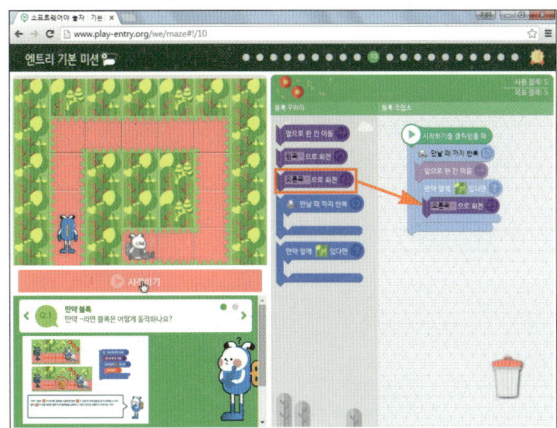 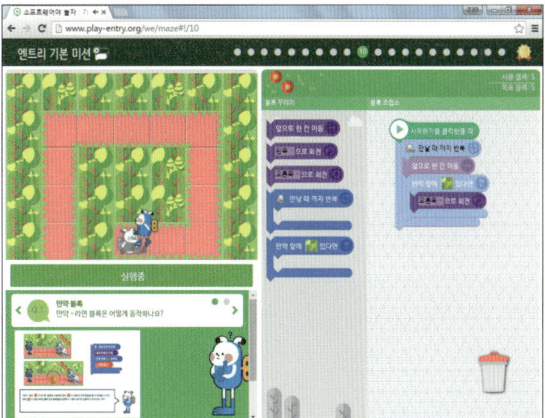

67

Chapter 01 SW 교육의 필요성

• **도움말**

미션 해결 방법이 잘 생각나지 않을 때 실행 화면 Q.1 아래쪽을 클릭하면 도움말을 볼 수 있습니다. 도움말에 미션에 필요한 블록과 방법이 설명되어 있습니다.

03 » 같은 방법으로 14단계까지 반복 블록과 조건 블록을 적절히 사용하여 미션을 해결합니다.

▲ 11단계

▲ 12단계

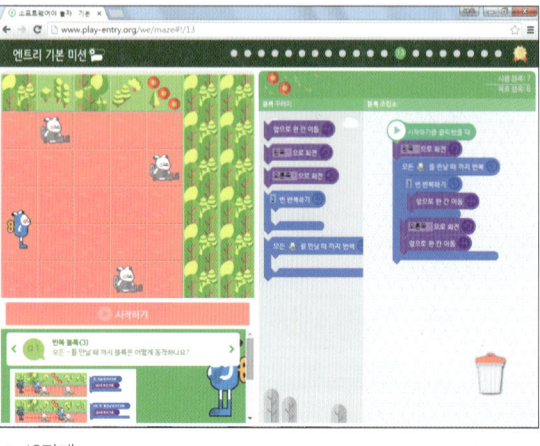

▲ 13단계

▲ 14단계

Section 04 엔트리 학습하기

[문제 해결하기]로 함수 학습하기

Step 04

01 》 [15단계]를 클릭한 후 미션을 읽고, [시작하기] 버튼을 클릭합니다. 15단계부터는 함수 개념을 학습할 수 있습니다.

02 》 블록 조립소의  블록에 자주 사용되는 블록이 조립되어 있습니다.

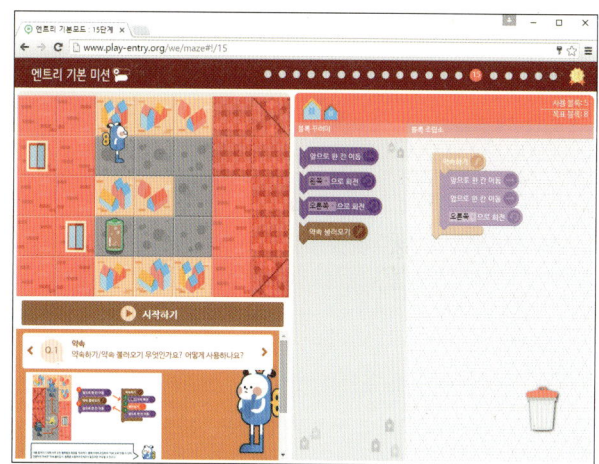

> **함수 블록**
> 함수 블록은 자주 사용되는 블록을 [약속하기] 블록에 조립해 둔 후 필요할 때마다 불러올 수 있습니다.

69

03 ▶▶ `약속 불러오기` 블록으로 저장된 블록을 불러올 수 있습니다. `시작하기를 클릭했을 때` 블록에 `약속 불러오기` 블록을 조립하면 엔트리봇은 앞으로 두 칸 간 후 오른쪽 회전할 수 있습니다.

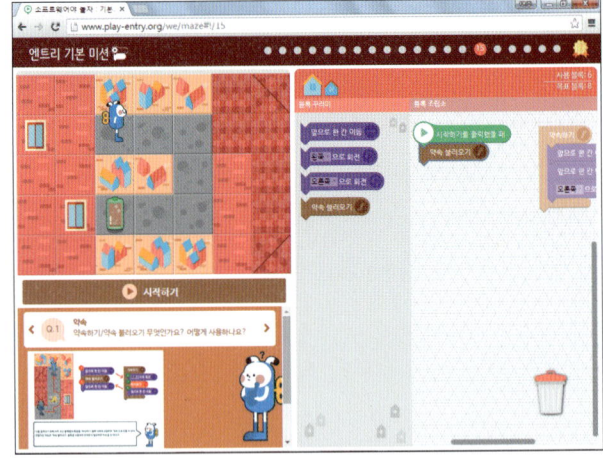

04 ▶▶ `약속 불러오기` 블록을 2번 더 조립하면 미션을 해결합니다. [시작하기] 버튼을 눌러 실행한 후 다음 단계로 이동합니다.

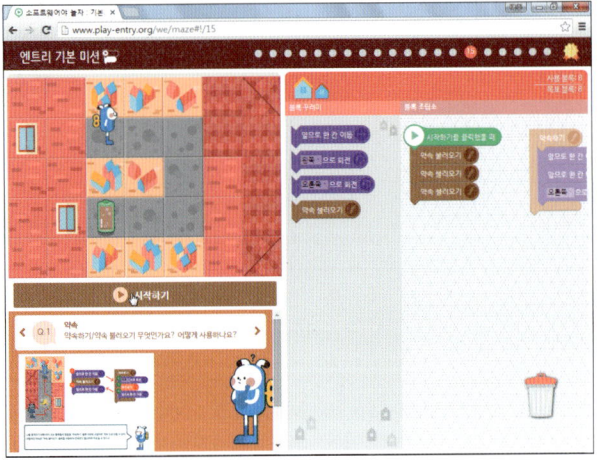

05 » 같은 방법으로 16~20단계까지 미션을 수행하며 반복 블록에는 반복 숫자를 변경하고, 뛰어넘기, 회전 블록, 앞으로 한 칸 이동 블록을 조립하여 문제를 해결합니다. 약속 불러오기 블록을 사용하여 문제를 해결합니다.

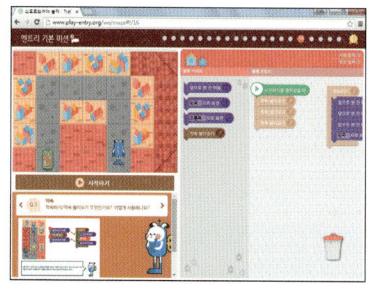
▲ 16단계

▲ 17단계

▲ 18단계

▲ 19단계

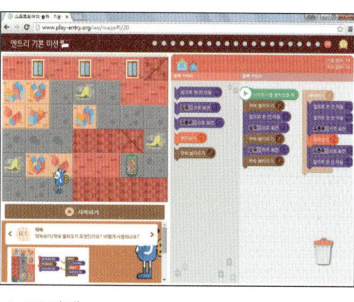
▲ 20단계

06 » 기본 미션을 모두 마치면 이름을 입력한 후 [인증서 받기]를 클릭하여 인증서를 받을 수 있습니다. 중학생 이상일 경우 응용 미션도 학습해보는 것이 좋습니다.

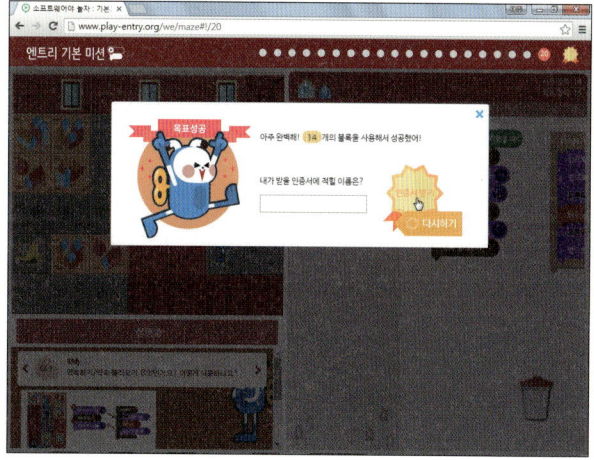

학습정리

❶ 문제 해결하기

미션을 해결하면서 순차, 반복, 조건, 함수에 대해서 학습하면서 소프트웨어의 원리를 배웁니다.

- '미션'을 확인하기 → '블록'을 조립하기 → '시작하기'를 눌러서 미션을 해결합니다.
- 기본 미션 : 총 20단계가 있으며 초3~6학년 학생들이 학습하기에 적합합니다.
- 응용 미션 : 총 10단계가 있으며 중1~3학년 학생들이 학습하기에 적합합니다.
- 미션 화면 구성 요소

❷ 기본 미션 시작하는 방법

- 엔트리의 상단에 있는 [학습하기] 메뉴 - [문제 해결하기]를 클릭합니다.
- 학습 모드 중 [기본] 미션을 선택하여 [시작하기]를 클릭합니다.

❸ 순차 학습하기

- 기본 미션 중 1~6단계 미션을 선택하여 학습합니다.
- 미션을 읽고, 미션을 해결할 수 있는 방안을 생각해봅니다.
- 블록 꾸러미에서 블록을 블록 조립소로 가져와서 조립합니다.
- 사용 블록과 목표 블록을 확인한 후 사용 블록이 목표 블록을 넘지 않게 조립합니다.
- [시작하기] 버튼을 클릭하여 미션 수행을 완료하면 다음 단계로 이동할 수 있으며 [다시하기] 버튼을 클릭하여 다시 도전해볼 수 있습니다.

❹ 반복/조건 학습하기

- 기본 미션 중 7~9단계 미션을 선택하여 반복 학습하고, 10~14단계 미션을 선택하여 조건을 학습합니다.
- 같은 블록이 반복될 때는 [반복] 블록을 사용하여 사용 횟수만큼 [반복] 블록의 숫자를 변경하여 실행합니다.
- [조건] 블록은 특정한 상황에 따라 다른 행동을 하기 위해 사용되는 블록으로 [만일 앞에 ~ 있다면]이라는 조건 블록 안에 상황에 맞는 블록을 조립하여 실행합니다.

❺ 함수 학습하기

- 기본 미션 중 15~20단계 미션을 선택하여 학습합니다.
- [함수] 블록은 자주 사용되는 블록을 블록에 조립해 둔 후 필요할 때마다 불러와 사용합니다.

• 퀴즈 및 실습 문제 •

01 다음은 문제 해결하기 과정입니다. (　　) 안에 들어갈 말은 무엇입니까? (　　)

> '미션'을 확인하기 → '(　　)'을 조립하기 → '시작하기'를 클릭합니다.

① 레고　　② 블록　　③ 꾸러미　　④ 조립소

02 다음은 [문제 해결하기]의 미션 화면입니다. 명령을 내리는 공간은 어느 것입니까?

03 특정한 상황에 따라 다른 행동을 하기 위해 사용되는 블록을 무엇이라고 합니까? (　　)
① 순차 블록　　　② 반복 블록
③ 조건 블록　　　④ 함수 블록

04 반복 블록과 조건 블록을 사용하여 다음 미션을 해결하세요.

정답

1. ②　2. ③　3. ③
4.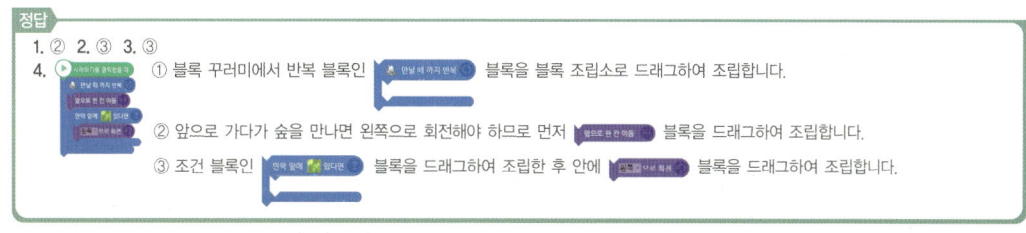

Section 05 엔트리 프로그래밍의 첫걸음

엔트리는 교육용 프로그래밍 언어로 블록을 조립해서 게임, 애니메이션, 그림 그리기, 미디어 아트 등을 제작할 수 있습니다. 순차, 반복, 조건, 신호, 변수의 개념을 이해하고 실습하면서 자연스럽게 소프트웨어의 원리를 공부해보겠습니다.

| 웹 주소 | 순차 – http://goo.gl/hh7QQH, 반복 – http://goo.gl/ekOQoQ,
           조건 – http://goo.gl/5AC5dV, 신호 – http://goo.gl/6PjzNx,
           변수 – http://goo.gl/RL1TiR

▲ 순차

▲ 반복

▲ 조건

▲ 신호

▲ 변수

Section 05 엔트리 프로그래밍의 첫걸음

순차 프로그래밍　　　　　Step 01

01 >> 엔트리(play-entry.org)에 접속한 후 로그인합니다. 새 작품을 만들기 위해 [만들기] 메뉴 – [작품 만들기]를 클릭합니다.

02 >> 새로운 작품이 생성되면 기본으로 포함된 '엔트리봇' 오브젝트가 나타납니다. 오브젝트 창의 ⊗를 클릭하여 오브젝트를 삭제합니다. 새로운 오브젝트를 추가하기 위해 [오브젝트 추가하기]를 클릭합니다.

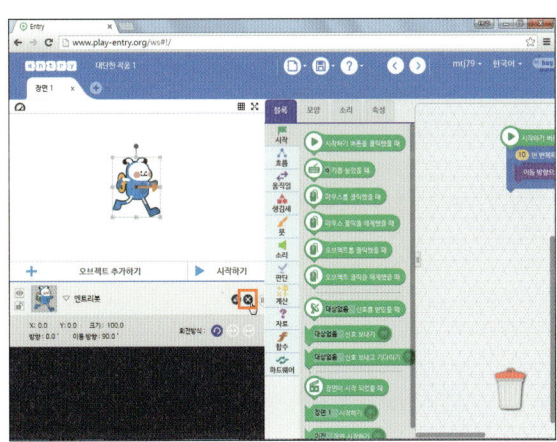 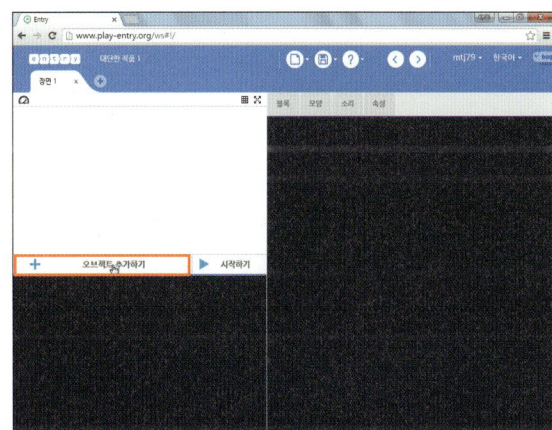

03 >> 강아지와 고양이가 서로 인사를 주고 받는 작품을 만들기 위해 [라이브러리 선택] 탭 – [배경]에서 '울타리'에 체크 표시하고, [동물]에서 '우화-강아지', '우화-고양이'에 차례로 체크 표시한 후 [적용하기] 단추를 클릭하여 오브젝트를 불러옵니다.

75

04 〉〉 울타리 배경과 고양이와 강아지가 실행 화면에 나타납니다. 고양이는 드래그하여 왼쪽에 배치하고 강아지는 오른쪽에 배치합니다.

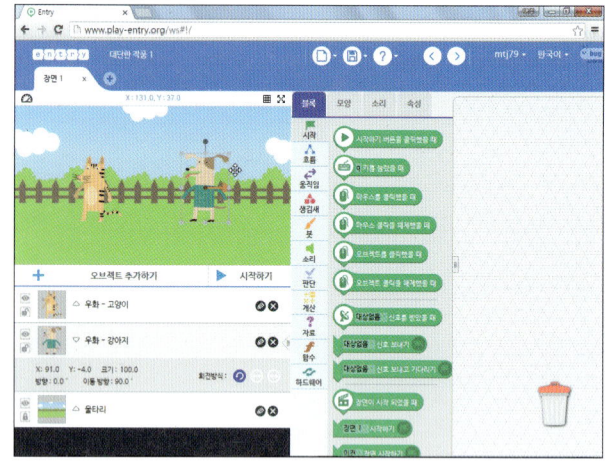

오브젝트 관련 요소들

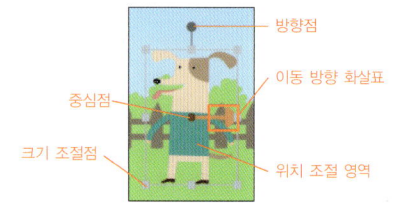

05 〉〉 '강아지' 오브젝트를 선택한 후 [블록] 탭의 [시작] 카테고리에서 ![시작하기 버튼을 클릭했을 때] 블록을 드래그하여 블록 조립소로 가져옵니다. [생김새] 카테고리에서 ![안녕! 을(를) 4 초 동안 말하기] 블록을 블록 조립소로 가져와서 조립합니다. '4초'는 '2초'로 변경합니다.

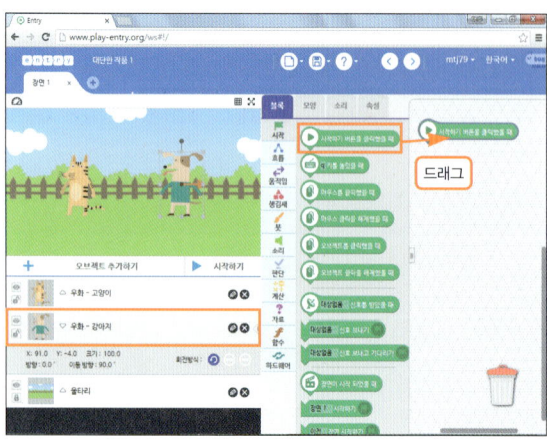

순차 개념

순서대로 진행되는 개념을 '순차'라고 합니다. 시간 순서에 따라 프로그래밍하는 것을 '순차'라고 하는데, 여기에서는 강아지와 고양이가 만나서 서로 인사를 주고받고, 끝인사를 순차적으로 진행되게 만듭니다.

06 » 이번에는 고양이가 강아지와 마주보고 인사할 수 있게 '고양이' 오브젝트를 선택한 후 [블록] 탭의 [시작] 카테고리에서 ▶시작하기 버튼을 클릭했을 때 블록을 블록 조립소로 가져오고, [생김새] 카테고리에서 좌우 모양 뒤집기 블록을 가져와서 조립합니다.

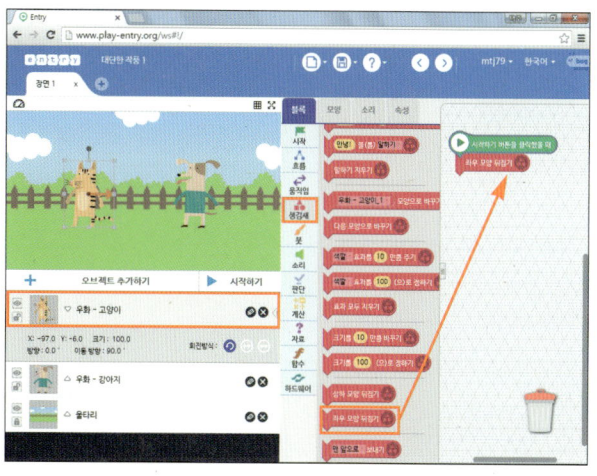

07 » [흐름] 카테고리에서 2초 기다리기 블록을 드래그하여 블록 조립소에서 조립합니다. 강아지가 인사하는 동안 고양이는 2초 기다립니다.

08 » 블록 조립소로 [생김새] 카테고리의 안녕! 을(를) 4초 동안 말하기 블록을 가져와서 조립합니다. '4초'는 '2초'로 변경합니다. 고양이도 강아지에게 인사합니다.

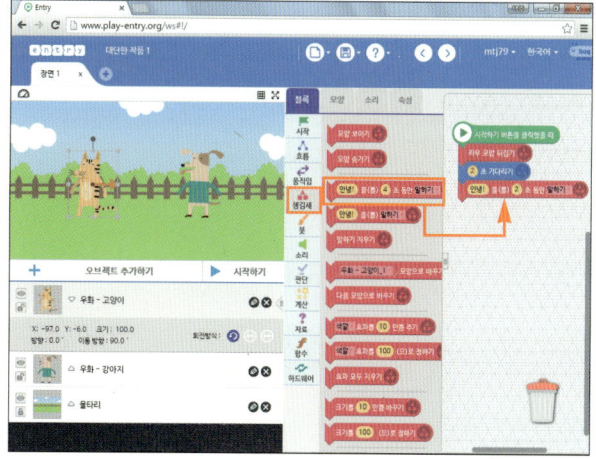

09 ›› 작별 인사를 하기 위해 '강아지' 오브젝트를 선택한 후 [흐름] 카테고리에서 `2초 기다리기` 블록을, [생김새] 카테고리에서 `안녕! 을(를) 4초 동안 말하기` 블록을 블록 조립소로 가져와서 조립합니다. '안녕!' 부분을 '잘 가!' 로, '4초' 는 '2초' 로 변경합니다.

10 ›› '고양이' 오브젝트를 선택한 후 `2초 기다리기` 블록과 `안녕! 을(를) 4초 동안 말하기` 블록을 차례로 조립한 후 '안녕!' 부분을 '잘 가!' 로, '4초' 는 '2초' 로 변경합니다. 실행 화면의 [시작하기] 버튼을 클릭합니다.

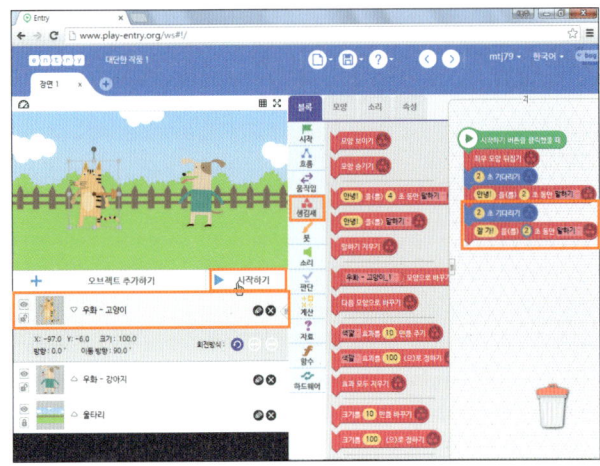

11 ›› 강아지와 고양이가 서로 마주보고, 인사를 나눈 후 작별 인사까지 시간에 따라 순차적으로 진행됩니다. 순차 개념을 학습을 통해 이해할 수 있습니다.

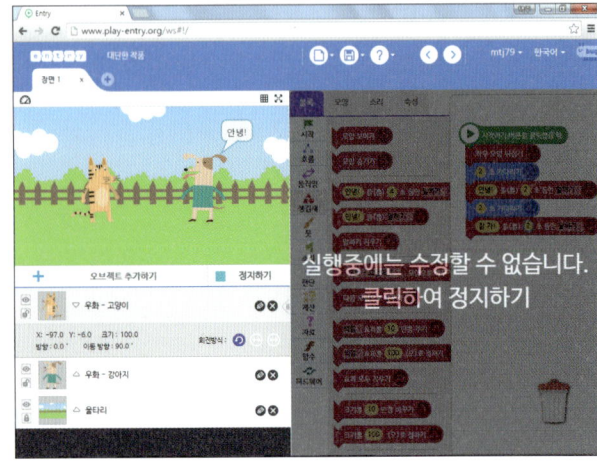

반복 프로그래밍

Step **02**

01 〉〉 새로운 작품을 생성한 후 오브젝트 창의 ❌를 클릭하여 오브젝트를 삭제합니다. 꽃잎 만들기 작품을 만들기 위해 [오브젝트 추가하기]를 클릭하고, [라이브러리 선택] 탭 – [식물]에서 '분홍 꽃잎'에 체크 표시하고 [적용하기] 단추를 클릭합니다.

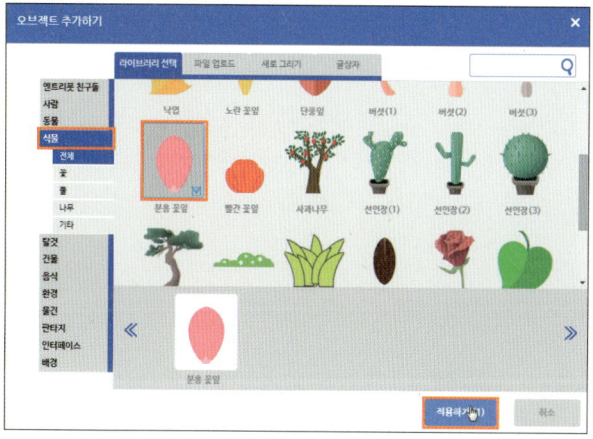

02 〉〉 실행 화면에 추가된 '분홍 꽃잎' 오브젝트의 중심점을 드래그하여 꽃잎 아래쪽으로 이동시킵니다.

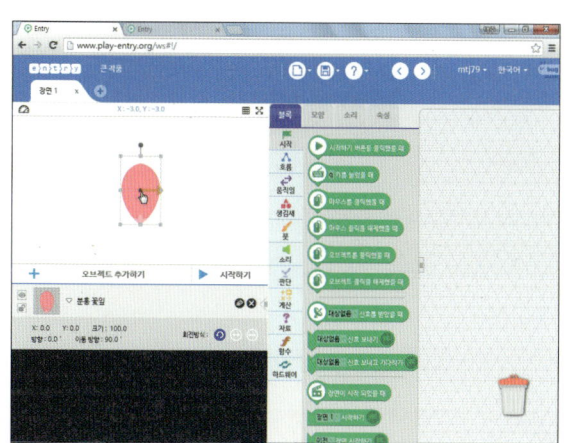 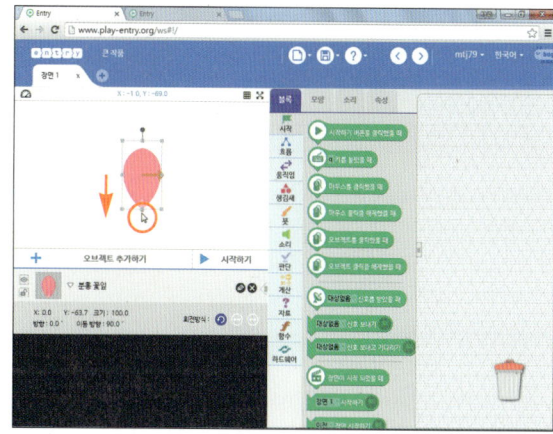

03 〉〉 [블록] 탭의 [시작] 카테고리에서 `시작하기 버튼을 클릭했을 때` 블록을 블록 조립소로 가져오고, [붓] 카테고리에서 `도장찍기` 블록을 가져와서 조립합니다.

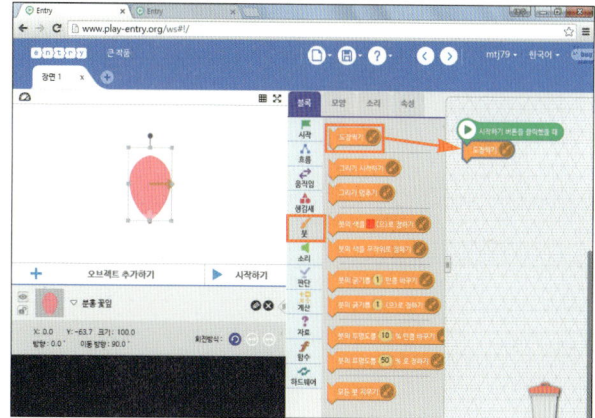

04 ▶▶ 중심점을 중심으로 꽃잎 하나를 더 도장 찍기 위해 회전 방향을 정해주어야 합니다. [움직임] 카테고리에서 `방향을 90° 만큼 회전하기` 블록을 블록 조립소로 가져가서 조립한 후 '90°'를 '60°'로 변경합니다.

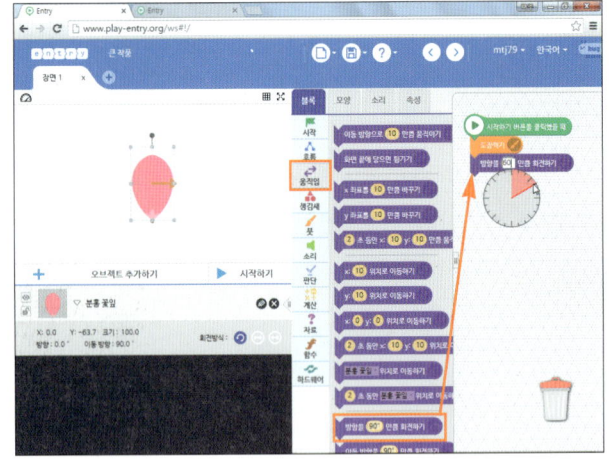

05 ▶▶ [시작하기] 버튼을 클릭하여 도장찍기를 확인해봅니다. 중심점에서 60° 회전하여 꽃잎이 하나 더 그려졌습니다.

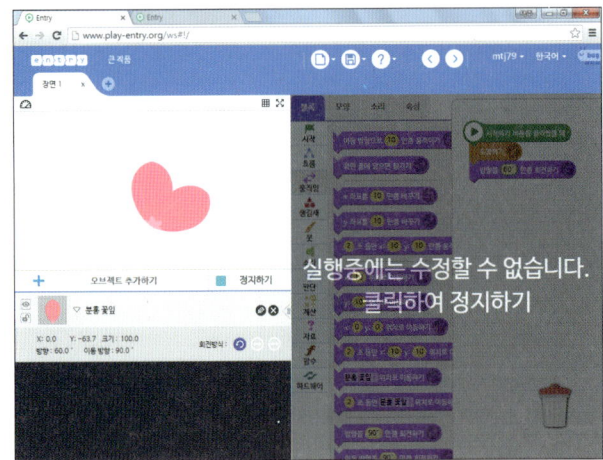

- **중심점 위치를 변경하지 않았다면**
오브젝트는 중심점을 중심으로 회전하기 때문에 중심점 위치를 변경하지 않고 실행하면 꽃잎이 겹쳐서 그려집니다.

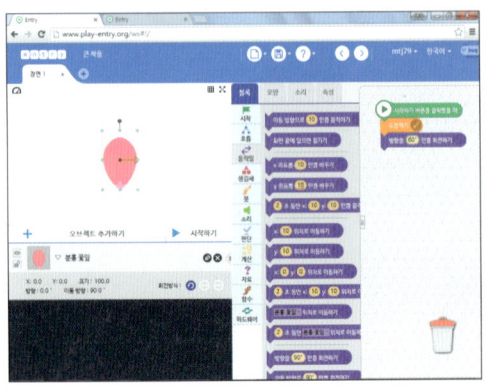 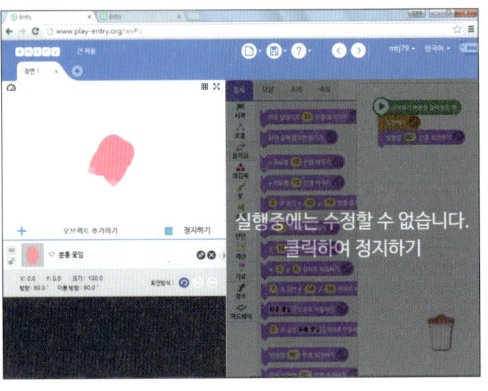

06 ›› 도장찍기 블록 위에서 마우스 오른쪽 버튼을 클릭한 후 [코드 복사 & 붙여넣기]를 클릭합니다. 그러면 조립한 블록까지 복제되어 나타나는데 아래쪽에 조립합니다.

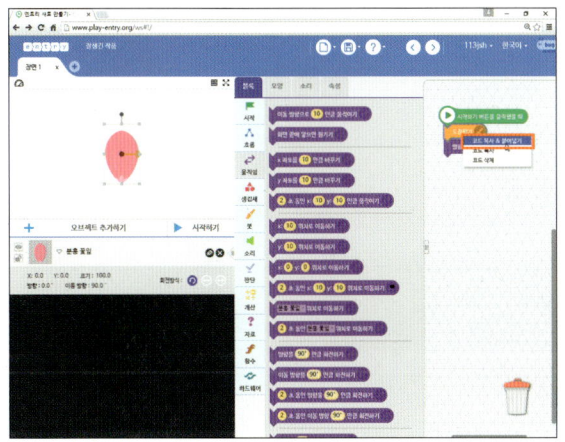 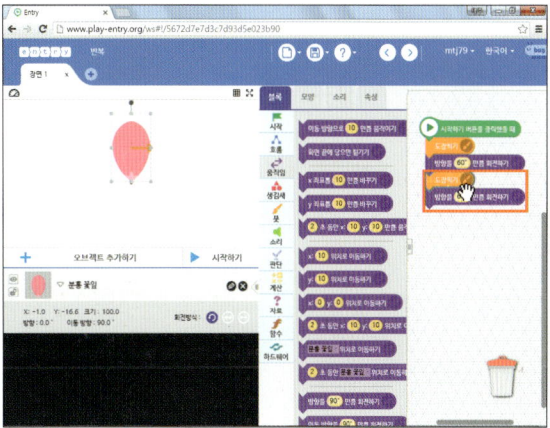

07 ›› [코드 복사 & 붙여넣기]를 기능을 사용하여 결합한 블록을 3번 더 복제합니다. 도장찍기 5번을 반복하면 꽃잎이 5장 그려집니다.

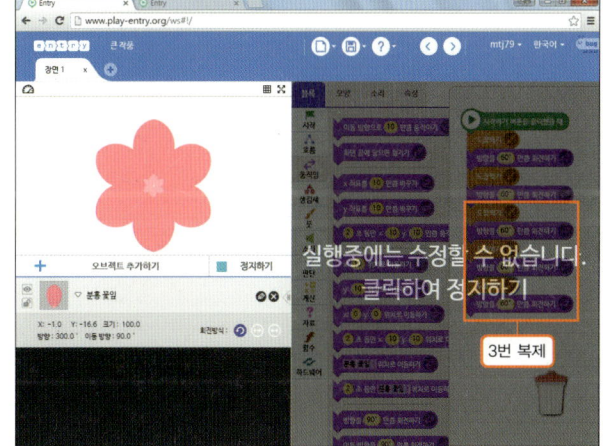

반복 개념

반복되는 명령이 있으면 그것을 계속 나열하지 않고 반복 블록으로 묶어서 표현하면 보다 쉽게 표현할 수 있습니다. 이를 '반복' 이라 합니다.

08 ›› 지금까지 똑같이 반복한 블록을 반복 블록을 사용하면 간단하게 조립할 수 있습니다. [흐름] 카테고리의 ![10번 반복하기] 블록을 드래그하여 블록 조립소로 가져온 후 '10번'은 '5번'으로 변경합니다. 반복 블록 사이에 ![도장찍기] 블록과 ![방향을 60°(으)로 정하기] 블록을 조립합니다.

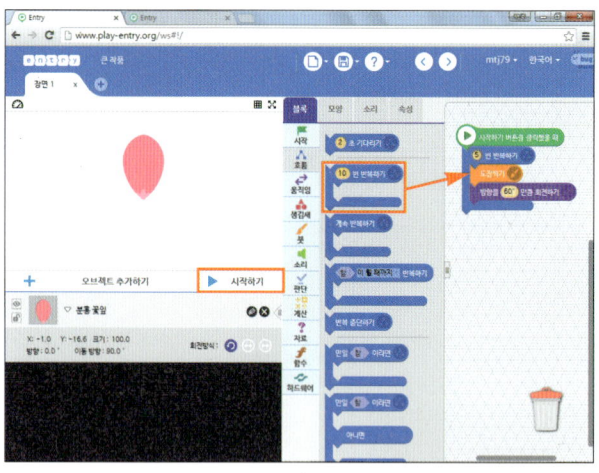

09 ›› [흐름] 카테고리에서 ![2초 기다리기] 블록을 드래그하여 블록 조립소의 반복 블록 안에 끼워 넣고, '2초'를 '1초'로 변경합니다.

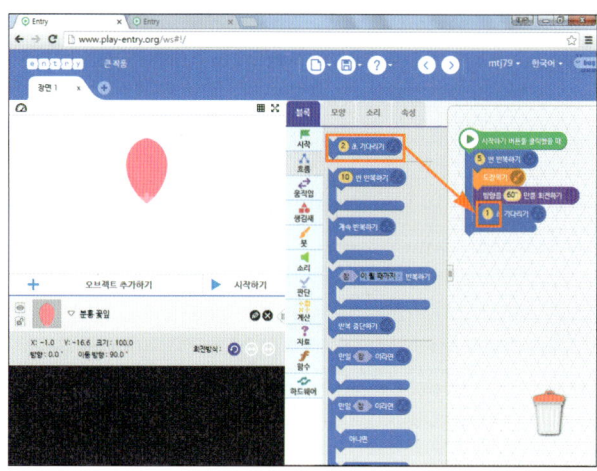

10 ›› [시작하기] 버튼을 클릭하면 꽃잎이 1초 단위로 그려지는 것을 확인할 수 있습니다.

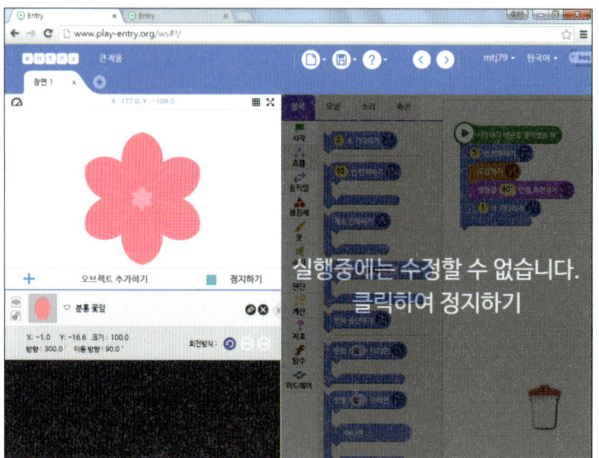

조건 프로그래밍

Step 03

01》 새로운 작품을 생성한 후 오브젝트 창의 ❌를 클릭하여 오브젝트를 삭제합니다. 로봇청소기로 마루를 청소하는 작품을 만들기 위해 [오브젝트 추가하기]를 클릭하고, [라이브러리 선택] 탭 - [배경]에서 '마루바닥'에 체크 표시하고, [물건]-[생활]에서 '로봇청소기(1)'에 체크 표시한 후 [적용하기] 버튼을 클릭합니다.

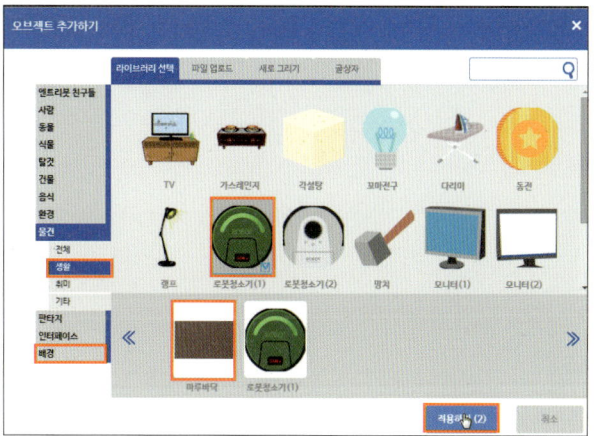

02》 '로봇청소기' 오브젝트의 크기 조절점을 드래그하여 크기를 작게 조절합니다. [블록] 탭의 [시작] 카테고리에서 `시작하기 버튼을 클릭했을 때` 블록을 블록 조립소로 가져오고, [흐름] 카테고리에서 `계속 반복하기` 블록을 가져와서 조립합니다.

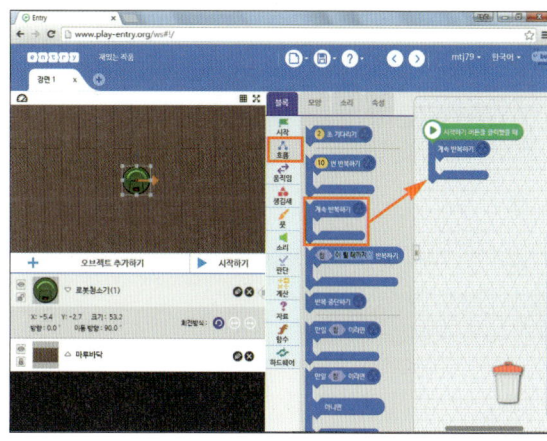

로봇청소기가 마루바닥을 끊임없이 깨끗하게 청소해야 하므로,  블록을 사용합니다.

03 » 반복 블록 사이로 [움직임] 카테고리의 블록을 드래그하여 블록 끼워 넣습니다.

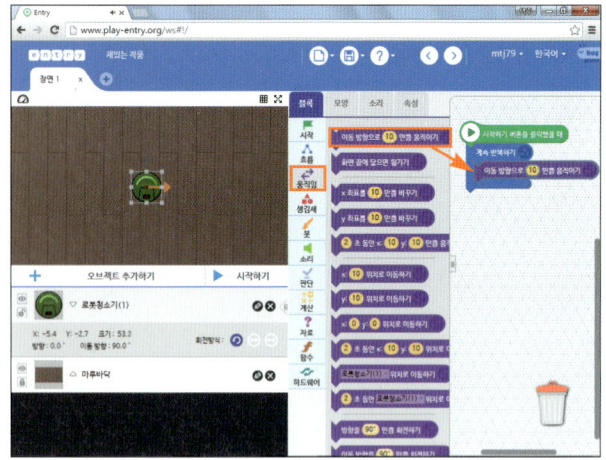

04 » [흐름] 카테고리에서 블록을 드래그하여 움직임 블록 아래 끼워 넣습니다. [판단] 카테고리에서 블록을 드래그하여 조건 블록의 '참' 부분에 끼워 넣습니다. '마우스포인터'는 '벽'으로 변경합니다.

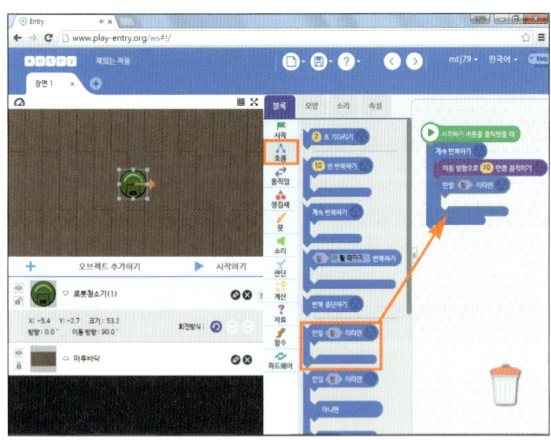 

로봇청소기가 밖으로 벗어나지 못하게 하려면 조건 블록을 사용해야 합니다. 실행 화면의 외곽을 벽이라고 하는데 로봇청소기가 벽에 닿았을 때 반사되도록 블록을 조립해야 합니다. 먼저 조건 블록 위에 판단 블록을 사용하여 '벽'에 닿도록 구성합니다.

05 » 조건 블록 사이로 [움직임] 카테고리의 ![방향을 90° 만큼 회전하기] 블록을 끼워 넣습니다. '90°'는 '123°'로 변경합니다.

06 » 시작과 동시에 로봇청소기가 움직이는 자리는 깨끗하게 청소되는 것처럼 만들어야 합니다. [시작] 카테고리에서 ![시작하기 버튼을 클릭했을 때] 블록을 블록 조립소로 가져오고, [붓] 카테고리에서 ![그리기 시작하기] 블록과 ![붓의 색을 (으)로 정하기] 블록을 차례로 드래그하여 조립한 후 색은 '흰색'으로 설정합니다.

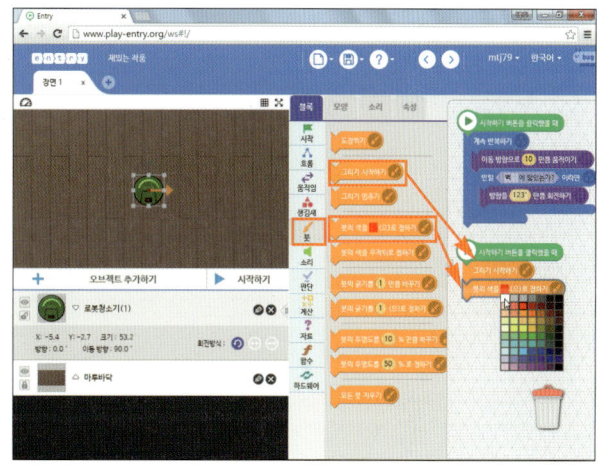

07 » [붓] 카테고리에서 ![붓의 굵기를 1 (으)로 정하기] 블록을 블록 조립소로 가져와서 조립한 후 '1'은 '50'으로 변경합니다. 붓을 굵게 설정해야 로봇청소기가 한 번 움직일 때 굵은 선으로 움직입니다.

08 >> 실행 화면의 [시작하기] 버튼을 클릭합니다.

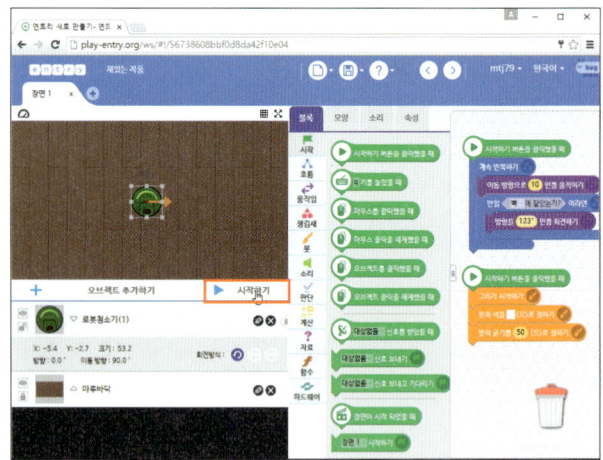

09 >> 로봇청소기가 벽에 부딪히면 반사되어 다른쪽 벽에 부딪히는데 그러면서 로봇청소기가 움직임에 따라 흰색으로 칠해져서 바닥이 깨끗해집니다.

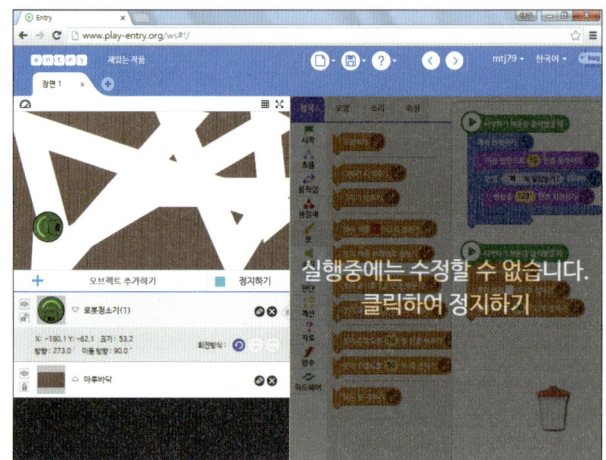

> 로봇청소기가 직접 움직이는 코드와 로봇청소기의 경로를 그리는 코드를 동시에 실행시킬 수 있습니다. 한 오브젝트는 2가지 이상의 코드를 동시에 실행시킬 수 있습니다.

Section 05 엔트리 프로그래밍의 첫걸음

신호 프로그래밍   Step 04

01 » 새로운 작품을 생성한 후 오브젝트 창의 ❌를 클릭하여 오브젝트를 삭제합니다. 아기 돼지 삼형제 애니메이션 작품을 만들기 위해 [오브젝트 추가하기]를 클릭하고, [라이브러리 선택] 탭 - [배경]에서 '들판(4)'에 체크 표시하고, [동물]에서 '아기돼지 삼형제-첫째', '아기돼지 삼형제-둘째', '아기돼지 삼형제-셋째'에 체크 표시한 후 [적용하기] 단추를 클릭합니다.

02 » 실행 화면에서 추가된 오브젝트를 드래그하여 다음처럼 위치시킵니다.

03 » [속성] 탭을 클릭하고 [신호] - [신호 추가]를 클릭합니다.

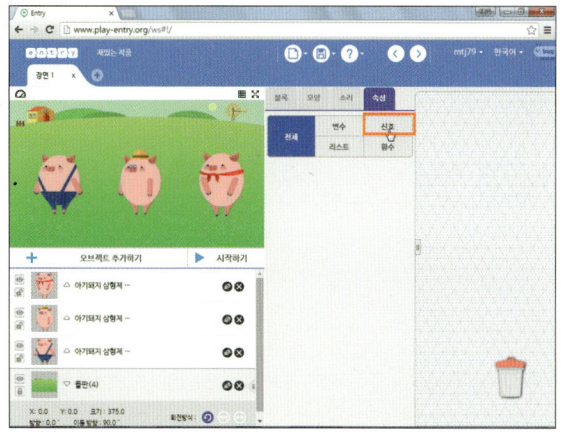 

87

04 》》 추가할 신호의 이름의 '둘째'를 입력합니다. 같은 방법으로 신호를 하나 더 추가하여 '셋째' 신호를 추가합니다.

> **신호**
> 애니메이션 극장에서는 등장 인물 간에 서로 대화를 주고받아야 하는데, 오브젝트 간의 상호 작용을 위해 신호를 사용합니다. 따로 시간 블록을 사용할 필요없이 신호를 사용하여 서로 대화를 주고받을 수 있습니다.

05 》》 '첫째 돼지' 오브젝트를 선택하고, [블록] 탭의 [시작] 카테고리에서 ▶시작하기 버튼을 클릭했을 때 블록을 블록 조립소로 가져옵니다. [생김새] 카테고리에서 안녕! 을(를) 4 초 동안 말하기 블록을 가져와서 조립하고, '안녕'은 '나는 첫째야. 짚으로 빨리 집을 짓고 놀아야지.'로 변경합니다.

06 〉〉 [시작] 카테고리에서 ![신호보내기] 블록을 드래그하여 조립한 후 '둘째'로 변경합니다.

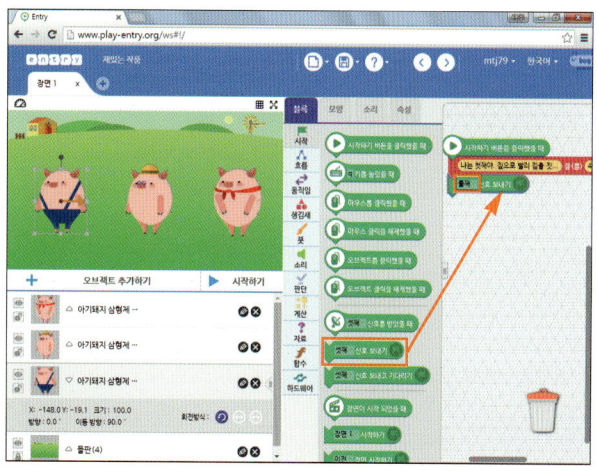

07 〉〉 '둘째 돼지' 오브젝트를 선택한 후 [시작] 카테고리에서 ![신호를 받았을 때] 블록을 블록 조립소로 가져옵니다. '셋째'를 '둘째'로 변경합니다.

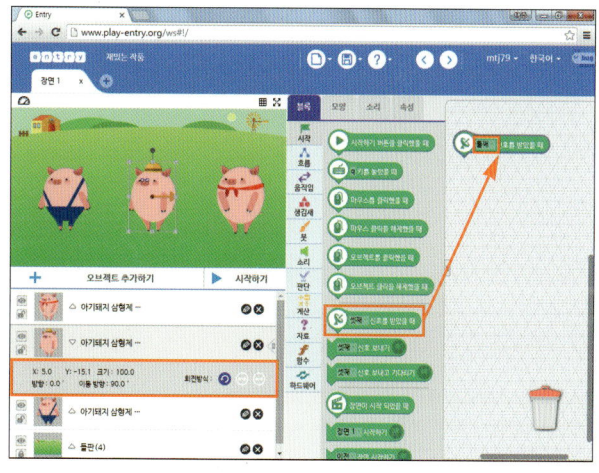

08 〉〉 첫째가 둘째에게 보낸 신호를 둘째가 받으면 서로 대화를 주고받을 수 있습니다. ![안녕을 4초 동안 말하기] 블록을 가져와 '안녕'을 '나는 둘째야. 나무로 대충 집을 지어야지.'로 변경하고, ![신호 보내기] 블록도 가져와서 조립합니다.

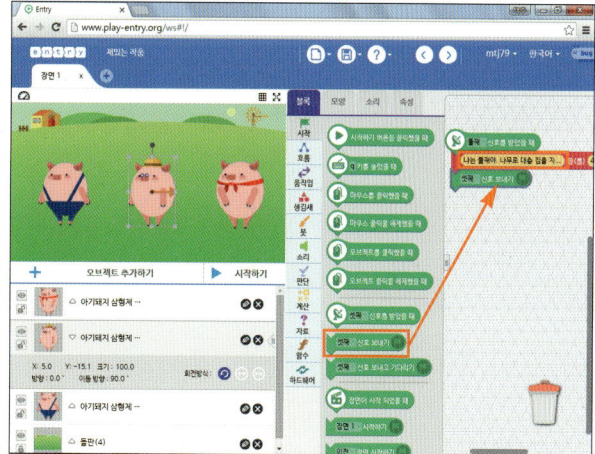

09 ›› '셋째 돼지' 오브젝트도 선택한 후 같은 방법으로 [셋째 신호를 받았을 때] 와 [안녕! 을(를) 4 초 동안 말하기] 블록을 '나는 셋째야. 벽돌로 튼튼한 집을 지어야지.'로 변경합니다. [시작하기] 버튼을 클릭합니다.

10 ›› 애니메이션 극장을 확인합니다.

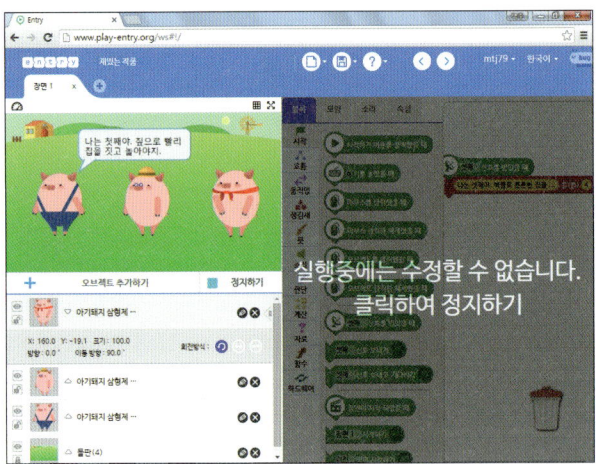

변수 프로그래밍

Step 05

01 ›› 새로운 작품을 생성한 후 오브젝트 창의 ✕를 클릭하여 오브젝트를 삭제합니다. 보물상자를 암호로 여는 작품을 만들기 위해 [오브젝트 추가하기]를 클릭하고, [라이브러리 선택] 탭 - [배경]에서 '사막(2)'에 체크 표시하고, [판타지]에서 '보물상자(2)'에 체크 표시한 후 [적용하기] 단추를 클릭합니다.

02 ›› 보물상자에 암호값을 저장하기 위해 [속성] 탭 - [변수]를 클릭한 후 [변수 추가]를 클릭하여 '암호값'이라고 입력하고 [확인] 버튼을 클릭합니다.

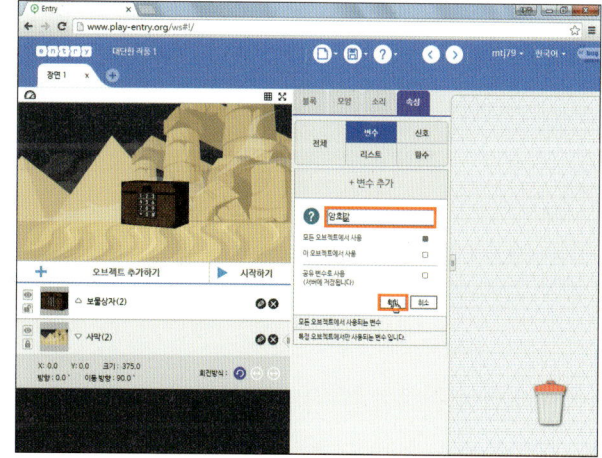

변수

게임에서의 점수, 내 이름과 같은 정보들을 컴퓨터에서 기억하게 하려면 '변수'가 필요합니다. 보물상자를 열기를 할 때도 컴퓨터가 암호값을 기억하고 있어야 하는데, 이럴 때 변수를 사용합니다. 변수는 자유롭게 이름을 붙여줄 수 있습니다. 여기서는 변수 이름을 '암호값'으로 합니다.

03 >> [블록] 탭의 [시작] 카테고리에서 ![시작하기 버튼을 클릭했을 때] 블록을 블록 조립소로 가져옵니다. [자료] 카테고리에서 ![변수 암호값 숨기기] 블록을 가져와서 조립하고, ![암호값을 10 로 정하기] 블록을 가져와서 '10'에 암호값 '1234'를 입력합니다.

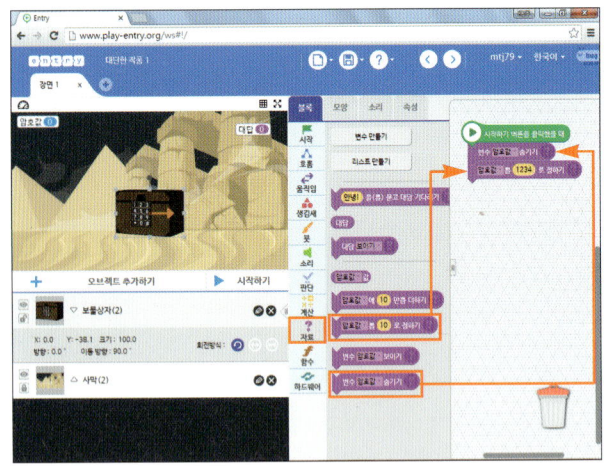

04 >> 블록 조립소로 [자료] 카테고리의 ![안녕! 을(를) 묻고 대답 기다리기] 블록을 조립한 후 '안녕!' 부분을 '암호를 입력하세요.'로 변경합니다.

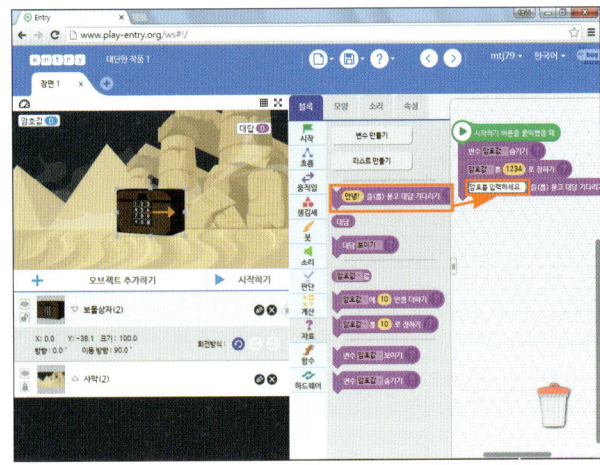

05 >> 실행 화면의 [대답]을 숨기기 위해 [자료] 카테고리에서 ![대답 숨기기] 블록을 ![시작하기 버튼을 클릭했을 때] 블록 다음에 끼워 넣습니다.

06 〉〉 [흐름] 카테고리에서 `계속 반복하기` 블록을 블록 조립소로 가져와서 아래에 끼워 넣습니다. 암호값이 맞을 때와 맞지 않을 때를 조건 블록으로 표현하기 위해 `만일 참 이라면 아니면` 블록을 가져와서 `계속 반복하기` 블록 사이에 끼워 넣습니다.

07 〉〉 `만일 참 이라면 아니면` 블록의 '참' 부분에 [판단] 카테고리에서 `10 = 10` 블록을 끼워 넣습니다. 암호값을 맞게 대답했을 때를 표현하기 위해 [자료] 카테고리에서 `대답` 블록을 앞쪽 '10'에, `암호값 값` 블록은 뒤쪽 '10'에 넣습니다.

 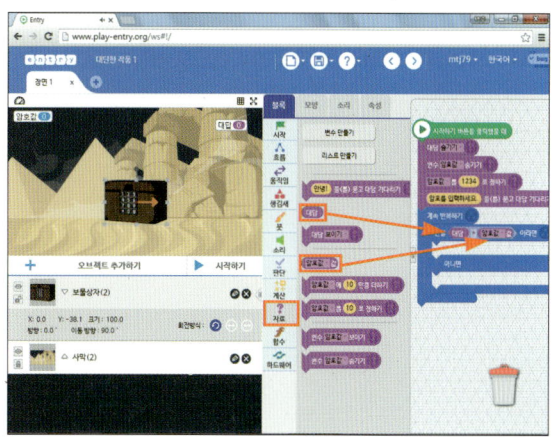

08 암호값을 맞게 대답했을 때 보물상자가 열리게 하기 위해서 먼저 [모양] 탭을 클릭하여 열린 보물상자 그림의 이름을 확인합니다. 다시 [블록] 탭을 클릭하고, [생김새] 카테고리에서 `보물상자(2)_1 모양으로 바꾸기` 블록을 `만일 참 이라면 아니면` 블록의 [만약 참 이라면] 아래에 끼워 넣습니다. 열린 보물상자 이름인 '보물상자(2)_2'로 변경합니다.

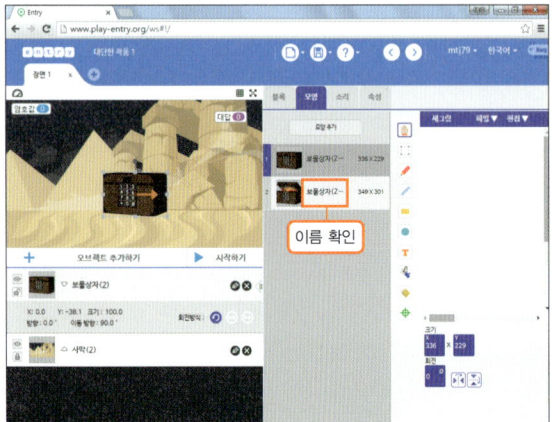 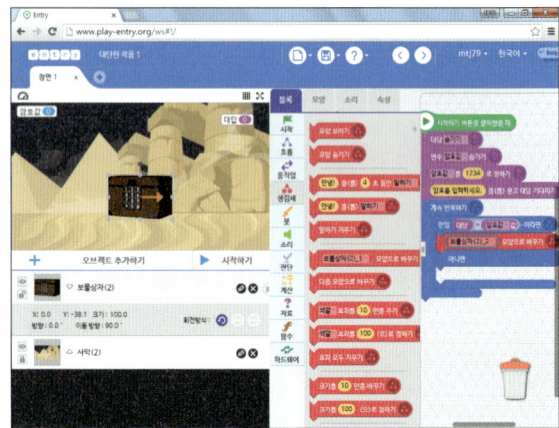

09 모양 블록 아래에 [생김새] 카테고리의 `안녕! 을(를) 4 초 동안 말하기` 블록을 드래그하여 끼워 넣습니다. '안녕' 부분은 '축하합니다!'로 변경하고, 시간은 '2초'로 변경합니다.

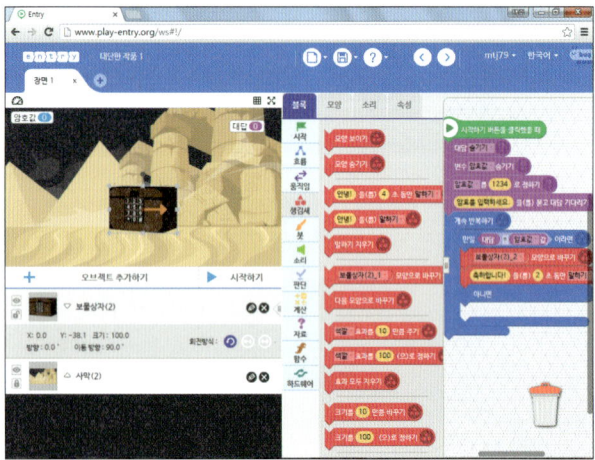

10 >> 암호가 아닐 때는 계속해서 암호를 물어보기 위해 [아니면] 블록 아래에 [자료] 카테고리의 [안녕! 을(를) 묻고 대답 기다리기] 블록을 드래그하여 끼워 넣고 '안녕'을 '암호를 입력하세요.'로 변경합니다. [시작하기] 버튼을 클릭합니다.

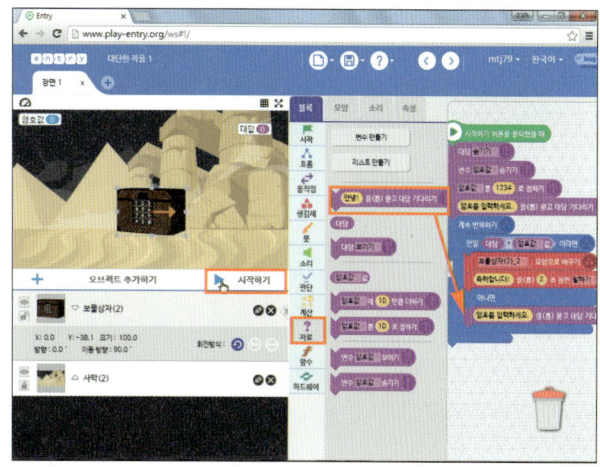

11 >> 저장된 암호값을 입력하여 보물상자가 열리는지 확인합니다.

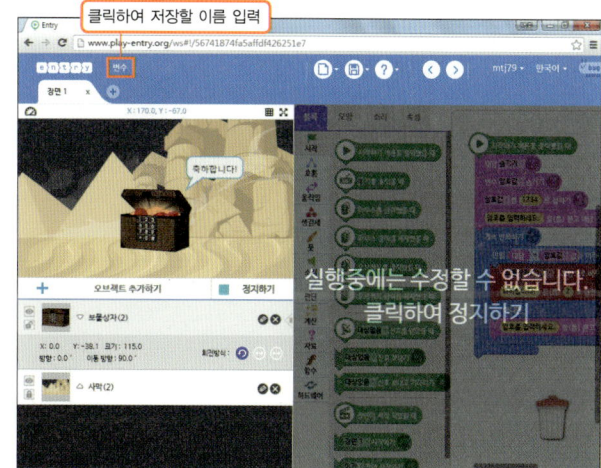

불러오기와 저장
- 불러오기 : [아이콘] – [온라인 작품 불러오기]를 클릭하면 지금까지 만든 작품을 모두 볼 수 있습니다. 원하는 작품을 클릭하면 해당 작품을 불러올 수 있습니다.
- 저장 : 블록 조립이 완료되면 상단 메뉴 중 [아이콘] – [저장하기]를 클릭하여 저장합니다.

학 습 정 리

❶ 오브젝트 관련 요소들

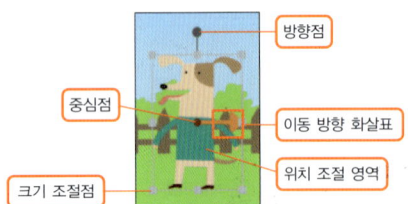

❷ 시간 순서에 따라 프로그래밍하는 것을 '순차'라고 하는데, 순서대로 진행되는 개념을 '순차'라고 합니다.
- : 설정한 시간만큼 기다린 후 다음 블록을 실행하기 때문에 순차 진행할 때 사용합니다.

❸ 반복
- 반복되는 명령이 있으면 그것을 계속 나열하지 않고 반복 블록으로 묶어서 표현하면 보다 쉽게 표현할 수 있습니다.
- : 설정한 횟수만큼 감싸고 있는 블록들을 반복 실행합니다.

❹ 조건
- 어떤 상황이나 조건이 되었을 때만 작동합니다.
- : 만일 판단이 참이면, 이 블록 안에 있는 블록들을 실행합니다.

❺ 신호
- 오브젝트 간의 상호 작용을 위해 신호를 사용합니다.
- [속성] 탭 – [신호] – [신호 추가]를 클릭한 후 원하는 신호 이름을 입력합니다.
- : 목록에 선택된 신호를 보내면 블록은 해당 신호를 받으면 연결된 블록들을 실행합니다.

❻ 변수
- 게임에서의 점수, 내 이름과 같은 정보들을 컴퓨터에서 기억하게 하려면 '변수'가 필요합니다.
- [속성] 탭 – [변수] – [변수 추가]를 클릭한 후 원하는 변수 이름을 입력합니다.
- : 선택된 변수에 저장된 값입니다.

• 퀴즈 및 실습 문제 •

01 다음 엔트리봇의 중심점은 어느 것입니까? (   )

02 시간 순서에 따라 프로그래밍하는 것을 무엇이라 합니까? (   )
① 순차   ② 반복   ③ 조건   ④ 신호

03 다음 블록의 설명으로 옳지 않은 것은 어느 것입니까? (   )

① 반복 블록 중 하나입니다.
② 설정한 횟수만큼 반복 실행합니다.
③ 감싸고 있는 블록들을 반복 실행합니다.
④ 설정한 시간만큼 기다린 후 다음 블록을 실행합니다.

04 빨간색 버튼을 누르면 노란색LED에 불이 들어오게 하세요.
(웹 주소 : http://goo.gl/8POVJc)

- 오브젝트 : '노란LED', '결과확인 버튼' 추가하기
- 신호 : 'on' 추가하기

정답
1. ② 2. ① 3. ④
4. ① 상단 메뉴 중 [ ] – [새로 만들기]를 클릭한 후 '엔트리봇' 오브젝트를 삭제합니다.
② [오브젝트 추가하기]를 클릭하여 '노란LED'와 '결과확인 버튼'을 불러옵니다.
③ [속성] 탭 – [신호] – [신호 추가] – [on]을 추가합니다.
④ '결과확인 버튼' 오브젝트를 선택한 후 [시작] 카테고리에서 [오브젝트를 클릭했을 때] 블록을 블록 조립소로 가져옵니다. [on 신호 보내기] 블록을 가져와서 조립합니다.
⑤ '노란LED' 오브젝트를 선택한 후 [모양] 탭을 클릭하여 '2 노란LED_꺼짐'을 선택합니다. 다시 [블록] 탭을 클릭하고, [시작] 카테고리에서 [ ] 블록을 블록 조립소로 가져옵니다.
⑥ [생김새] 카테고리에서 [노란LED_켜짐 모양으로 바꾸기] 블록을 드래그하여 조립합니다.
⑦ [ ] – [저장하기]를 클릭하여 저장합니다.

Chapter 02

학 교 에 서   통 하 는   E n t r y

Section 06 [수학] 두 자릿수 덧셈하기
Section 07 [사회] 지도를 이용하여 우리 지역의 도시 찾기
Section 08 [국어] 선거 유세하고 투표하기
Section 09 [과학] 꼬마 전구의 밝기 비교하기
Section 10 [영어] 단어 게임

엔트리 수업에 바로 활용하기 1

어렵게만 느껴졌던 교육용 프로그래밍 언어인 엔트리를 수업에 적극 활용할 수 있습니다. 문제 해결하기의 미션을 하면서 SW의 기본 원리를 이해하고, 블록 코딩으로 강의에 필요한 다양한 작품을 만들어서 수업에 활용할 수 있습니다. 이제 직접 엔트리 수업에 활용할 수 있는 작품을 만들어보겠습니다.

Section 06

[수학] 두 자릿수 덧셈하기

수학의 기본 영역인 연산 같은 경우는 여러 번 연습하고 계산해야 실수를 줄일 수 있습니다. 게임식으로 계산을 하게 되면 좀 더 쉽고 재미있게 접근할 수 있어서 학생들이 공부하기 좋습니다. 여기서는 변수로 첫 번째 수와 두 번째 수를 만들어서 무작위로 두 자릿수를 제시하고 답을 구하는 게임을 만들어보겠습니다.

Section 06 | Section 07 | Section 08 | Section 09 | Section 10

| 웹 주소 | http://goo.gl/JuhVTp

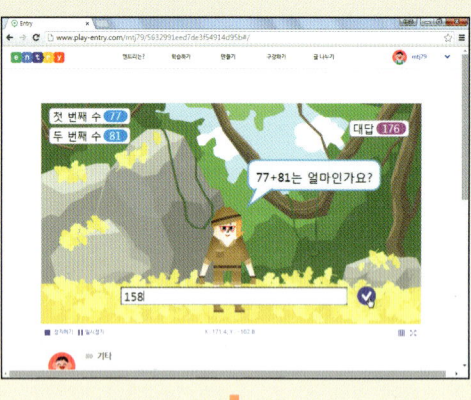

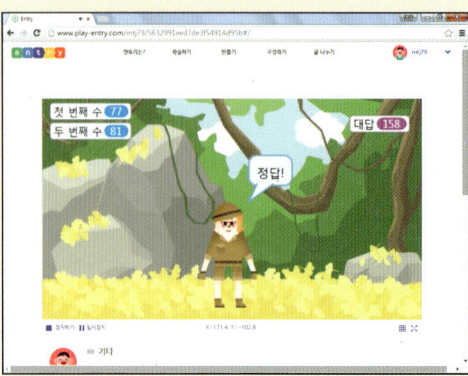

Section 06 [수학] 두 자릿수 덧셈하기

새 작품 만들기 — Step 01

01 » 엔트리(play-entry.org)에 접속한 후 로그인합니다. 새 작품을 만들기 위해 [만들기] 메뉴 – [작품 만들기]를 클릭합니다.

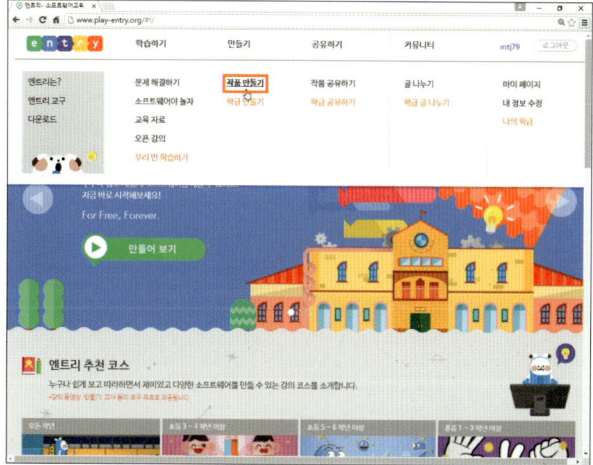

02 » 새 작품이 생성되면 기본으로 포함된 '엔트리봇' 오브젝트가 나타납니다. 오브젝트 창의 ❌를 클릭하여 오브젝트를 삭제합니다.

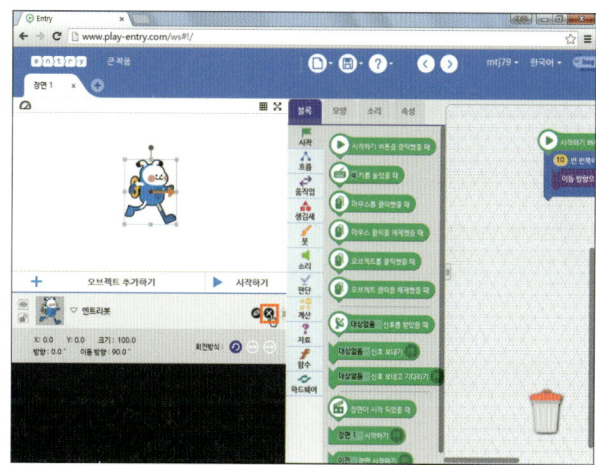

> **오브젝트란?**
> 명령어를 통해 움직일 수 있는 것들로 캐릭터, 사물, 글상자, 배경 등이 있습니다.

03 >> 작품의 제목은 왼쪽 상단에 자동으로 나타납니다. 원하는 제목으로 수정하기 위해 제목 부분을 클릭하여 새로 입력합니다.

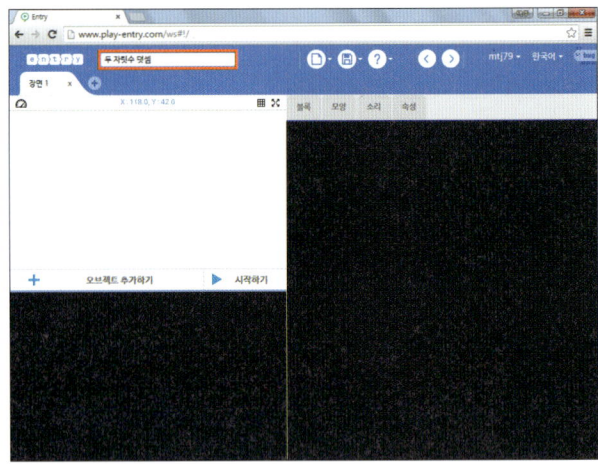

오브젝트 추가하기   Step 02

01 >> 새로운 오브젝트를 추가하기 위해 [오브젝트 추가하기]를 클릭합니다.

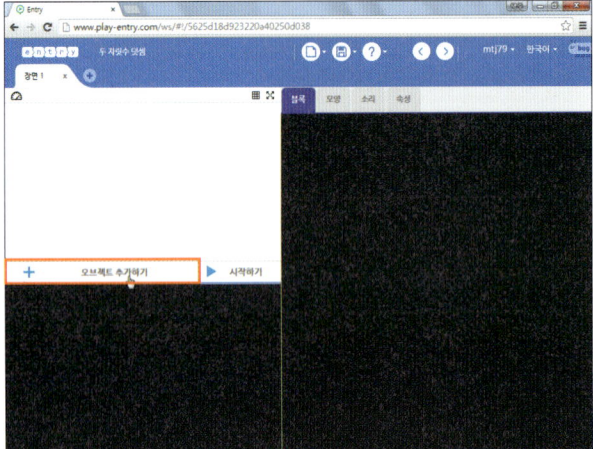

02 ›› [오브젝트 추가하기] 창이 나타나면 [라이브러리 선택] 탭 - [배경]을 클릭하고, '숲속(3)'을 체크 표시한 후 [적용하기] 단추를 클릭합니다.

03 ›› '숲속(3)' 그림이 작품의 배경이 되었습니다. 오브젝트를 하나 더 추가하기 위해 [오브젝트 추가하기]를 클릭한 후 [사람]에서 '여자탐험가'에 체크 표시하고 [적용하기] 단추를 클릭합니다.

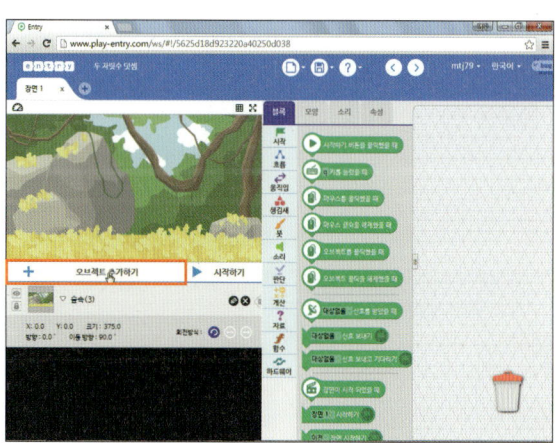

04 ›› 실행 화면에 '여자탐험가'가 추가된 것을 확인한 후 블록 꾸러미에서 [모양] 탭을 클릭합니다. [여자탐험가_7]을 선택하여 여자탐험가 정면 모습을 선택합니다.

> [모양] 탭
> 하나의 오브젝트는 여러 개의 모양을 가질 수 있습니다. 블록 꾸러미의 [모양] 탭을 클릭하여 원하는 모양을 선택할 수 있고, [생김새] 카테고리의 `대상없음 모양으로 바꾸기` 블록을 사용하면 작품 실행 중에도 다양한 모양으로 변하게 할 수 있습니다.

블록 꾸러미

Step **03**

01 블록 꾸러미에서 [블록] 탭을 클릭한 후 [시작] 카테고리에서 ▶ 시작하기 버튼을 클릭했을 때 블록을 드래그하여 블록 조립소로 가져옵니다.

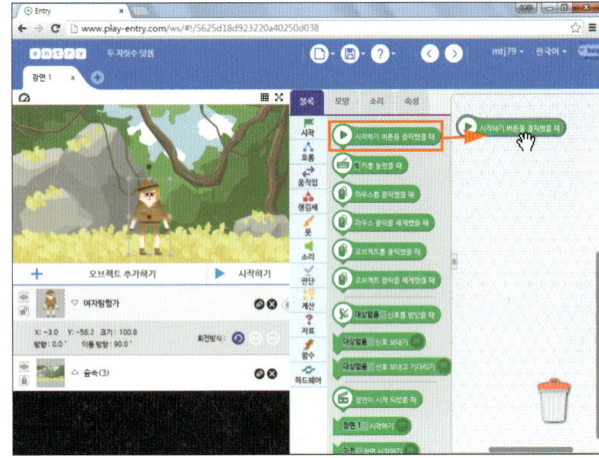

> **[블록] 탭**
> 오브젝트를 다양한 움직임이나 효과를 줄 수 있는 명령 블록들이 있는 탭으로, 엔트리의 가장 핵심이 되는 탭입니다. 시작, 흐름, 움직임, 생김새 등의 카테고리로 나누어 있어, 용도에 따라 원하는 명령 블록들을 찾을 수 있습니다.

02 [흐름] 카테고리에서  블록을 드래그하여 블록 조립소로 가져옵니다.

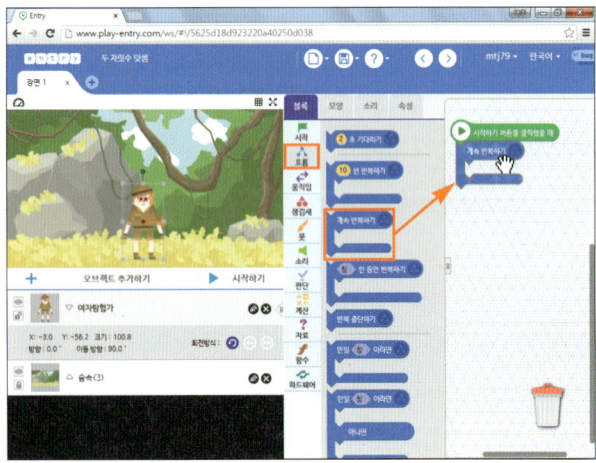

블록 조립 및 복사 방법
- **조립** : 블록 꾸러미에서 사용하고 싶은 명령어 블록을 드래그하여 블록 조립소로 가져간 후 조립하고 싶은 블록 밑으로 가져가면 자동으로 블록끼리 붙습니다.
- **복사** : 블록 위에서 마우스 오른쪽 버튼을 클릭하면 [코드 복사 & 붙여넣기], [코드 복사], [코드 삭제]를 할 수 있습니다. 블록을 복사하면 복사한 블록을 시작으로 아래로 연결된 블록들이 함께 복사됩니다.

변수 만들기   Step 04

01 » [자료] 카테고리에서 [변수 만들기]를 클릭합니다. [속성] 탭에서 변수의 이름을 '첫 번째 수'라고 입력하고 [확인] 버튼을 클릭합니다.

변수
변수란, 프로그램에서 숫자나 문자를 저장할 수 있는 공간입니다. 변수에 저장해 놓은 숫자나 문자는 블록의 명령에 따라 수정하거나 변경할 수 있습니다. 즉, 변할 수 있는 숫자나 문자가 변수입니다.
- 변수는 프로그램에서 숫자나 문자를 저장할 수 있는 공간입니다.
- 변수에는 한 번에 1가지 데이터만 저장할 수 있습니다.
- 변수에 있는 데이터는 수정, 변경할 수 있습니다.

02 » [변수 추가]를 클릭하여 '두 번째 수'라고 입력하고 [확인] 버튼을 클릭하여 변수를 추가합니다.

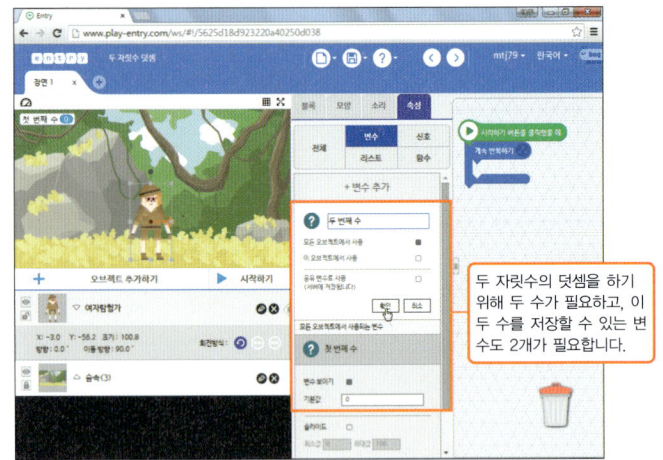

두 자릿수의 덧셈을 하기 위해 두 수가 필요하고, 이 두 수를 저장할 수 있는 변수도 2개가 필요합니다.

03 » 다시 [자료] 카테고리로 이동하여 `두 번째 수를 10 로 정하기` 블록을 드래그하여 블록 조립소의 `계속 반복하기` 블록 안에 넣어 조립합니다. '두 번째 수'를 '첫 번째 수'로 변경합니다.

04 » `첫 번째 수를 10 로 정하기` 블록의 '10' 위에 [계산] 카테고리에서 `0 부터 10 사이의 무작위 수` 블록을 드래그하여 조립합니다.

> **무작위 수**
> 컴퓨터가 지정한 범위 내에서 수를 무작위로 선택합니다.

Section 06 [수학] 두 자릿수 덧셈하기

05 >> 같은 방법으로 [자료] 카테고리에서 `두 번째 수를 10 로 정하기` 블록을 가져온 후 [계산] 카테고리에서 `0 부터 10 사이의 무작위 수` 블록을 '10' 위로 가져가서 조립합니다. 두 자릿 수의 덧셈을 하기 위해 첫 번째 수와 두 번째 수의 블록의 수를 각각 '10부터 99 사이의 무작위 수'로 변경합니다.

덧셈 문제 내고 대답하기　　Step 05

■ 묻고 대답 기다리기

01 >> 블록 조립소로 [자료] 카테고리의 `안녕! 을(를) 묻고 대답 기다리기` 블록을 드래그하여 오른쪽처럼 조립합니다.

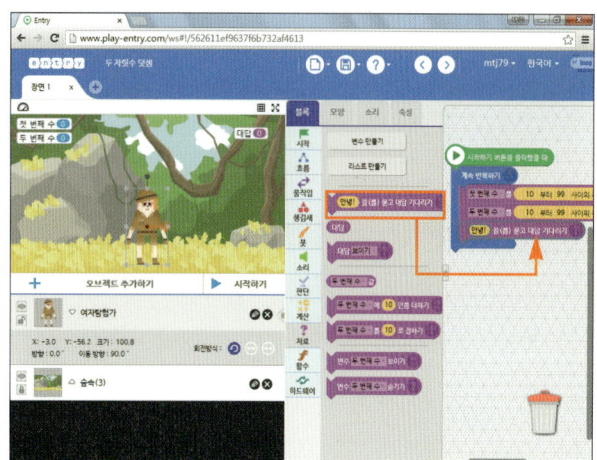

> `안녕! 을(를) 묻고 대답 기다리기` 블록
> 오브젝트가 입력한 텍스트를 묻고, 대답을 입력받습니다. 입력받은 값은 대답 블록에 저장됩니다.

107

02 » [계산] 카테고리를 클릭하여 `안녕! 과(와) 엔트리 를 합치기` 블록을 '안녕!' 부분 위로 드래그하여 조립합니다.

`안녕! 과(와) 엔트리 를 합치기` **블록**

2가지 종류의 자료를 합치는 블록입니다. 변수에 저장된 값과 입력한 숫자/문자/기호 등을 함께 보여주고 싶을 때 사용합니다. `안녕! 과(와) 엔트리 를 합치기` 블록 안에 `안녕! 과(와) 엔트리 를 합치기` 블록을 중복적으로 넣어서 사용하면 더 많은 자료들을 함께 합칠 수 있습니다.

---

03 » 첫 번째 수와 두 번째 수를 덧셈하는 문제를 만들기 위해 `안녕! 과(와) 엔트리 를 합치기` 블록의 '안녕' 부분에 `안녕! 과(와) 엔트리 를 합치기` 블록을 하나 더 가져오고, '엔트리' 부분에도 `안녕! 과(와) 엔트리 를 합치기` 블록을 가져옵니다.

04 » [자료] 카테고리에서 `두 번째 수 값` 블록을 앞쪽과 뒤쪽 '안녕' 부분에 각각 가져온 후 앞쪽은 '첫 번째 수'로 변경합니다. '엔트리' 부분은 앞쪽은 '+'로, 뒤쪽은 '는 얼마인가요?'로 수정합니다. 현재 작업 중인 작품을 실행시키면 실행 화면에 두 자릿수 덧셈 문제가 표시되고, 대답을 기다립니다.

■ 답을 맞췄을 때와 틀렸을 때

01 » [흐름] 카테고리에서 [만일 참 이라면 아니면] 블록을 드래그하여 조립합니다.

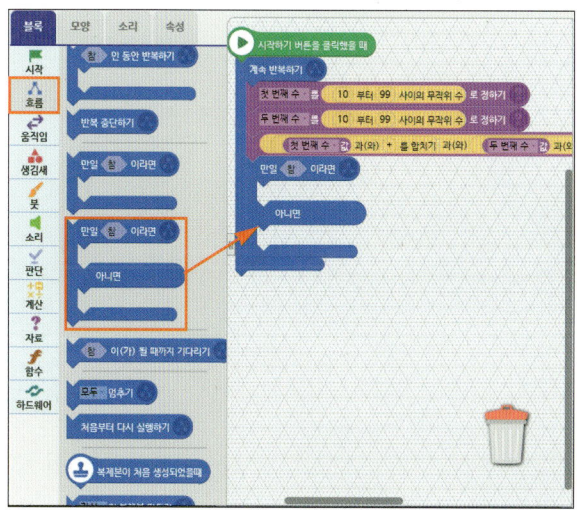

02 » [판단] 카테고리의 `10 = 10` 블록을 [만일 참 이라면 아니면] 블록 위의 '참' 부분에 끼워 조립합니다. [자료] 카테고리에서 `대답` 블록을 드래그하여 `10 = 10` 블록 앞에 있는 '10'에 넣고, 뒤쪽 '10'에는 [계산] 카테고리에서 `10 + 10` 블록을 끼워 넣습니다.

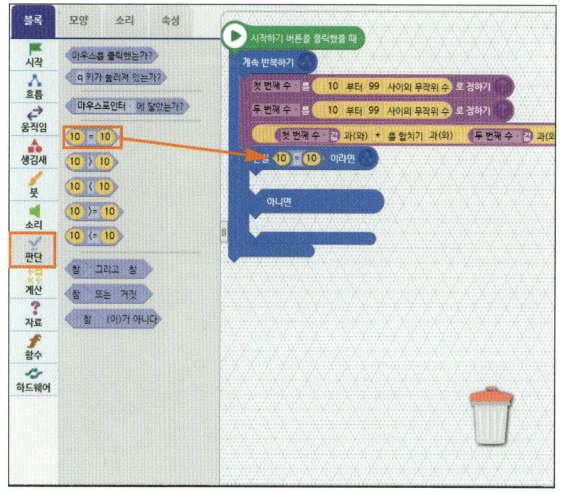 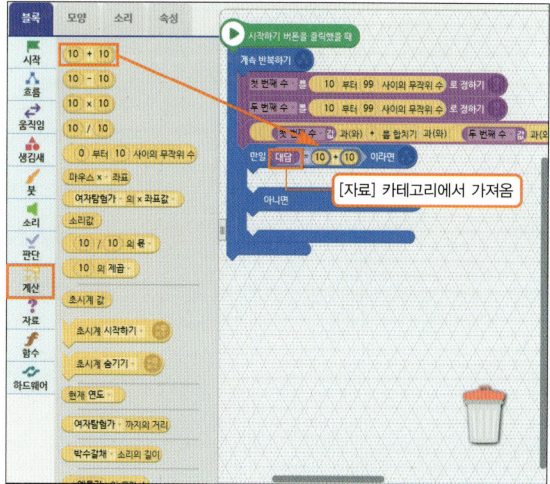

03 » 첫 번째 수와 두 번째 수를 더한 대답이 참일 때를 구하는 것이므로, [자료] 카테고리에서 `두 번째 수 값` 블록을 앞쪽과 뒤쪽 '10' 부분에 각각 가져온 후 앞쪽은 '첫 번째 수'로 변경합니다.

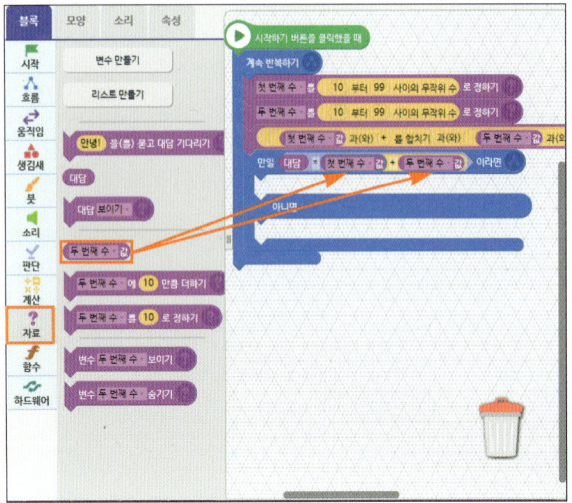

04 » [생김새] 카테고리에서 `안녕! 을(를) 4 초 동안 말하기` 블록을 드래그하여 참일 때 블록 아래 끼우고, '안녕!'을 '정답!'으로 '4초'는 '2초'로 변경합니다. `안녕! 을(를) 4 초 동안 말하기` 블록을 하나 더 드래그하여 아니면 아래 끼워 넣고, '안녕!'은 '땡!'으로, '4초'는 '2초'로 변경합니다. 답을 맞혔을 때와 틀렸을 때 각각 다른 상황이 나타나게 설정되었습니다.

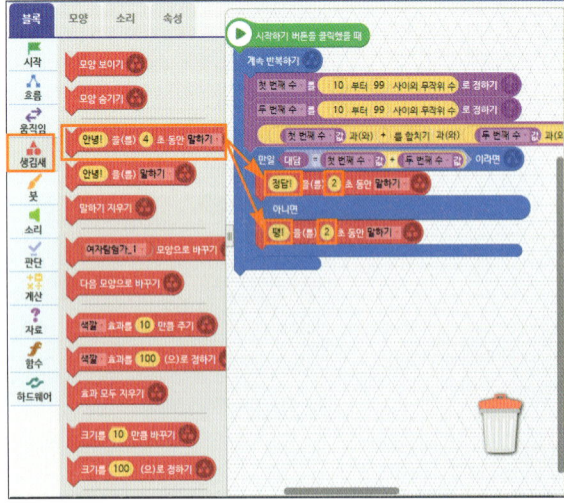

Section 06 [수학] 두 자릿수 덧셈하기

■ 답을 맞췄을 때와 틀렸을 때 소리로 구분하기

01 ›› 블록 꾸러미의 [소리] 탭에서 [소리 추가] 버튼을 클릭합니다. [소리 추가] 창의 [소리 선택] 탭 – [사람] – [박수갈채]를 선택하고, [사물] – [위험 경고]를 선택한 후 [적용하기] 단추를 클릭합니다.

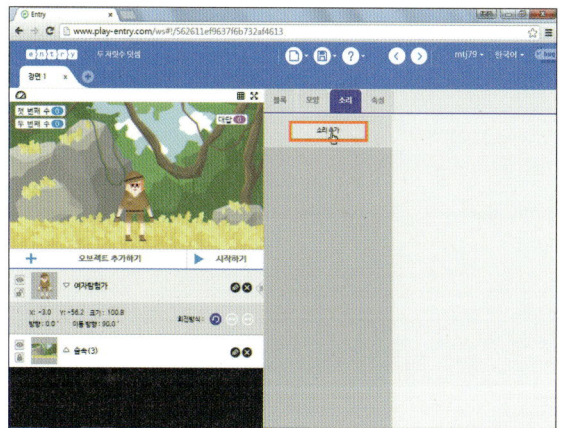 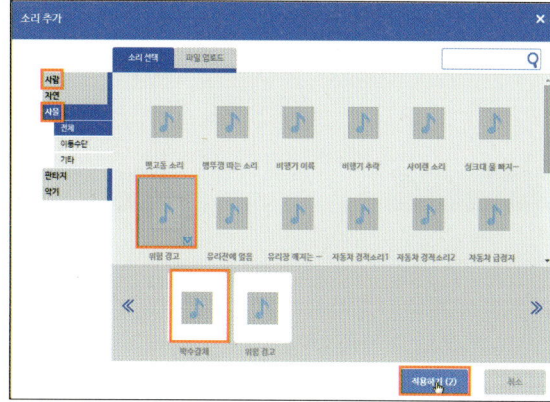

02 ›› 박수갈채와 위험 경고 소리가 추가된 것을 확인한 후 블록 꾸러미의 [블록] 탭을 클릭합니다. [소리] 카테고리의 [소리 박수갈채 1 초 재생하기] 블록을 정답 블록 위로 드래그하여 끼워 넣고, [소리 박수갈채 1 초 재생하기] 블록을 하나 더 드래그하여 땡 블록 위에 끼워 넣습니다. 땡 블록 위의 [박수갈채] 소리를 [위험 경고] 소리로 변경합니다.

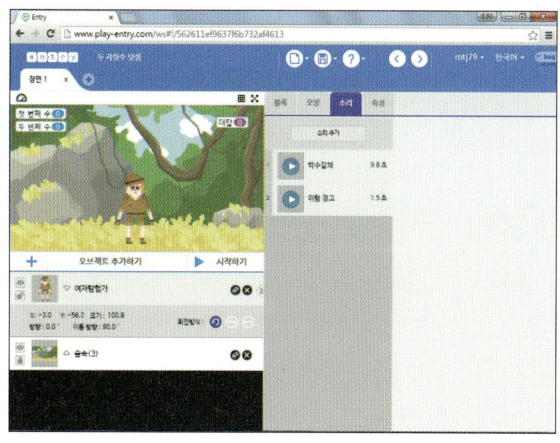 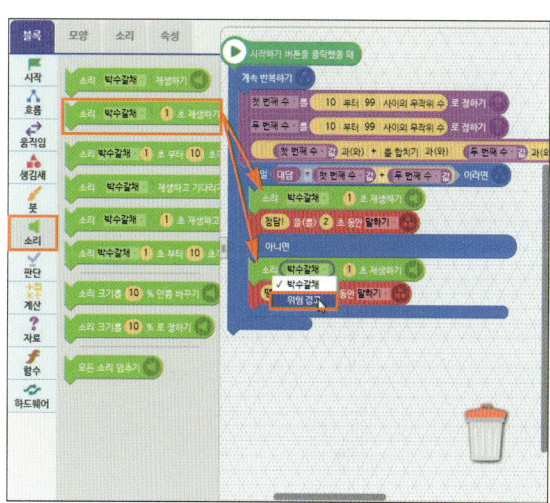

[소리 박수갈채 1 초 재생하기] 블록은 소리 재생을 시작하자마자 다음 블록을 실행합니다. 따라서 [박수갈채]와 [위험 경고] 소리가 너무 길기 때문에 재생 시간도 1초 정도로 설정하는 것이 좋습니다.

111

03 » 블록 조립을 완료하였습니다. [시작하기] 버튼을 클릭하면 두 자릿수 게임이 시작됩니다. 답을 쓰고, 확인을 누르면 정답이나 땡이 보여집니다. 박수 소리나 위험 경고로도 답이 맞았는지 틀렸는지 알 수 있습니다.

04 » 제목 부분을 클릭하여 '[수학] 두 자릿수 덧셈'으로 이름을 변경한 후 🖫 – [저장하기]를 클릭하면 변경된 이름으로 파일이 저장됩니다.

저장하기

- 저장하기 : 온라인에 저장합니다.
- 복사본으로 저장하기 : 복사본을 하나 더 만들어서 저장합니다.
- 내 컴퓨터에 저장하기 : '*.ent' 확장자로 내 컴퓨터에 저장되며 엔트리 오프라인 프로그램이 설치되어야 사용할 수 있습니다.

학 습 정 리

❶ 새 작품을 만들기 : 엔트리(play-entry.org)에 접속한 후 사용자 계정으로 로그인하고 [만들기] 메뉴 - [작품 만들기]를 클릭합니다.

❷ 오브젝트
- 명령어를 통해 움직일 수 있는 것들로 캐릭터, 사물, 글상자, 배경 등이 있습니다.
- 오브젝트 삭제 : 삭제할 오브젝트를 선택한 후 오브젝트 창의 ❌를 클릭하여 오브젝트를 삭제합니다.
- 오브젝트 추가 : 새로운 오브젝트를 추가하려면 실행 화면 창 아래쪽의 [오브젝트 추가하기]를 클릭하고, 그림과 캐릭터가 있는 [오브젝트 추가하기] 창에서 원하는 오브젝트를 선택하여 적용합니다.

❸ 작품 제목 : 새로운 작품을 만들면 자동으로 작품 제목이 나타나는데, 새로운 제목을 입력하려면 제목 부분을 클릭하여 원하는 제목으로 새로 입력합니다.

❹ 블록 꾸러미
- [블록] 탭 : 오브젝트를 다양한 움직임이나 효과를 줄 수 있는 명령 블록들이 있는 탭으로, 엔트리의 가장 핵심이 되는 탭입니다. 시작, 흐름, 움직임, 생김새 등의 카테고리로 나뉘어 있어, 용도에 따라 원하는 명령 블록들을 찾을 수 있습니다.
- [모양] 탭 : 오브젝트의 모양을 추가하거나 이름을 수정하고 복제하는 등의 작업을 할 수 있는 있습니다.
- [소리] 탭 : 오브젝트가 낼 소리를 관리합니다. 새롭게 소리를 추가할 수도 있고, 이미 추가된 소리들을 바로 들어볼 수 있습니다.
- [속성] 탭 : 코드에 관여하는 변수나 신호, 리스트, 함수 등을 추가 할 수 있습니다.

❺ 블록 조립소 : 블록을 끼워 맞춰서 프로그램을 제작하는 곳입니다.

❻ 작품 저장 : 블록 조립이 완료되면 상단 메뉴 중  - [저장하기]를 클릭하여 저장합니다.

❼ 흐름 블록 : 주로 반복하기나 조건문 블록입니다.
- `2 초 기다리기` : ○안에 들어있는 숫자만큼 기다리는 것입니다.
- `계속 반복하기` : 반복하기 블록들은 쓰인 대로 작동하고, 그 밑에 있는 블록을 바로 작동하게 해주는 블록입니다. `반복 중단하기` 블록은 주로 조건문을 이용하여 반복을 멈춥니다.
- `만일 참 이라면` : 조건문 블록으로 어떤 상황이 되었을 때 이 블록 안에 있는 블록들이 작동합니다.

퀴즈 및 실습 문제

01 다음에서 설명하는 것은 무엇입니까 ? (   )

> 명령어를 통해 움직일 수 있는 것들로 캐릭터, 사물, 글상자, 배경 등이 있습니다.

① 블록
② 모양
③ 소리
④ 오브젝트

02 다음 중 엔트리에 대한 설명으로 알맞지 않은 것은 어느 것입니까? (   )
① 비주얼 프로그래밍 언어를 사용하여 누구나 쉽게 나만의 창작물을 만들 수 있습니다.
② 새 작품 제목은 자동으로 만들어지고 사용자 스스로 변경할 수 없습니다.
③ 블록을 끼워 맞춰 프로그램을 제작합니다.
④ 저장한 작품은 다시 불러와서 수정할 수 있습니다.

03 다음 중 프로그램을 만들 수 있는 블록들이 있는 곳은 어느 것입니까? (   )

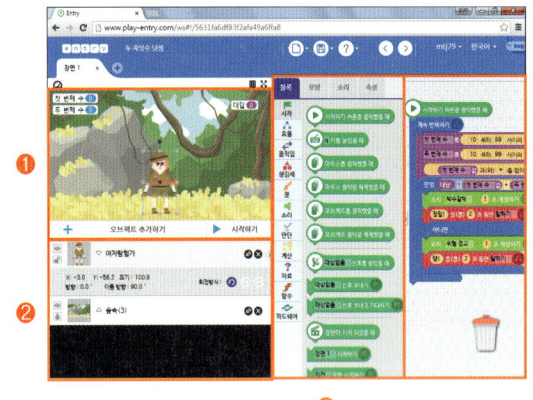

04 '[수학] 두 자릿수 덧셈'을 불러온 후 문제를 푸는 데 걸리는 시간을 체크할 수 있는 기능을 추가해 주세요. (웹 주소 : http://goo.gl/jxc9gs)

블록 꾸러미의 [블록] 탭 – [계산] 카테고리에서 [초시계 시작하기] 블록을 사용합니다.

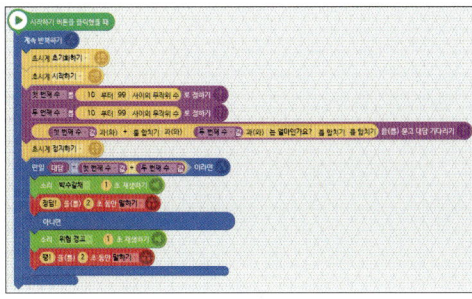
▲ 블록 조립소

▲ 실행 화면

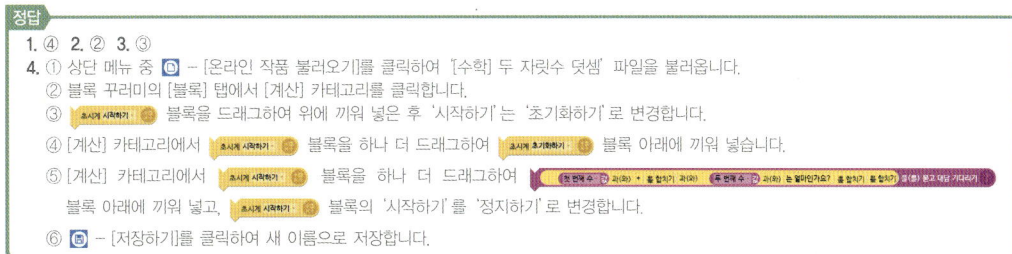

1. ④ 2. ② 3. ③
4. ① 상단 메뉴 중 [아이콘] – [온라인 작품 불러오기]를 클릭하여 '[수학] 두 자릿수 덧셈' 파일을 불러옵니다.
   ② 블록 꾸러미의 [블록] 탭에서 [계산] 카테고리를 클릭합니다.
   ③ [초시계 시작하기] 블록을 드래그하여 위에 끼워 넣은 후 '시작하기'는 '초기화하기'로 변경합니다.
   ④ [계산] 카테고리에서 [초시계 시작하기] 블록을 하나 더 드래그하여 [초시계 초기화하기] 블록 아래에 끼워 넣습니다.
   ⑤ [계산] 카테고리에서 [초시계 시작하기] 블록을 하나 더 드래그하여 [첫 번째 수 과(와) + 을 합치기 과(와) 두 번째 수 과(와) 는 얼마인가요? 을 합치기 을(를) 묻고 대답 기다리기] 블록 아래에 끼워 넣고, [초시계 시작하기] 블록의 '시작하기'를 '정지하기'로 변경합니다.
   ⑥ [아이콘] – [저장하기]를 클릭하여 새 이름으로 저장합니다.

Section 07
[사회] 지도를 이용하여 우리 지역의 도시 찾기

사회 공부도 엔트리를 활용하면 더욱 재미있게 할 수 있습니다. 엔트리에서는 한 작품에 장면을 여러 개 추가할 수 있습니다. 장면을 여러 개 추가한 후 메인 장면에서 버튼을 클릭하면 각각의 지도 장면으로 이동할 수 있습니다. 또 파일 업로드 기능이 있어서 지도 파일을 업로드 할 수도 있습니다. 장면마다 각기 다른 지도의 특징을 알아보고, 간단한 퀴즈도 풀어보는 프로그램을 만들어보겠습니다.

| Section 06 | **Section 07** | Section 08 | Section 09 | Section 10 |

| 예제 파일 | 지형도.jpg, 인구분포도.jpg, 교통도.jpg
| 웹 주소 | http://goo.gl/yxb7wa

 →

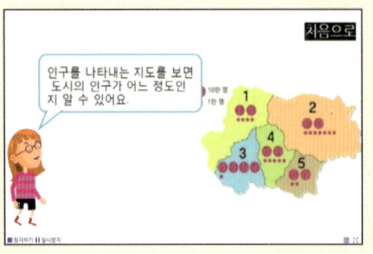 →

Section 07 [사회] 지도를 이용하여 우리 지역의 도시 찾기

글상자 추가하기   Step 01

01》 상단에 있는 [만들기] 메뉴 – [작품 만들기]를 클릭하여 새 작품을 만듭니다. 오브젝트 창의 ✖를 클릭하여 오브젝트를 삭제합니다.

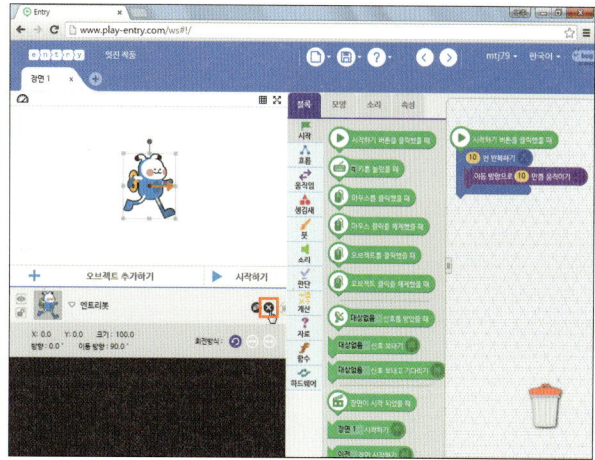

02》 제목 부분을 클릭하여 새 제목으로 변경하고 [오브젝트 추가하기]를 클릭합니다. [오브젝트 추가하기] 창이 나타나면 [라이브러리 선택] 탭 – [배경]에서 '도시(1)'에 체크 표시한 후 [적용하기] 단추를 클릭합니다.

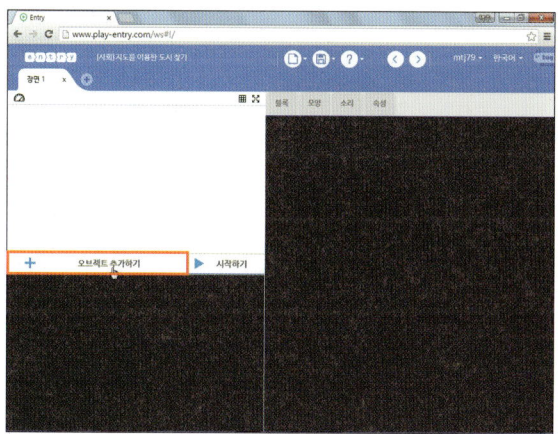

117

03 » 다시 [오브젝트 추가하기]를 클릭합니다.

04 » [오브젝트 추가하기] 창이 나타나면 [글상자] 탭을 클릭한 후 아래쪽의 를 클릭하여 글상자에 두 줄로 입력합니다. 도구 모음 중 글꼴은 바탕체, ![가]를 클릭하여 진하게, ![가]에서 글꼴색은 검정색으로, ![]에서 음영색은 색 없음으로 설정한 후 [적용하기] 단추를 클릭합니다.

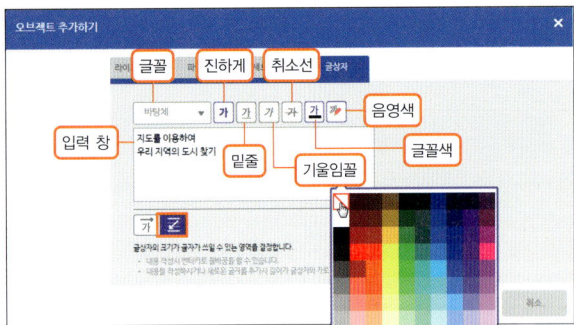

· 글상자 설정
- ![가](한 줄 모드) : 내용을 한 줄로만 작성할 수 있고, 새로운 글자가 추가되면 글상자의 좌우 길이가 길어집니다.
- : 내용 작성 시 `Enter`로 줄바꿈을 할 수 있고, 내용을 작성하시거나 새로운 글자를 추가 시 길이가 글상자의 가로 영역을 넘어서면 자동으로 줄이 바뀝니다.

Section 07 [사회] 지도를 이용하여 우리 지역의 도시 찾기

05 〉〉 글상자가 나타나면 크기 조절점을 드래그하여 크기를 조절한 후 마우스 포인터가 모양일 때 드래그하여 알맞은 곳으로 이동합니다.

06 〉〉 글상자를 추가하기 위해 [오브젝트 추가하기]를 클릭한 후 [글상자] 탭을 클릭하여 입력 창에 '지형도'라고 입력하고 글꼴은 고딕체, 글꼴색은 흰색, 음영색은 빨간색으로 설정한 후 [적용하기] 단추를 클릭합니다.

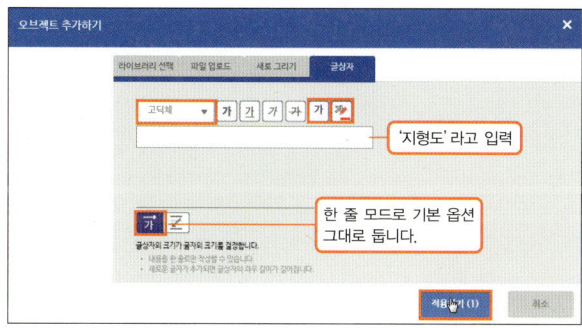

07 〉〉 지형도 글상자 나타나면 드래그하여 알맞은 곳에 위치시키고, 같은 방법으로 인구 분포도, 교통도 글상자도 추가합니다. 인구 분포도는 음영색을 연두색으로, 교통도는 파란색으로 설정합니다.

장면 추가하기   Step 02

01 >> 장면을 추가하기 위해 [장면 1] 옆의 ➕를 클릭합니다.

02 >> 새로운 [장면 2]가 추가되면 [장면 2] 부분을 클릭하여 '지형도'로 변경합니다.

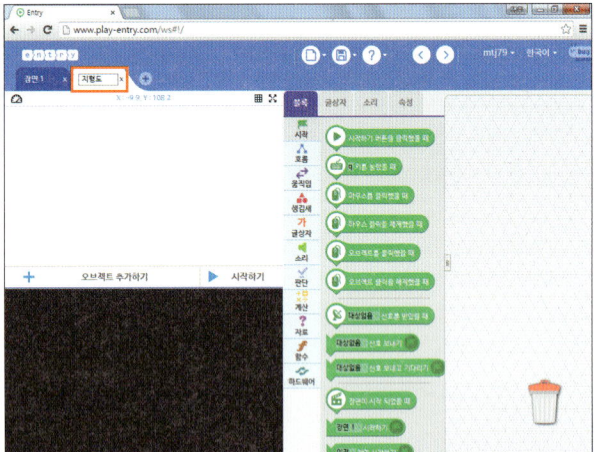

03 >> ➕를 2번 더 클릭하여 장면을 추가하고, [인구분포도], [교통도] 장면을 만듭니다. 지형도 글상자를 선택한 후 블록 꾸러미의 [블록] 탭에서 [시작] 카테고리를 클릭하고 `오브젝트를 클릭했을 때` 블록을 드래그하여 블록 조립소로 가져갑니다. `장면 1 시작하기` 블록을 가져가서 끼워 넣습니다. 인구 분포도 글상자와 교통도 글상자도 같은 방법으로 블록을 조립합니다.

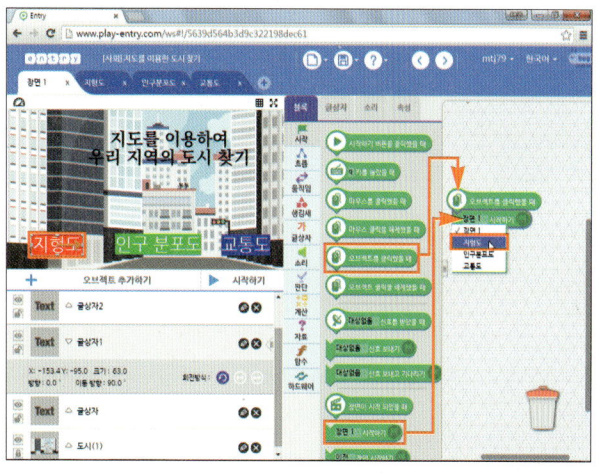

파일 업로드하기　　　　　　Step 03

■ 지도 파일 업로드하기

01 >> [지형도] 장면에서 파일 업로드를 하기 위해 [오브젝트 추가하기]를 클릭합니다. [파일 업로드] 탭에서 🔼 를 클릭합니다.

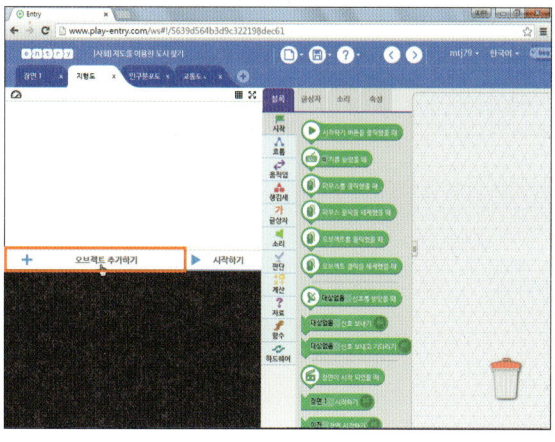 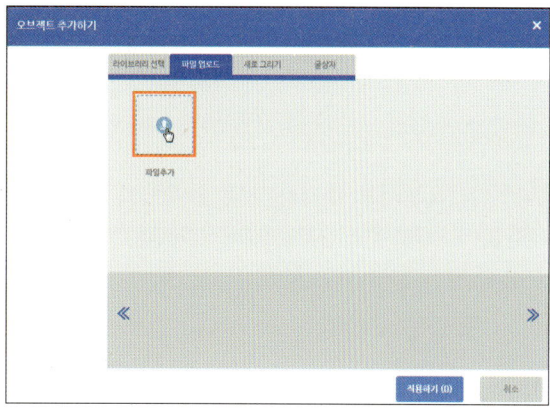

02 » [열기] 대화 상자에서 '지형도.jpg'를 선택합니다. [오브젝트 추가하기] 창에 업로드된 지형도 파일을 체크 표시한 후 [적용하기] 단추를 클릭합니다.

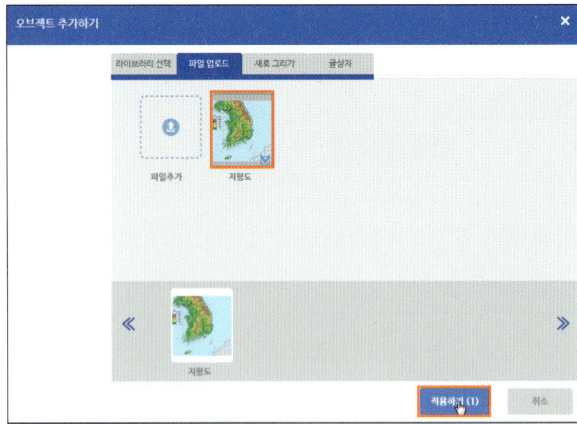

03 » 실행 화면에 지형도가 삽입되었습니다. 지형도 그림의 크기 조절점을 드래그하여 적당한 크기로 조절하고, 왼쪽에 위치시킵니다.

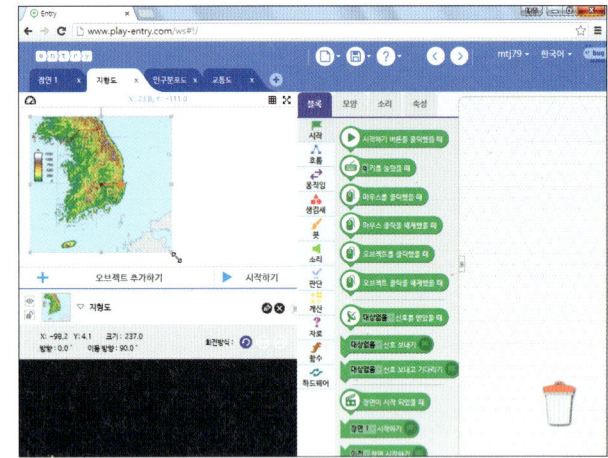

04 » [오브젝트 추가하기]를 클릭하여 [라이브러리 선택] 탭 – [사람]에서 '안경소년'을 선택한 후 [적용하기] 단추를 클릭합니다.

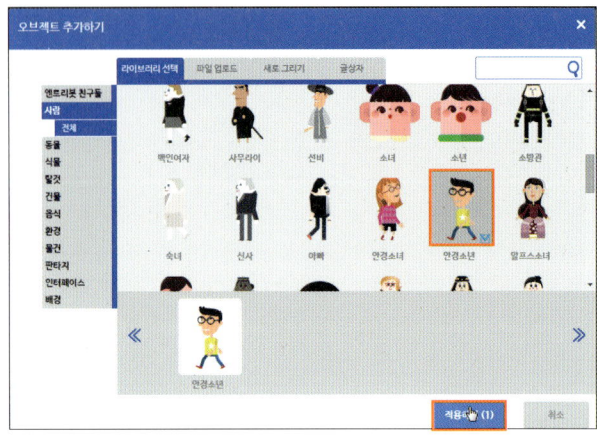

05 〉〉 '안경소년'이 삽입되면 적당한 크기로 조절한 후 오른쪽에 위치시킵니다. 블록 꾸러기의 [블록] 탭에서 [시작] 카테고리를 선택합니다. 블록 꾸러미에서 [장면이 시작 되었을 때] 블록을 드래그하여 블록 조립소로 가져갑니다.

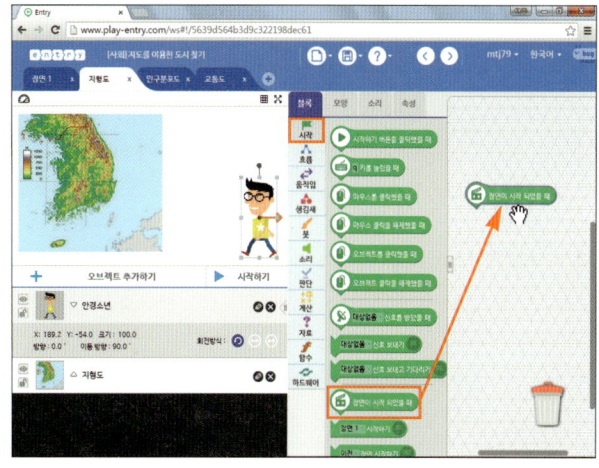

06 〉〉 블록 조립소의 [장면이 시작 되었을 때] 블록 아래로 [생김새] 카테고리의 [안녕! 을(를) 4 초 동안 말하기] 블록을 드래그하여 끼워 넣습니다. '안녕'을 '일반적으로 사람들이 이용하는 대표적인 지도에요.'로 변경합니다.

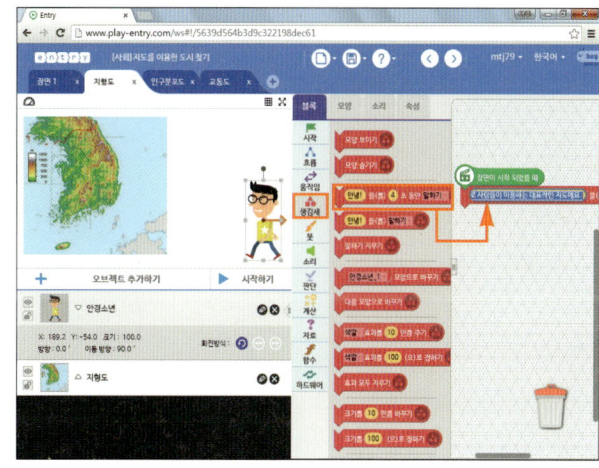

07 〉〉 다시 [생김새] 카테고리에서 [안녕! 을(를) 4 초 동안 말하기] 블록을 하나 더 드래그하여 블록 조립한 후 '안녕'을 '자연환경이나 도로, 철도, 행정 구역 등을 두루 살펴볼 수 있는 지도에요.'로 변경하여 지형도에 대한 설명이 실행 화면에서 보이게 합니다.

■ 처음 장면으로 돌아가게 블록 조립하기

01 [오브젝트 추가하기]를 클릭한 후 [글상자] 탭을 클릭하여 입력 창에 '처음으로'라고 입력하고 글꼴은 고딕체, 글꼴색은 흰색, 음영색은 검정색으로 설정한 후 [적용하기] 단추를 클릭합니다.

02 블록 꾸러미의 [블록] 탭 - [시작] 카테고리에서 `오브젝트를 클릭했을 때` 블록을 드래그하여 블록 조립소를 가져가고 `장면1 시작하기` 블록을 가져가서 끼워 넣습니다. 오브젝트 목록에서 '처음으로' 글상자 위에서 마우스 오른쪽 버튼을 클릭하여 [복사하기]를 선택합니다.

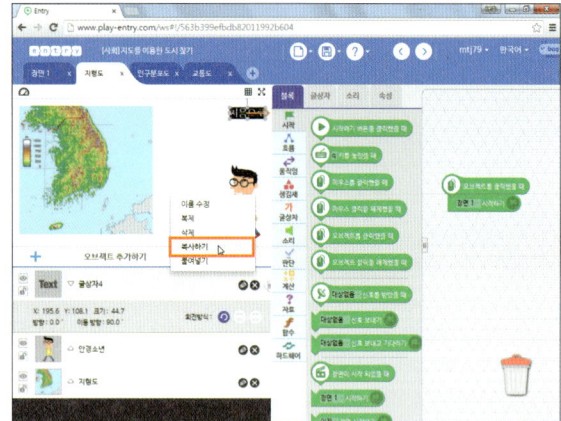

03 [인구분포도] 장면을 선택한 후 마우스 오른쪽 버튼을 클릭하여 [붙여넣기]를 선택하면 '글상자' 오브젝트는 물론, 블록 조립소에 조립한 블록까지 붙여넣기 됩니다. [교통도] 장면도 선택하여 붙여넣기 합니다.

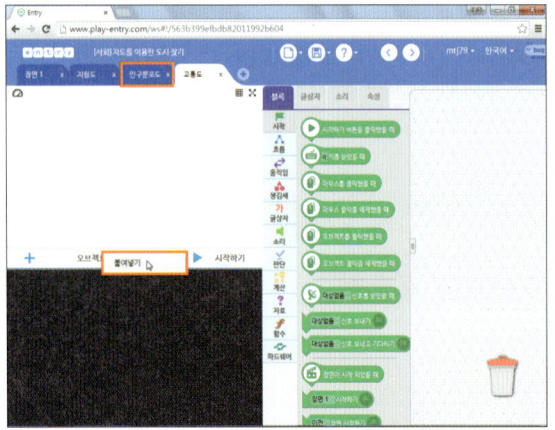
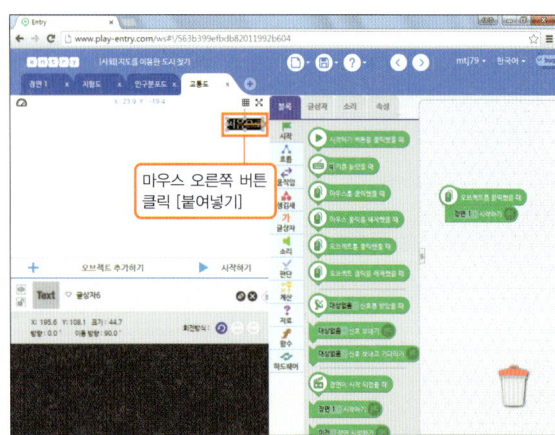

묻고 대답 기다리기

Step 04

01 >> [인구분포도] 장면을 선택한 후 [지형도] 장면과 같은 방법으로 인구분포도 파일을 업로드하여 오른쪽에 삽입시키고, 왼쪽에는 오브젝트를 추가하여 안경소녀를 삽입한 후 왼쪽으로 위치시킵니다. 같은 방법으로 블록도 조립한 후 '안녕' 부분을 '인구를 나타내는 지도를 보면 도시의 인구가 어느 정도인지 알 수 있어요.', '도형의 크기와 색으로 인구를 나타내며 점으로 나타낸 것도 있어요.'로 각각 변경합니다.

02 >> [블록] 탭 - [자료] 카테고리를 클릭하여 `안녕! 을(를) 묻고 대답 기다리기` 블록을 드래그하여 블록 조립소에서 그림처럼 끼워 넣습니다.

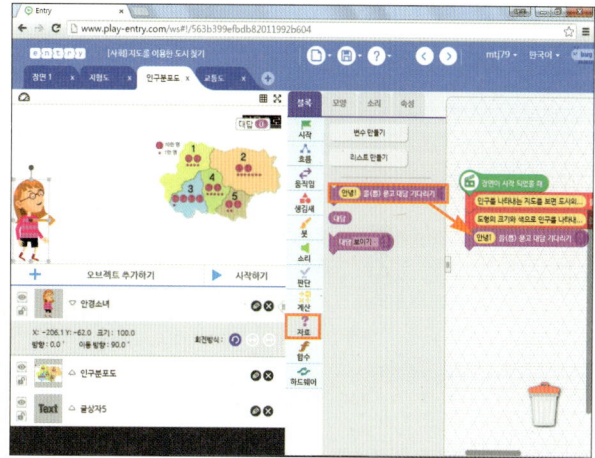

`안녕! 을(를) 묻고 대답 기다리기` 블록을 사용하면 퀴즈를 낼 수 있습니다. 이번 과정은 단순히 지도 종류를 알아보는 것이 아니라 인구분포도를 통해 도시를 찾아봄으로서 도시의 특징을 알아볼 수 있습니다. 도시는 지형이 낮고, 인구가 밀집되어 있고, 교통시설이 잘 되어 있는 곳에 형성하므로 지도를 통해 알아볼 수 있습니다. 그 특징을 이용해서 퀴즈를 출제해봅니다.

03 » '안녕!' 부분은 '지도에서 도시가 위치할 것 같은 곳을 찾아 번호를 쓰시오.'로 변경합니다. [흐름] 카테고리에서 블록을 드래그하여 블록 조립소에서 조립합니다.

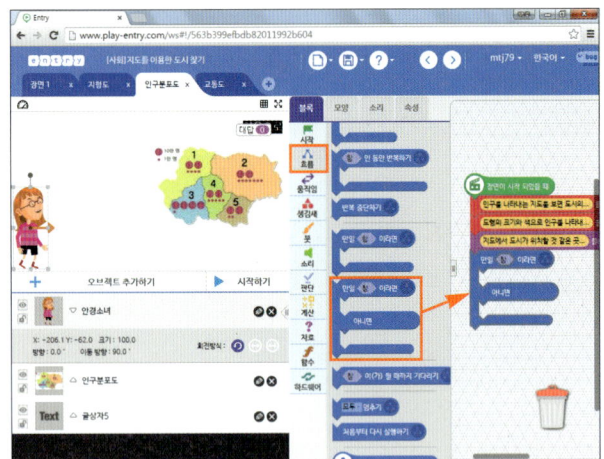

04 » [판단] 카테고리에서 블록을 드래그하여 블록의 '참' 부분에 끼워 넣습니다.

[자료] 카테고리에서 대답 블록을 드래그하여 앞쪽 '10' 위로 끼워 넣습니다. 뒤쪽 '10'은 '3'으로 변경합니다.

 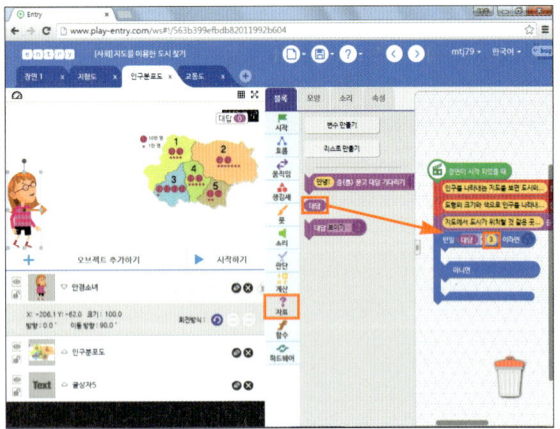

05 » [생김새] 카테고리에서 블록을 참일 때 블록 아래 끼우고, '안녕!' 을 '정답입니다. 지역의 인구가 가장 많기 때문입니다.' 으로 '4초' 는 '2초' 로 변경합니다.

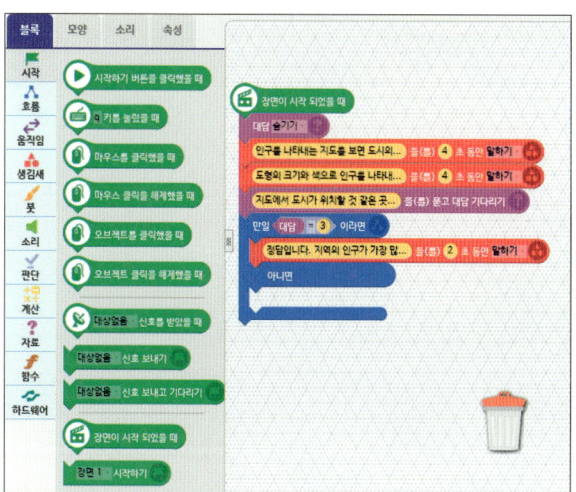

06 » 블록을 하나 더 드래그하여 아니면 아래 끼워 넣고, '안녕!' 은 '아닙니다. 지도를 다시 살펴보고 생각해 보세요.' 로 변경한 후 '4초' 는 '2초' 로 변경합니다. 답을 맞혔을 때와 틀렸을 때 각각 다른 상황이 나타나게 설정합니다.

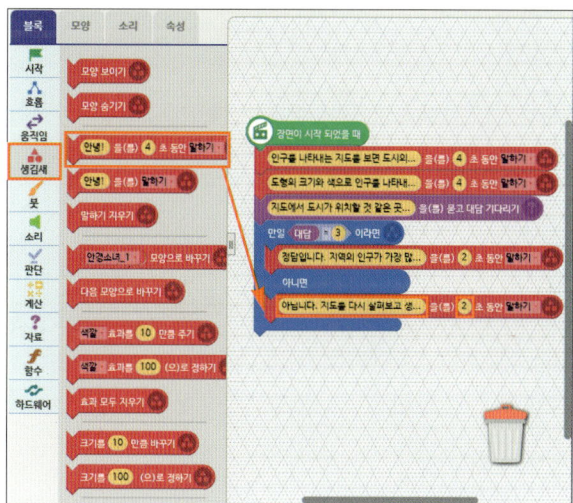

07 실행 화면에 [대답]을 보이지 않게 하기 위해 [자료] 카테고리의 ![대답 숨기기] 블록을 드래그하여 ![장면이 시작 되었을 때] 블록 아래 끼워 넣습니다.

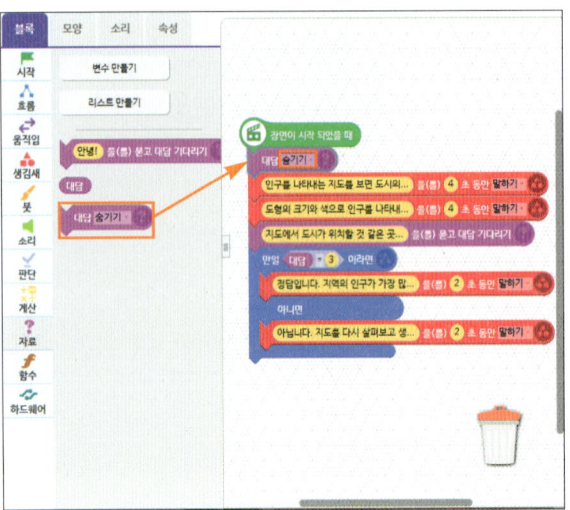

08 [교통도] 장면을 선택한 후 [지형도] 장면과 같은 방법으로 교통도 파일을 업로드하여 왼쪽에 삽입시키고, 오브젝트를 추가하여 '단발머리여자'를 삽입한 후 오른쪽으로 위치시킵니다. 같은 방법으로 블록도 조립한 후 '안녕' 부분을 '지도에서 도로나 철도가 만나는 곳은 비교적 교통이 편리한 곳임을 알 수 있어요.'로 변경합니다.

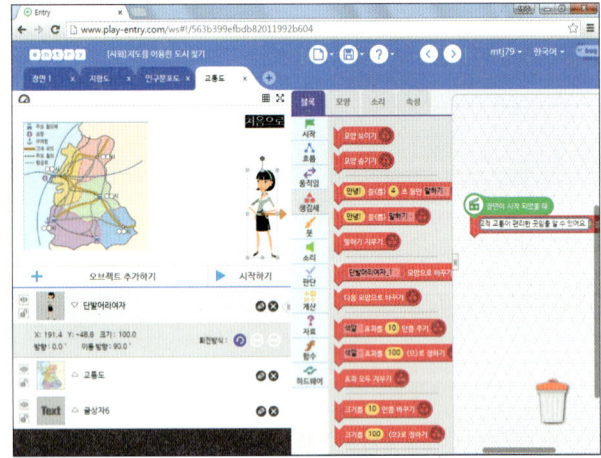

09 ❯❯ 작품을 저장하기 위해 🖫 - [저장하기]를 클릭합니다.

10 ❯❯ 블록 조립을 완료하면 [시작하기] 버튼을 클릭하여 시작합니다. 보고 싶은 지도 중 하나를 클릭하면 지도 설명을 볼 수 있고, 문제가 나오면 답을 입력하고 확인합니다. 다른 지도를 보려면 [처음으로]를 클릭하여 [장면 1]로 되돌아갑니다.

  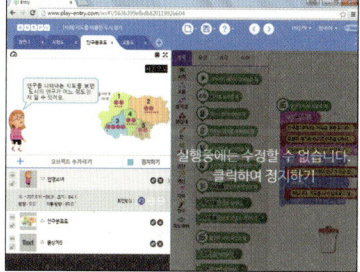

학습정리

❶ 글상자 삽입하기
- [오브젝트 추가하기]를 클릭한 후 [글상자] 탭을 클릭합니다.
- 입력 창에 글을 입력한 후 도구 모음에서 글꼴, 진하게, 글꼴색, 음영색을 설정하고 [적용하기] 단추를 클릭하면 실행 화면에 글이 삽입됩니다.

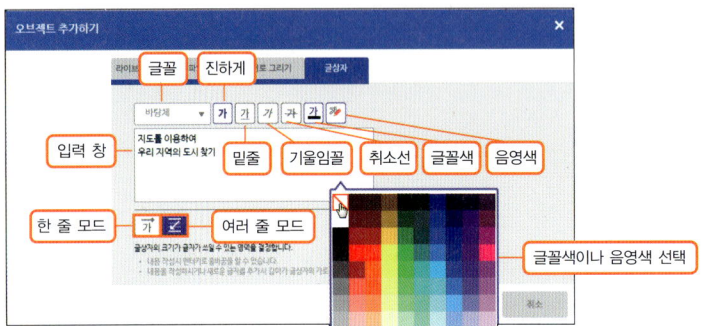

❷ 장면 추가하기
- 실행 화면의 [장면 1] 옆의 ➕를 클릭합니다.
- 새로운 [장면 2]가 추가되면 [장면 2] 부분을 클릭하여 새 이름을 입력합니다.

❸ 파일 업로드하기
- [오브젝트 추가하기]를 클릭한 후 [파일 업로드] 탭에서 🔽를 클릭합니다.
- [열기] 대화 상자에서 업로드할 파일을 선택하여 불러옵니다.
- [오브젝트 추가하기] 창에서 업로드된 파일을 선택하여 [적용하기] 단추를 클릭합니다. 실행 화면에 파일이 삽입됩니다.

❹ [시작] 블록 : 어떤 코드가 언제 시작될지를 정해주는 블록들이 있습니다.
- 시작하기 버튼을 클릭했을 때 : 실행 화면의 [시작하기] 버튼을 클릭하면 아래에 연결된 블록들을 실행합니다.
- q 키를 눌렀을 때 : 지정된 키를 누르면 아래에 연결된 블록들을 실행합니다.
- 마우스를 클릭했을 때 : 마우스를 클릭했을 때 아래에 연결된 블록들을 실행합니다.
- 오브젝트를 클릭했을 때 : 해당 오브젝트를 클릭하면 연결된 블록들을 실행합니다.
- 장면이 시작 되었을 때 : 장면이 시작되면 아래에 연결된 블록들을 실행합니다.

• 퀴 즈 및 실 습 문 제 •

01 글상자를 이용하여 글을 입력할 때 단추와 기능을 올바르게 줄로 연결하세요.
① 가 •　　　　• ⓐ 내용 작성 시 Enter 로 줄 바꿈을 할 수 있습니다.
② 가 •　　　　• ⓑ 내용을 한 줄로만 작성할 수 있습니다.

02 글상자의 도구 모음 중 음영색을 변경할 때 사용하는 도구는 어느 것입니까? (　　)
① 가　　② 가　　③ 가　　④ 가

03 파일을 업로드 하는 방법을 순서대로 번호를 쓰세요.
(　) [열기] 대화 상자에서 업로드할 파일을 선택하여 불러옵니다.
(　) [오브젝트 추가하기] 창의 [파일 업로드] 탭에서 　를 클릭합니다.
(　) [오브젝트 추가하기] 창에서 업로드된 파일을 선택합니다.
(　) [적용하기] 단추를 클릭합니다.

04 '[사회] 지도를 이용한 도시 찾기' 작품을 불러온 후 교통도 장면에서 다음 문제를 추가하고, 대답은 보이지 않게 만들어보세요. (웹 주소 : http://goo.gl/fyFdSQ)

• 문제 : 교통에 대한 정보가 나타나 있는 지도를 무엇이라고 하는지 쓰시오.
• 정답일 때 : 정답!
• 오답일 때 : 틀렸어요!

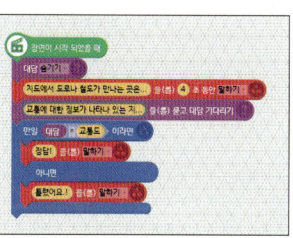

▲ 블록 조립소　　　　▲ 실행 화면

정답
1. ①-ⓑ, ②-ⓐ　2. ③　3. ②-①-③-④
4. ① [사회] 지도를 이용한 도시 찾기' 작품을 불러온 후 [교통도] 장면을 클릭합니다.
② [블록] 탭 - [자료] 카테고리를 클릭하여 　블록을 드래그하여 블록 조립소에서 가져와 끼워 넣습니다. '안녕!' 부분은 '교통에 대한 정보가 나타나 있는 지도를 무엇이라고 하는지 쓰시오.'로 변경합니다.
③ [흐름] 카테고리에서 　블록을 드래그하여 블록 조립소에서 조립합니다.
④ [판단] 카테고리에서 　블록을 드래그하여 　블록의 '참' 부분에 끼워 넣습니다. [자료] 카테고리에서 대답 블록을 드래그하여 앞쪽 '10' 위로 끼워 넣습니다. 뒤쪽 '10'은 '교통도'로 변경합니다.
⑤ [생김새] 카테고리에서 　블록을 참일 때 블록 아래 끼우고, '안녕'을 '정답'으로, 　블록을 하나 더 드래그하여 　블록 아래 끼워 넣고, '틀렸어요!'로 변경합니다. 답을 맞혔을 때와 틀렸을 때 각각 다른 상황이 나타나게 설정합니다.
⑥ 실행 화면에 [대답]을 보이지 않게 하기 위해 [자료] 카테고리의 블록을 드래그하여 　블록 아래 끼워 넣고, 저장합니다.

Section 08

[국어] 선거 유세하고 투표하기

선거 유세에는 청중의 관심을 끌 수 있는 내용이 포함되어 있어야 하고, 청중은 후보자의 선거 유세를 듣고 주장과 근거의 적절성을 따져서 판단을 내릴 수 있어야 합니다. 국어 수업 중 주장하는 글에 대해서 공부하는 경우도 많은데, 엔트리의 신호와 변수를 사용하여 후보자가 연이어 연설할 수 있게 하고, 원하는 사람에게 투표할 수 있게 블록을 조립해보겠습니다.

Section 06 | Section 07 | **Section 08** | Section 09 | Section 10

| 웹 주소 | http://goo.gl/eP2ypS

선거 유세 말풍선 만들기

Step 01

01》 상단 메뉴 중 [만들기] 메뉴 – [작품 만들기]를 클릭하여 새 작품을 만듭니다. 제목 부분을 클릭하여 변경한 후 오브젝트 창의 ❌ 를 클릭하여 '엔트리봇' 오브젝트를 삭제합니다. [오브젝트 추가하기]를 클릭합니다.

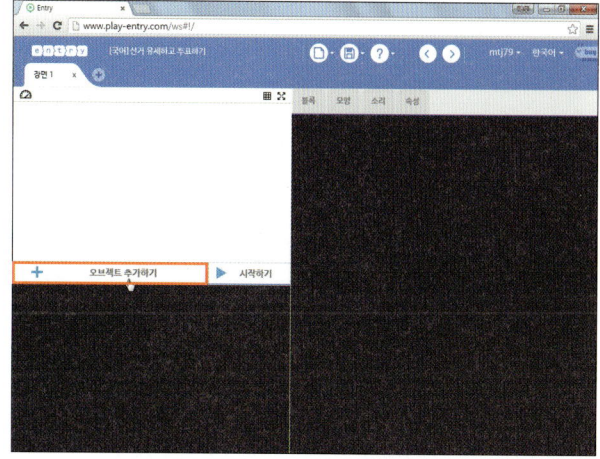

02》 [라이브러리 선택] 탭 – [배경]에서 '칠판'에 체크 표시한 후 [적용하기] 단추를 클릭합니다.

03》 [오브젝트 추가하기]를 클릭한 후 [글상자] 탭을 클릭합니다. 입력 창에 '선거 유세'라고 입력하고, 도구 모음 중 글꼴은 바탕체, 글꼴색은 흰색, 음영색은 색 없음으로 설정한 후 [적용하기] 단추를 클릭합니다.

04 〉〉 글상자가 나타나면 알맞은 곳으로 위치시킵니다. 선거 유세할 후보 캐릭터를 추가하기 위해 [오브젝트 추가하기]를 클릭합니다.

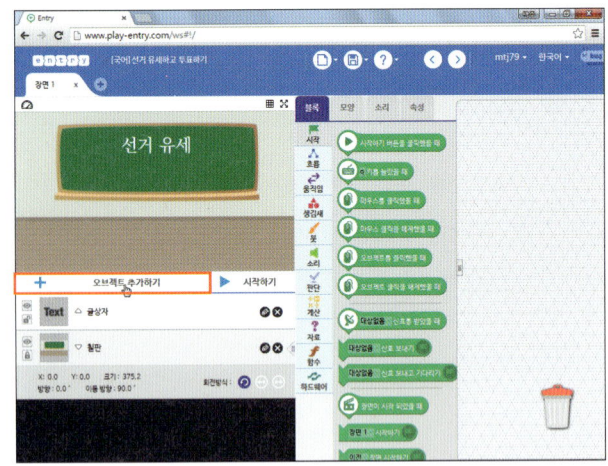

05 〉〉 [라이브러리 선택] 탭 - [사람]에서 '남자아이(1)', '여자아이(1)'에 체크 표시하고 [적용하기] 단추를 클릭합니다.

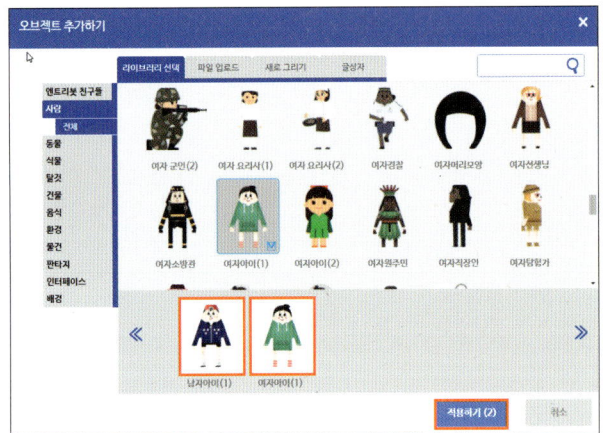

06 〉〉 오브젝트 목록에서 '남자아이(1)' 오브젝트를 선택한 후 [블록] 탭을 클릭하고 [시작] 카테고리에서 ▶ 시작하기 버튼을 클릭했을 때 블록을 블록 조립소로 가져갑니다.

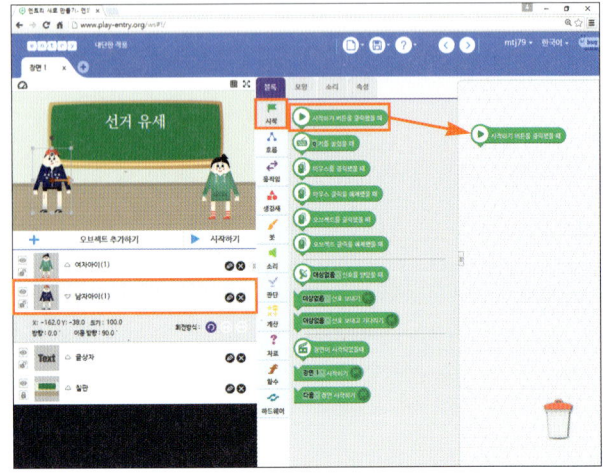

07 블록 조립소의 [시작하기 버튼을 클릭했을 때] 블록 아래로 [생김새] 카테고리의 [안녕! 을(를) 4 초 동안 말하기] 블록을 드래그하여 끼워 넣습니다. '안녕'을 '안녕하십니까? 저는 기호 1번 이휘제입니다.' 로 변경합니다.

08 계속해서 [생김새] 카테고리에서 [안녕! 을(를) 4 초 동안 말하기] 블록 2개를 더 드래그하여 조립합니다. '안녕' 부분에 다음처럼 연설 내용을 입력합니다.

- 제가 반장이 된다면 우리 반에 최신형 게임기를…
- 맛없는 급식 대신에 햄버거와 음료수를 쏘겠습니다.

신호 사용하여 오브젝트간 연속적인 활동 일으키기 Step 02

01 》 남자아이 캐릭터에서 여자아이가 연속적으로 연설을 이어가기 위해 블록 꾸러미에서 [속성] 탭을 클릭한 후 [신호]를 선택합니다.

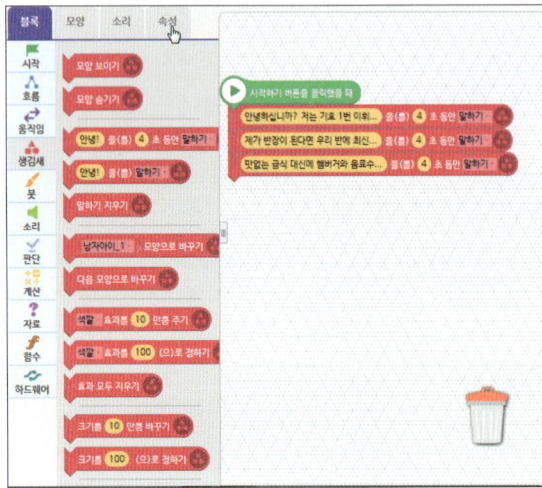
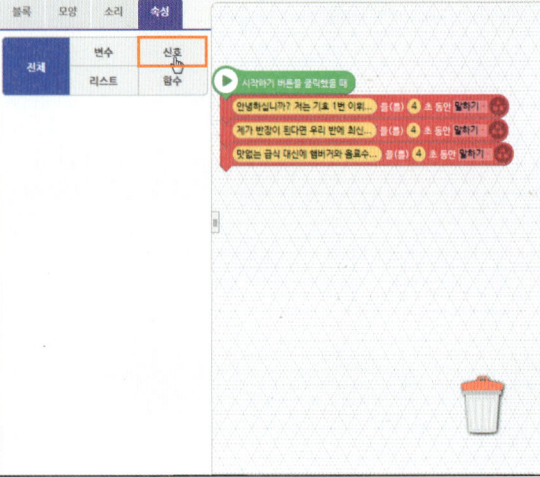

> **신호**
> 신호를 주고/받는 것을 이용해서 오브젝트 간에 연속적인 활동을 일으키는 기능으로 주로 대화를 하는 것이나 점수 등을 기록할 때 사용합니다.

02 》 [신호 추가]를 클릭하고, '기호1번' 이라고 입력합니다.

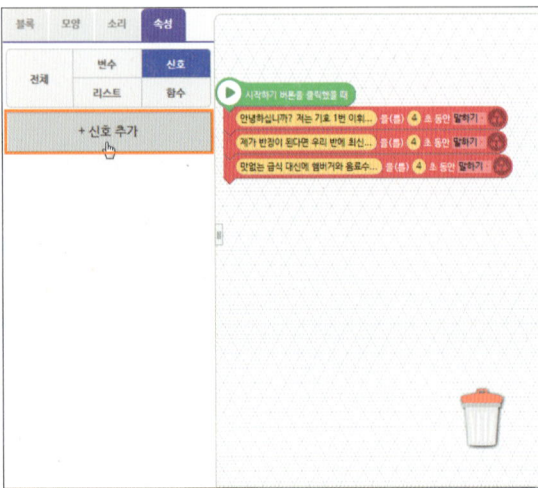
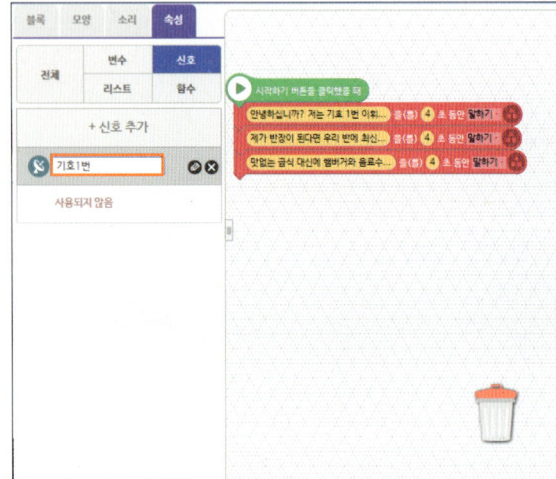

03 [기호1번] 신호가 추가되었으면 다시 블록 꾸러미의 [블록] 탭을 클릭하여 [시작] 카테고리에서 `기호1번 신호 보내기` 블록을 드래그하여 블록 조립소에서 조립합니다.

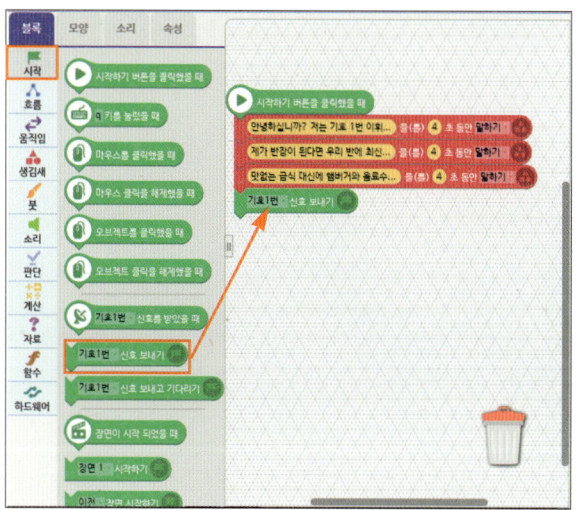

04 여자아이 캐릭터의 연설 말풍선을 만들기 위해 오브젝트 목록에서 '여자아이(1)' 오브젝트를 선택한 후 [시작] 카테고리의 `기호1번 신호를 받았을 때` 블록을 블록 조립소로 가져갑니다.

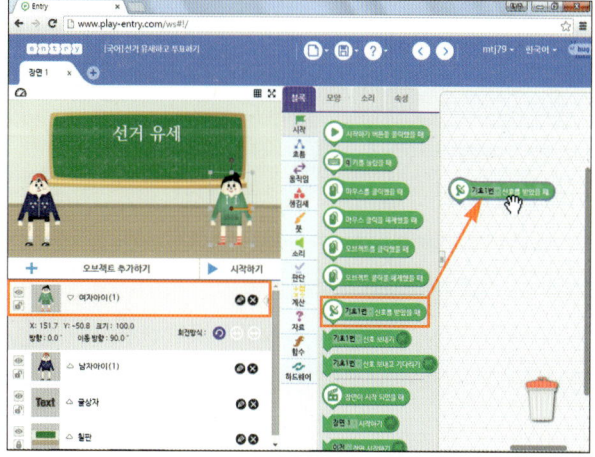

05 » 남자아이 캐릭터 연설 때와 같은 방법으로 [생김새] 카테고리에서 ![블록] 블록 3개를 드래그하여 조립합니다. '안녕' 부분에 다음처럼 연설 내용을 입력합니다.

- 안녕하십니까? 저는 기호 2번 강단희입니다.
- 제가 반장 선거에 나온 까닭을 말씀드리겠습니다.
- 우리 반을 위하여 열심히 봉사하고 우리 반을 최고의 반으로 만들어야겠다고 생각했기 때문입니다.

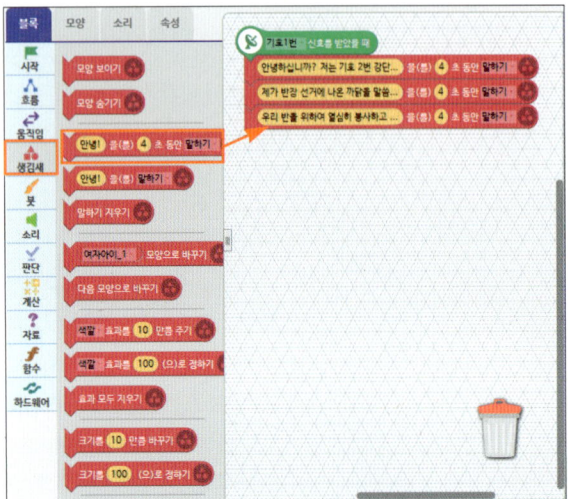

06 » 실행 화면 위의 ![+]를 클릭하여 [장면 2]를 추가하고, 다시 [장면 1]을 클릭하여 블록 꾸러미의 [블록] 탭을 클릭합니다. [시작] 카테고리에서 ![장면 1 시작하기] 블록을 블록 조립소로 가져가서 조립한 후 [장면 1]을 [장면 2]로 변경합니다.

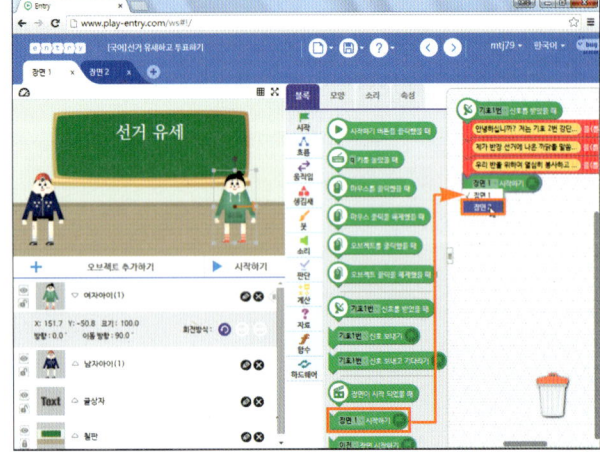

Section 08 [국어] 선거 유세하고 투표하기

변수 만들어서 학생수 정하기   Step 03

01 〉〉 [장면 2]를 선택한 후 [오브젝트 추가하기]를 클릭합니다. [라이브러리 선택] 탭 - [배경]에서 '칠판'에 체크 표시한 후 [적용하기] 단추를 클릭합니다.

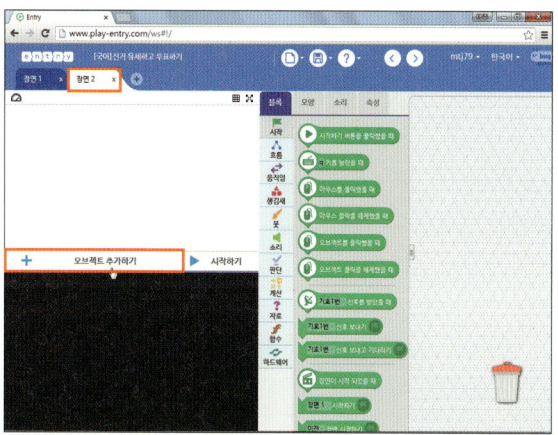
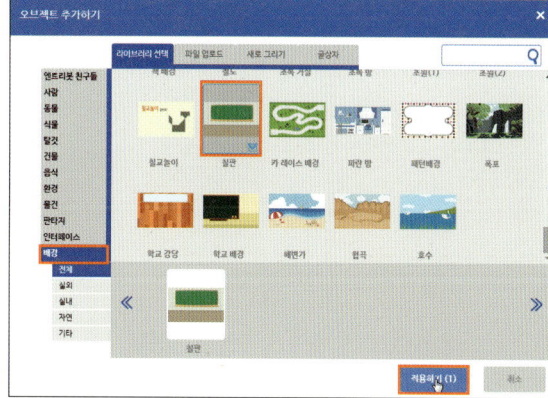

02 〉〉 다시 [오브젝트 추가하기]를 클릭하여 [라이브러리 선택] 탭 - [사람]에서 '남자아이(1)', '여자선생님', '여자아이(1)'에 체크 표시하고 [적용하기] 단추를 클릭합니다. 오브젝트 목록에 '남자아이(1)1', '여자선생님', '여자아이(1)1'가 추가됩니다.

139

03 》》 다시 [오브젝트 추가하기]를 클릭한 후 [글상자] 탭을 클릭합니다. 입력 창에 '투표하기'라고 입력하고, 도구 모음 중 글꼴은 바탕체, 글꼴색은 흰색, 음영색은 색 없음으로 설정한 후 [적용하기] 단추를 클릭합니다.

04 》》 오브젝트 목록에서 '여자선생님' 오브젝트를 선택한 후 [블록] 탭 – [시작] 카테고리에서 블록을 블록 조립소로 가져갑니다.

05 》》 블록 조립소로 [자료] 카테고리의 블록을 드래그하여 끼워 넣습니다. '안녕!' 부분은 '투표하는 학생수가 몇 명인가요?(단, 홀수로 대답하세요.)'로 변경합니다. 질문을 만들었으면 대답란을 만들기 위해 먼저 [변수 만들기]를 클릭합니다.

06 》 변수 입력란에 '학생수'라고 입력하고 [확인] 버튼을 클릭합니다.

07 》 [변수 추가]를 클릭하여 이휘제, 강단희를 각각 추가합니다.

08 》 다시 [블록] 탭 - [자료] 카테고리를 클릭한 후 블록을 드래그하여 블록 조립소로 가져가서 끼워 넣습니다. '강단희'는 '학생수'로 변경하고, '10' 위에 블록을 가져가서 끼워 넣습니다.

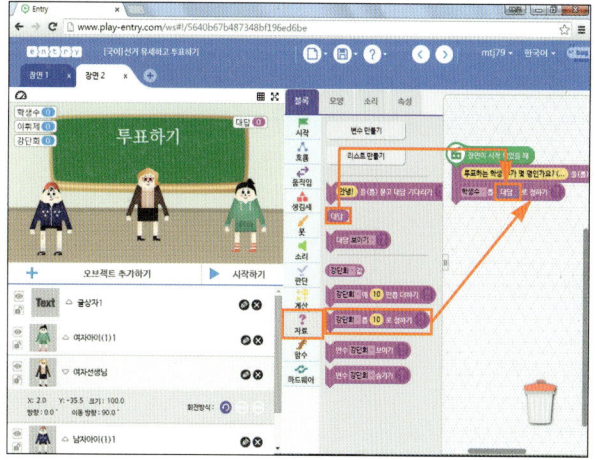

후보자에 투표하기   Step 04

01 » [블록] 탭 - [흐름] 카테고리에서 `참 이(가) 될 때까지 기다리기` 블록을 드래그하여 블록 조립소에서 조립합니다.

02 » [판단] 카테고리에서 `10 = 10` 블록을 드래그하여 `참 이(가) 될 때까지 기다리기` 블록의 '참' 부분에 끼워 넣습니다. [계산] 카테고리에서 `10 + 10` 블록을 드래그하여 앞쪽 '10' 위로 끼워 넣습니다.

142

03 》 [자료] 카테고리에서 ![강단희 값] 블록을 드래그하여 ![10 + 10 = 10 이(가) 될 때까지 기다리기] 블록의 각 10의 위치에 끼워 넣습니다. 제일 앞에 '10'은 '이휘제 값'으로, 중간 '10'은 '강단희 값'으로, 마지막 '10'은 '학생수 값'으로 변경합니다.

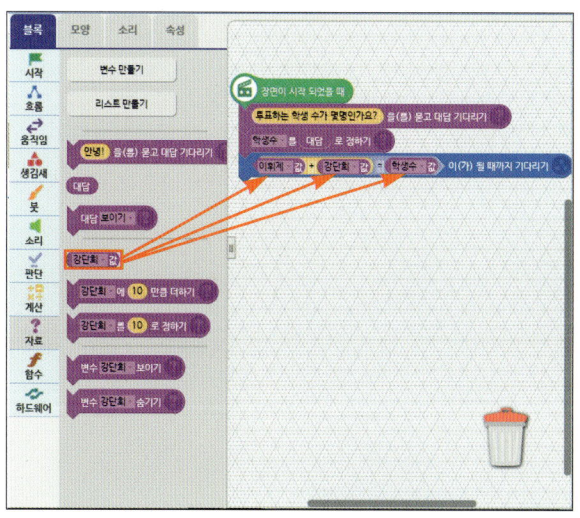

04 》 [흐름] 카테고리에서 ![만일 참 이라면 아니면] 블록을 드래그하여 블록 조립소에서 조립하고, [판단] 카테고리에서 ![10 > 10] 블록을 드래그하여 ![만일 참 이라면 아니면] 블록의 '참' 부분에 끼워 넣습니다.

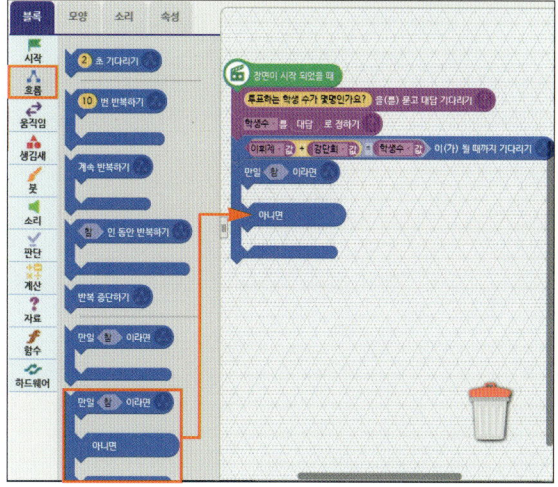
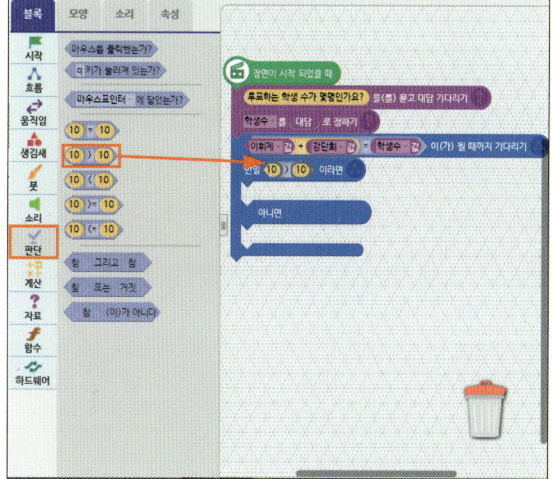

05 〉〉 [자료] 카테고리에서 `강단희 값` 블록을 드래그하여 `만일 10 > 10 이라면` 블록의 앞쪽 '10'은 '이휘제 값'으로, 뒤쪽은 '강단희 값'으로 변경합니다. [생김새] 카테고리에서 `안녕! 을(를) 말하기` 블록을 참일 때 블록 아래 끼우고, [계산] 카테고리에서 `안녕! 과(와) 엔트리 를 합치기` 블록을 '안녕!' 부분에 끼워 넣습니다.

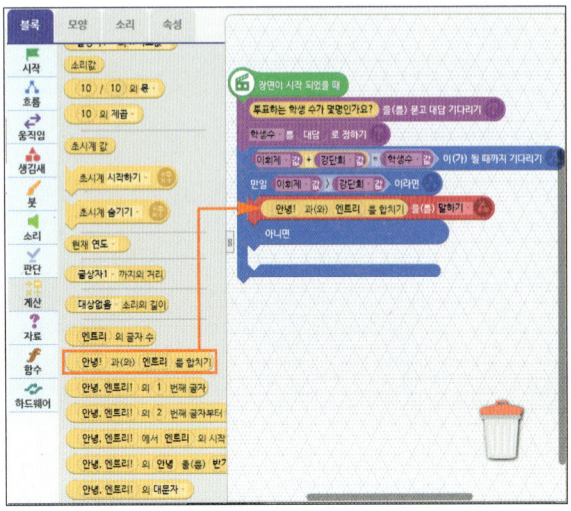

06 〉〉 '안녕!' 부분에 `강단희 값` 블록을 끼워 넣고, '이휘제'로 변경합니다. '엔트리' 부분은 '표로 이휘제가 반장이 되었습니다.'로 변경합니다.

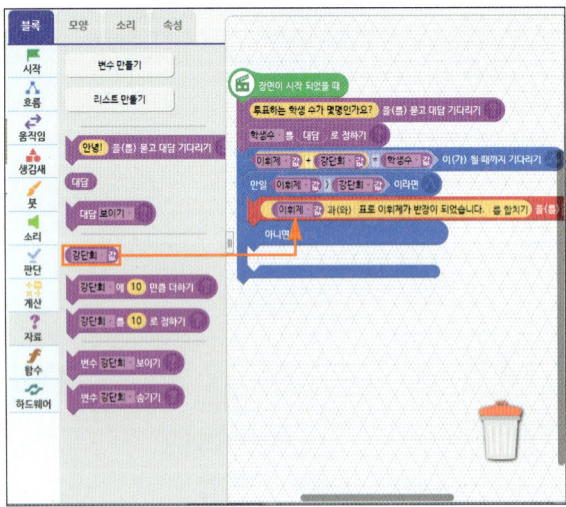

Section 08 [국어] 선거 유세하고 투표하기

07 〉〉 　　　　　 블록 아래쪽에도 같은 방법으로 끼워 넣고, '안녕!' 부분은 　　　 블록으로, '표로 강단희가 반장이 되었습니다.' 로 변경합니다.

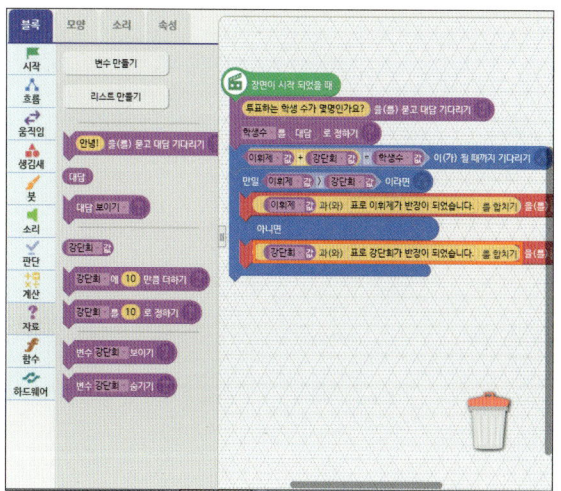

08 〉〉 실행 화면에 왼쪽 위에는 학생수, 이휘제, 강단희가 표시되고, 오른쪽에는 대답이 표시됩니다. 대답은 숨기기 위해 [자료] 카테고리에서 　　　 블록을 　　　 블록 아래로 끼워 넣습니다.

09 〉〉 남자아이 캐릭터를 클릭할 때마다 '이휘재' 의 투표 수가 올라갈 수 있게 먼저 오브젝트 목록에서 '남자아이(1)1' 오브젝트를 선택합니다. [시작] 카테고리에서 　　　 블록을 블록 조립소로 가져간 후 [자료] 카테고리에서 　　　 블록을 가져가서 끼워 넣습니다. '강단희' 는 '이휘제로, '10' 은 '1' 로 변경합니다. 남자아이를 클릭할 때마다 1표씩 받게 됩니다.

145

10 》 오브젝트를 클릭했을 때 블록 위에서 마우스 오른쪽 버튼을 클릭하여 [코드 복사]를 클릭합니다. 오브젝트 목록에서 '여자아이(1)1' 오브젝트를 선택한 후 블록 조립소에서 마우스 오른쪽 버튼을 클릭하여 [붙여넣기]를 클릭합니다.

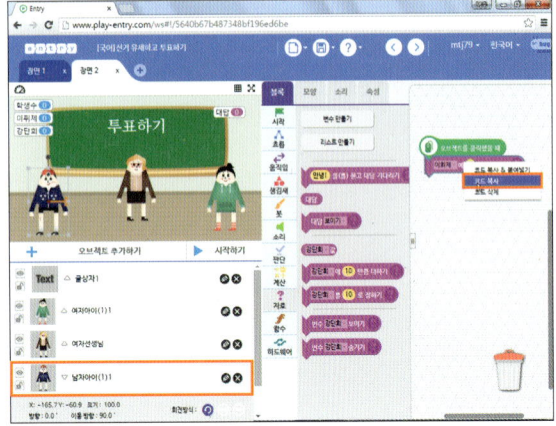 

11 》 조립된 블록 모두 복사되어 붙여넣기 됩니다. 다시 '이휘제'를 '강단희'로 변경합니다. 여자아이를 클릭하면 강단희가 1표씩 표를 받게 됩니다. 블록 조립이 완료되면 상단 메뉴 중 🖺 - [저장하기]를 클릭하여 저장합니다.

12 〉〉 블록 조립을 완료하면 [시작하기] 버튼을 클릭하여 시작합니다. 이휘제 어린이와 강단희 어린이의 유세 모습을 차례로 보고, 장면이 바뀌면 선생님께서 투표할 학생수를 물어봅니다. 학생수를 입력한 후 학생수에 맞게 각 아이에게 투표하면 누가 반장이 되었는지 선생님께서 말씀해 주십니다.

학 습 정 리

❶ 블록 꾸러미의 [속성] 탭
- 전체, 변수, 신호, 리스트, 함수를 만들고 있고, 만든 변수, 신호, 리스트, 함수의 목록을 볼 수 있습니다.

❷ 신호
- 신호를 주고받는 것을 이용해서 오브젝트 간에 연속적인 활동을 일으키는 기능입니다.
- 주로 대화를 하는 것이나 점수 등을 기록할 때 사용합니다.

❸ 신호 만들기
- 블록 꾸러미에서 [속성] 탭을 클릭합니다.
- [신호 추가]를 클릭하여 추가할 신호의 이름을 입력합니다.

❹ [신호] 블록
- `기호1번 신호 보내기` : 목록에 선택된 신호를 보냅니다.
- `기호1번 신호 보내고 기다리기` : 목록에 선택된 신호를 보내고, 해당 신호를 받는 블록들의 실행이 끝날 때까지 기다립니다.
- `기호1번 신호를 받았을 때` : 해당 신호를 받으면 연결된 블록들을 실행합니다.

❺ [자료] 블록
- `안녕! 을(를) 묻고 대답 기다리기` : 해당 오브젝트가 입력한 텍스트를 말풍선으로 질문이 나타나고, 대답을 입력받습니다.
- `대답` : 묻고 기다리기에 의해 입력된 내용을 의미합니다.
- `강단휘 값` : 선택한 변수에 저장된 값을 의미합니다.
- `강단휘를 10 로 정하기` : 선택한 변수의 값을 입력한 값으로 정합니다.

• 퀴즈 및 실습 문제 •

01 블록 꾸러미 중에서 변수, 신호, 리스트, 함수를 만들 수 있는 탭은 어느 것입니까? (   )
① 블록   ② 모양   ③ 소리   ④ 속성

02 엔트리 기능 중 신호를 주고받는 것을 이용해서 오브젝트 간에 연속적인 활동을 일으키는 기능은 어느 것입니까? (   )
① 변수   ② 신호   ③ 리스트   ④ 함수

03 해당 오브젝트에 입력한 텍스트가 말풍선으로 나타나고, 그것에 대해 대답할 수 있는 창이 아래쪽에 생기게 하는 블록은 어느 것입니까? (   )
① `안녕! 을(를) 묻고 대답 기다리기`   ② `대답`
③ `강단희 값`   ④ `강단희 를 10 로 정하기`

04 '[국어] 선거 유세하고 투표하기' 프로젝트를 불러온 후 [장면 1]에 '여자선생님' 오브젝트를 추가한 후 다음처럼 설정하세요. (웹 주소 : http://goo.gl/Q4O8PO)

- 말풍선 :
  지금부터 6학년 5반 반장 선거를 시작하겠습니다.
  먼저 후보자들의 연설을 잘 들어보세요.
  반장으로서 우리 반을 잘 이끌 친구에게 투표하세요.
- 신호 : '기호2번' 추가하기
- 순서 : 선생님 → 남자아이 → 여자아이

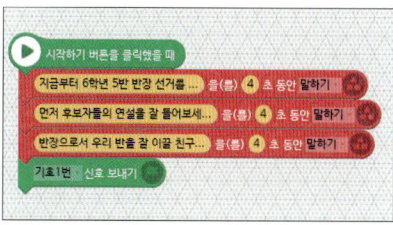

▲ 블록 조립소   ▲ 실행 화면

> **정답**
> 1. ④   2. ②   3. ①
> 4. ① '[국어] 선거 유세하고 투표하기' 프로젝트를 불러옵니다.
>   ② [오브젝트 추가하기]를 클릭하여 '여자선생님' 오브젝트를 가져옵니다.
>   ③ 오브젝트 목록에서 '남자아이(1)' 오브젝트를 선택한 후 블록 조립소에서 `시작하기 버튼을 클릭했을 때` 블록 위에서 마우스 오른쪽 버튼을 클릭하여 [코드 복사]를 클릭합니다.
>   ④ 오브젝트 목록에서 '여자선생님' 오브젝트를 선택한 후 블록 조립소에서 마우스 오른쪽 버튼을 클릭하여 [붙여넣기]를 클릭합니다.
>   ⑤ 노란색 부분을 보기의 말풍선 내용으로 각각 변경합니다.
>   ⑥ 오브젝트 목록에서 '남자아이(1)' 오브젝트를 선택한 후 블록 조립소에서 제일 위에 있는 `시작하기 버튼을 클릭했을 때` 블록은 삭제합니다. [시작] 카테고리에서 `기호1번 신호를 받았을 때` 블록을 드래그하여 블록 조립소에서 조립합니다.
>   ⑦ 블록 꾸러미의 [속성] 탭을 클릭하여 신호를 추가한 후 이름은 '기호2번'이라고 합니다.
>   ⑧ '남자아이(1)' 블록 조립소의 제일 마지막에 `기호1번 신호 보내기`의 '기호1번'을 '기호2번'으로 변경합니다.
>   ⑨ 오브젝트 목록에서 '여자아이(1)' 오브젝트를 선택한 후 제일 위쪽의 `기호1번 신호를 받았을 때` 블록에서 '기호1번'을 '기호2번'으로 변경합니다.

Section 09
[과학] 꼬마 전구의 밝기 비교하기

과학 실험도 엔트리를 활용할 수 있습니다. 오브젝트와 추가한 장면을 연결하여 직렬 연결과 병렬 연결 실험을 알아볼 수 있습니다. 또한 전지개수를 변수로 설정하여 전지개수에 따른 전구의 밝기를 비교하여 전지를 직렬 또는 병렬 연결했을 때의 차이점과 특징을 살펴볼 수 있습니다.

Section 06 Section 07 Section 08 **Section 09** Section 10

| 웹 주소 | http://goo.gl/lUa00Z

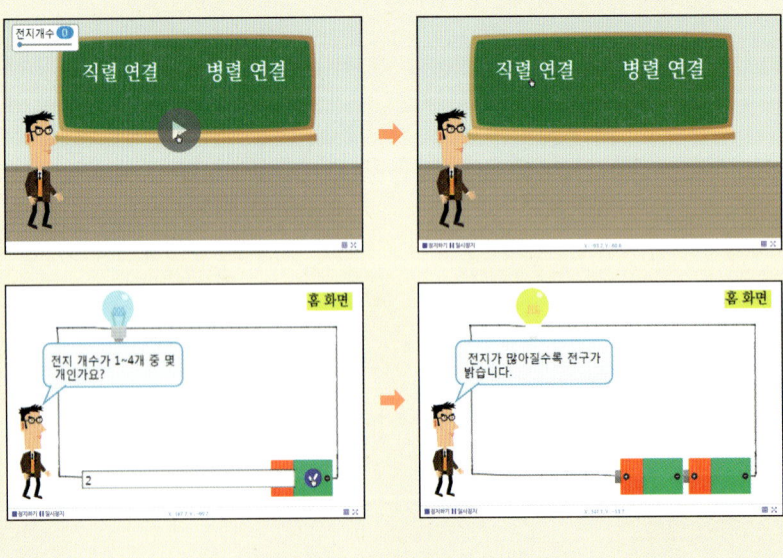

Section 09 [과학] 꼬마 전구의 밝기 비교하기

장면 추가하고 오브젝트와 연결하기 Step 01

01 » 새 작품을 만든 후 '엔트리봇' 오브젝트를 삭제하고 [오브젝트 추가하기]를 클릭합니다. [라이브러리 선택] 탭 – [배경]에서 '칠판', [사람]에서 '남자선생님'에 체크 표시한 후 [적용하기] 단추를 클릭합니다.

02 » '남자선생님' 오브젝트를 드래그하여 왼쪽 아래에 위치시키고, 크기 조절점을 드래그하여 크기를 약간 줄입니다.

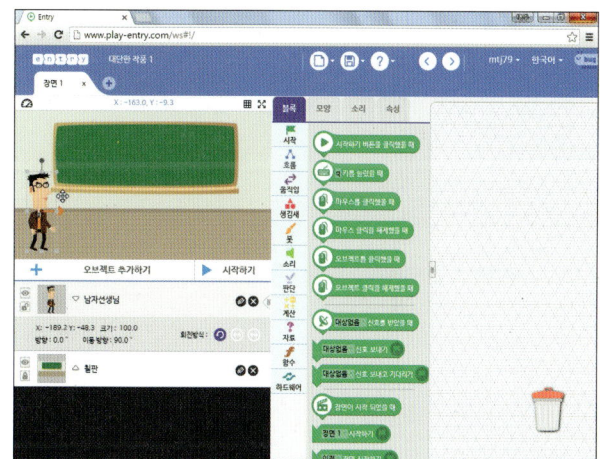

03 » 장면을 추가하기 위해 실행 화면 위의 ➕를 클릭하여 [장면 2], [장면 3]을 추가합니다. [장면 1], [장면 2], [장면 3]의 이름을 각각 클릭하여 [홈], [직렬], [병렬]로 변경합니다.

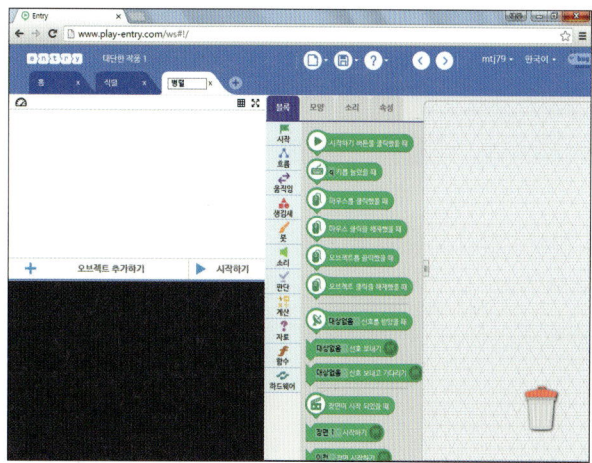

151

04 ›〉 다시 [홈] 장면을 클릭한 후 [오브젝트 추가하기]를 클릭합니다. [글상자] 탭을 클릭한 후 입력 창에 '직렬 연결'이라고 입력하고, 도구 모음 중 글꼴은 바탕체, 글꼴색은 흰색, 음영색은 색 없음으로 설정한 후 [적용하기] 단추를 클릭합니다.

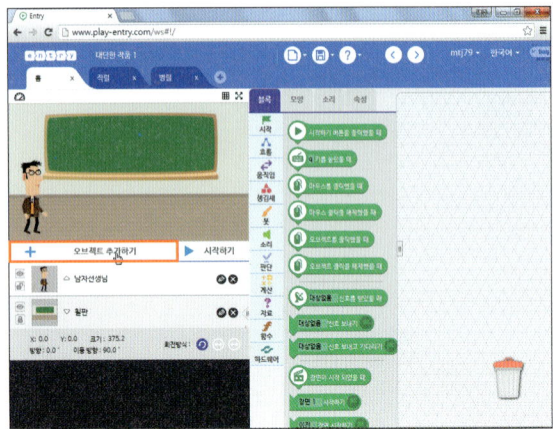

05 ›〉 같은 방법으로 '병렬 연결' 글상자도 추가한 후 오브젝트 목록에서 '글상자' 오브젝트의 ✏️를 클릭하여 각각 '직렬', '병렬'로 변경합니다.

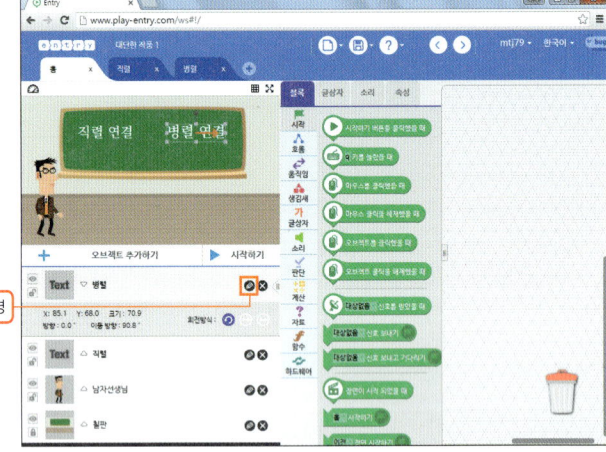

06 ›〉 '남자선생님' 오브젝트를 선택한 후 [블록] 탭의 [시작] 카테고리에서 ▶시작하기 버튼을 클릭했을 때 블록을 블록 조립소로 가져옵니다. [생김새] 카테고리에서 안녕! 을(를) 4 초 동안 말하기 블록을 2번 가져와서 조립한 후 '안녕' 부분을 각각 '전지의 연결 방법에 따라 전구의 밝기가 어떻게 달라질까요?' 와 '칠판의 글씨를 클릭하면 실험을 통해 알아볼 수 있어요.'로 변경합니다.

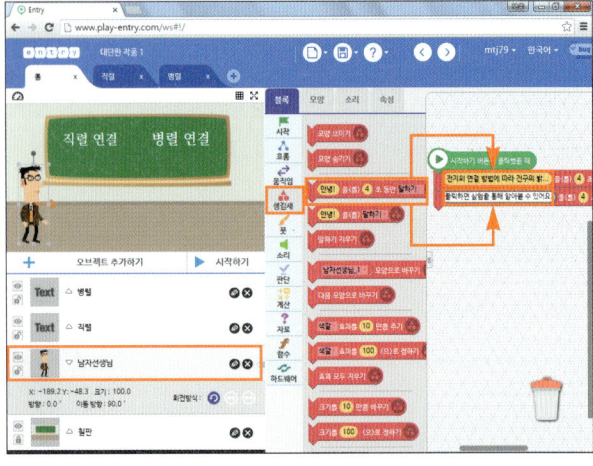

07 ›› '직렬' 오브젝트를 선택한 후 [시작] 카테고리에서 `오브젝트를 클릭했을 때` 블록을 블록 조립소로 가져옵니다. `홈 시작하기` 블록을 가져와 조립한 후 '홈'을 '직렬'로 변경합니다. '병렬' 오브젝트도 같은 방법으로 오브젝트를 클릭했을 때 [병렬] 장면으로 이동하게 설정합니다.

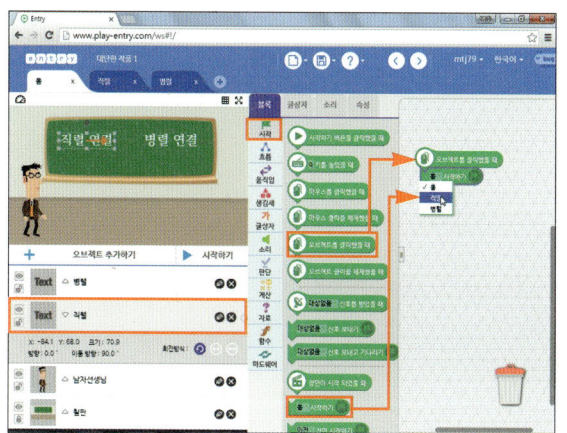 

전선 그리기　　　　　　　　　　Step 02

01 ›› [직렬] 장면을 클릭한 후 그림을 그리기 위해 [오브젝트 추가하기]를 클릭합니다. [새로 그리기] 탭을 클릭한 후 [이동하기]를 클릭합니다.

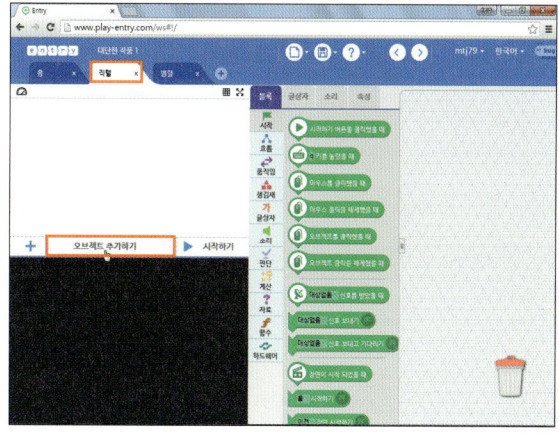 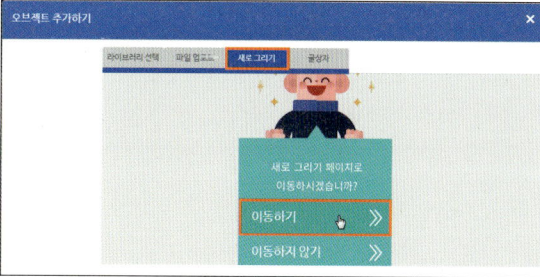

153

02 >> 을 클릭하면 직선을 그릴 수 있는데, 아래쪽에서 검정색을 선택한 후 그림판에서 전선을 그립니다. [파일] - [저장하기]를 클릭합니다.

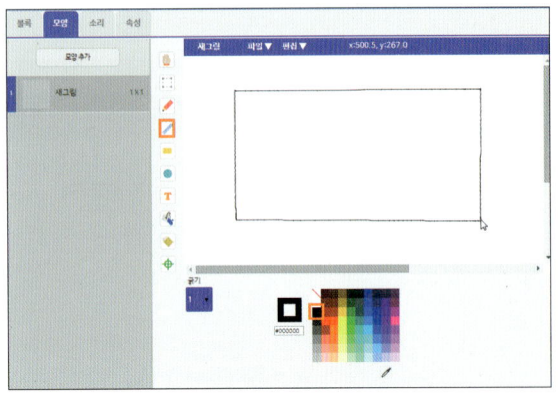 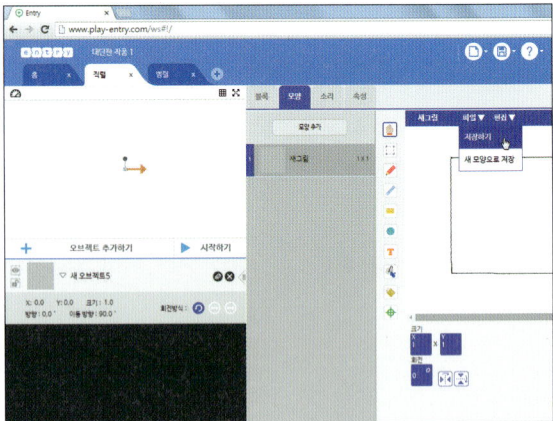

그림판

[오브젝트 추가하기] - [새로 그리기] 탭을 클릭하거나 블록 꾸러미의 [모양] 탭을 클릭하여 그림판을 불러옵니다.

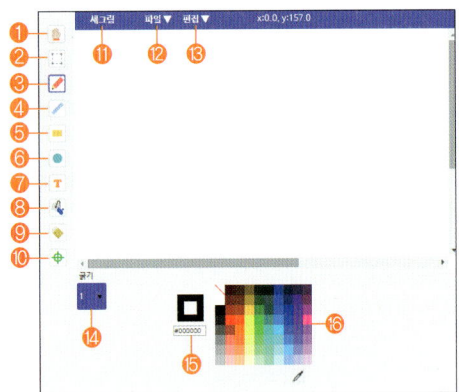

❶ 영역 이동 : 선택된 영역을 이동합니다.
❷ 영역 선택 : 영역을 선택합니다.
❸ 펜 : 아래쪽에서 선의 굵기와 색을 선택한 후 자유롭게 그림을 그립니다. 스포이드를 사용하면 화면 영역에서 자유롭게 색을 선택할 수 있습니다.
❹ 선 : 반듯한 선을 그릴 수 있습니다.
❺ 사각형 : 선의 굵기와 색, 면의 색을 따로 지정한 후 사각형을 그립니다. 스포이드를 사용하면 화면 영역에서 자유롭게 색을 선택할 수 있습니다.
❻ 원 : 원 또는 타원을 그릴 수 있습니다.
❼ 글자 : 글자체, 크기, 효과 및 색을 설정한 후 글자를 입력합니다. 스포이드를 사용하면 화면 영역에서 자유롭게 색을 선택할 수 있습니다.
❽ 칠하기 : 일정 영역을 색칠할 수 있습니다. 색깔 선택도구나 스포이드를 사용하여 자유롭게 색을 선택할 수 있습니다.
❾ 지우개 : 모양의 일부를 지울 수 있습니다. 지우개의 굵기를 선택할 수 있습니다.
❿ 모눈종이 : 그림판에 좌표를 보여줍니다.
⓫ 새그림 : 새로운 모양을 그릴 수 있도록 빈 그림판이 제공되며, 모양 목록에 [새그림]이 추가됩니다

⓬ 파일 : [저장하기]는 그림판에 그린 그림이 현재 선택된 모양을 대체하여 저장되고, [새 모양으로 저장]은 그림판에 그린 그림이 모양 목록에 새로운 모양으로 추가됩니다.
⓭ 편집 : 다양한 편집 기능을 제공합니다.
- 가져오기 : [모양 선택]에서 제공하는 라이브러리의 그림 또는 업로드한 그림을 그림판에 추가합니다.
- 복사하기 : 선택한 영역을 복사합니다.
- 자르기 : 선택한 영역을 자릅니다.
- 붙이기 : 복사하거나 잘라낸 영역을 붙여 넣습니다.
- 모두 지우기 : 그림판에 있는 모든 그림을 지웁니다.
⓮ 굵기 : 선의 굵기를 설정합니다.
⓯ 선이나 면의 현재 색입니다.
⓰ 팔레트에서 색을 선택할 수 있습니다.

03 ›› 오브젝트 목록에 새 오브젝트가 나타납니다. 실행 화면에 그림판에서 그린 사각형 모양의 전선이 표시됩니다. 크기 조절점을 드래그하여 적당한 크기로 조절합니다.

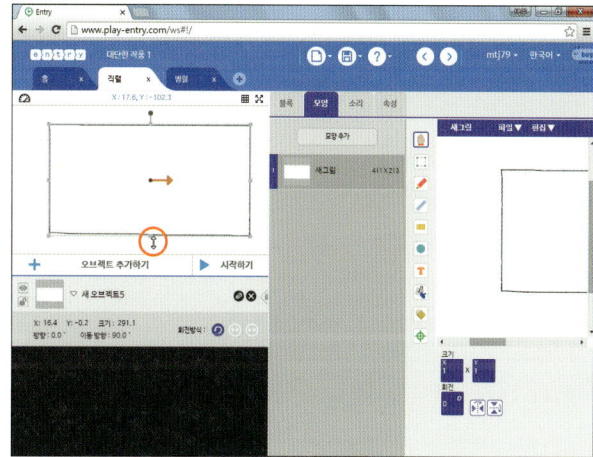

신호와 변수 만들기

Step 03

01 >> 전구와 전지 등을 삽입하기 위해 [오브젝트 추가하기]를 클릭합니다. [라이브러리 선택] 탭 – [사람]에서 '남자선생님', [물건]에서 '전지'와 '꼬마전구'에 체크 표시한 후 [적용하기] 단추를 클릭합니다.

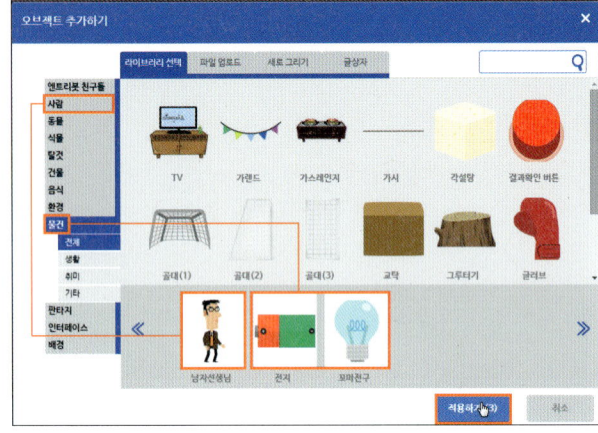

02 >> '남자선생님1' 오브젝트는 드래그하여 왼쪽에 위치시키고, '꼬마전구'와 '전지'는 전선 위에 오른쪽처럼 배치합니다. 크기도 알맞게 조절합니다.

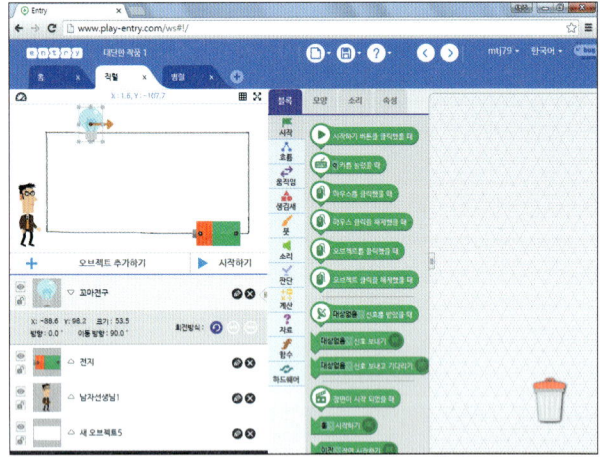

03 >> 블록 꾸러미에서 [속성] 탭을 클릭한 후 [변수]를 클릭합니다. [변수 추가]를 클릭하여 '전지개수'라고 변수 이름을 입력한 후 [확인] 버튼을 클릭합니다.

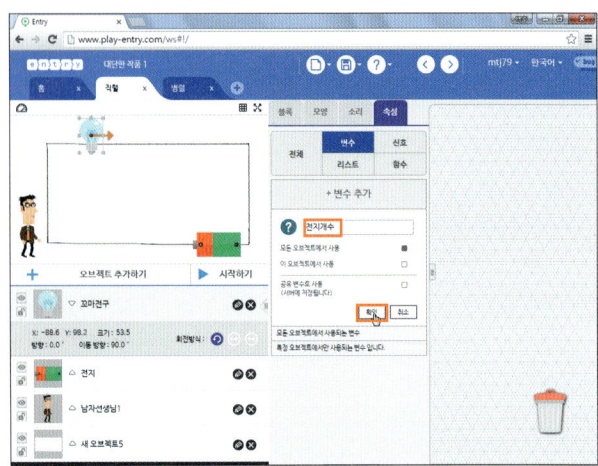

Section 09 [과학] 꼬마 전구의 밝기 비교하기

04 ›› 신호를 만들기 위해 [신호]를 클릭한 후 [신호 추가]를 클릭합니다. '전지생성'과 '전구켜기'를 각각 추가합니다.

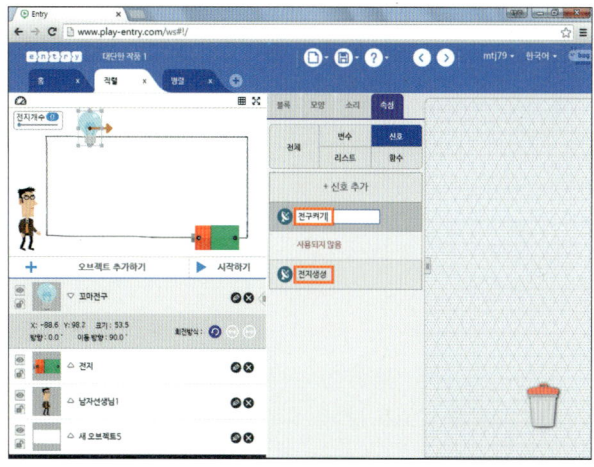

직렬 연결에서 전지개수에 따른 전구 밝기   Step 04

■ 전지 생성하기

01 ›› '남자선생님1' 오브젝트를 선택한 후 블록 꾸러미에서 다시 [블록] 탭을 클릭합니다. [시작] 카테고리에서 블록을 블록 조립소로 가져옵니다. [자료] 카테고리에서 블록을 가져와서 조립한 후 '안녕' 부분을 '전지개수가 1~4개 중 몇 개 인가요?'로 변경합니다.

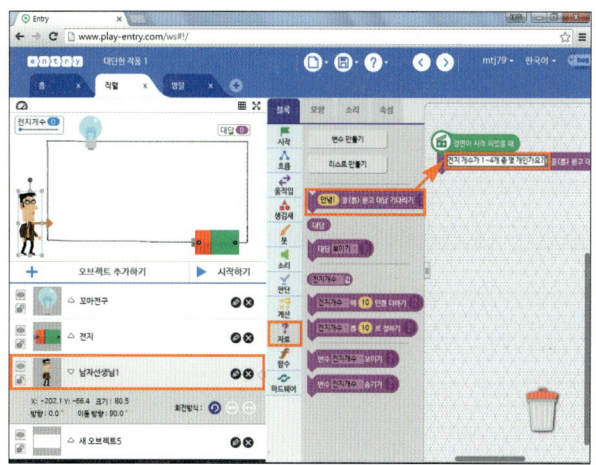

157

02 다시 [자료] 카테고리에서 `전지개수를 10 로 정하기` 블록을 가져와 조립하고, '10' 위로 `대답` 블록 가져와서 조립합니다.

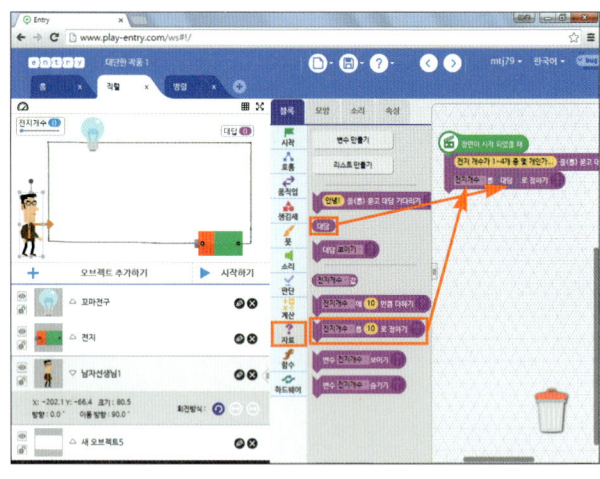

· 전지개수를 묻는 질문에 전지개수를 대답으로 입력 창에 입력할 수 있게 블록을 조립합니다.

03 실행 화면에 전지개수와 대답을 보이지 않게 하기 위해 `변수 전지개수 숨기기` 블록을 가져와 조립하고, `대답 숨기기` 블록은 가져와 조립합니다.

04 [시작] 카테고리에서 `전구켜기 신호 보내기` 블록을 드래그하여 블록 조립소로 가져와서 조립합니다. '전구켜기'는 '전지생성'으로 변경합니다.

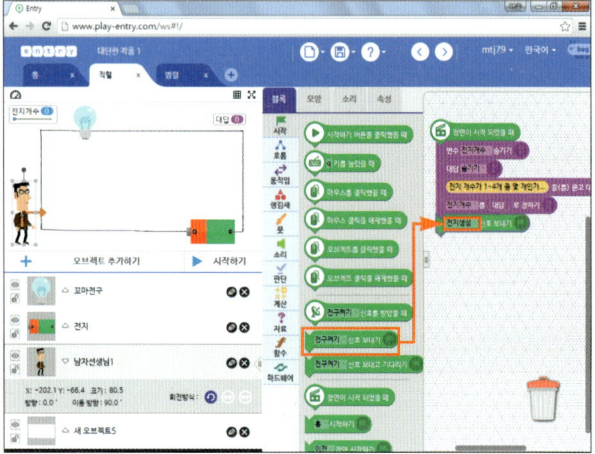

· 전지생성 대답에 따라 전지개수가 생성되도록 먼저 전지생성 신호를 보냅니다.

Section 09 [과학] 꼬마 전구의 밝기 비교하기

05 ≫ '전지' 오브젝트를 선택한 후 [시작] 카테고리에서 [전지생성 신호를 받았을 때] 블록을 블록 조립소로 가져옵니다. [흐름] 카테고리에서 [10 번 반복하기] 블록을 드래그하여 조립합니다. '10' 위에 [자료] 카테고리에서 [전지개수 값] 블록을 끼워 넣고, [흐름] 카테고리에서 [자신의 복제본 만들기] 블록을 가져가서 조립합니다.

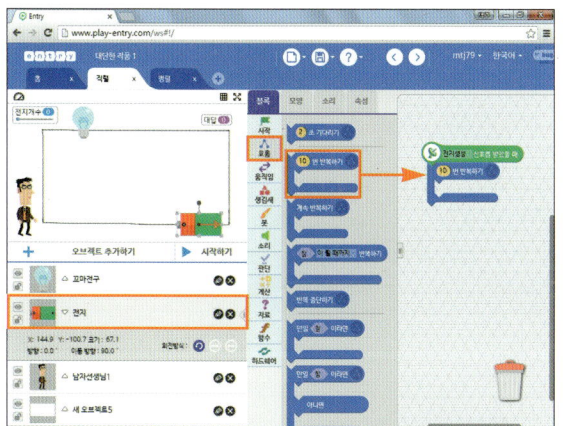
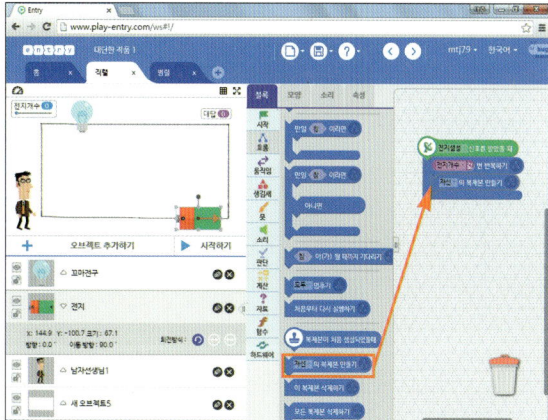

06 ≫ [움직임] 카테고리에서 [x 좌표를 10 만큼 바꾸기] 블록을 가져와서 끼워 넣은 후 '10'을 '-90'으로 변경합니다. [생김새] 카테고리에서 [모양 숨기기] 블록을 가져와서 조립합니다.

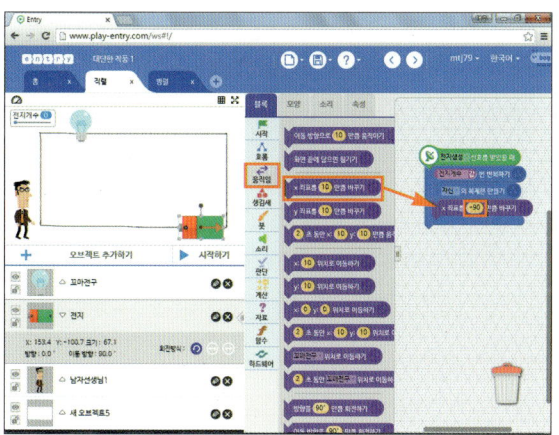
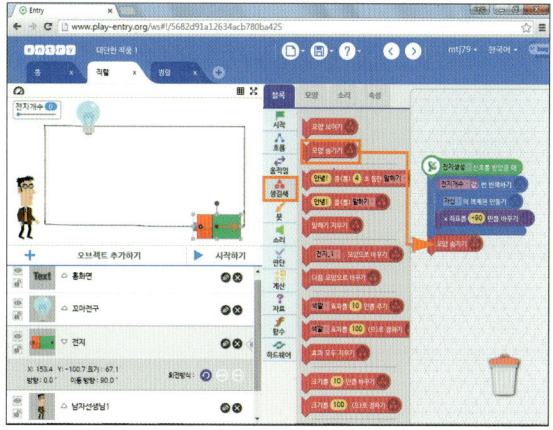

전지의 '-' 쪽의 x 좌표는 '198'이고, '+' 쪽은 '108'이므로, '+' 쪽 앞에 전지를 생성하려면 '-90'만큼 이동해야 합니다. 마지막에 모양 숨기기를 하는 까닭은 전지개수만큼 복제본을 만들었기 때문에 본래 전지 모양은 숨겨야 원하는 전지개수를 생성할 수 있습니다.

■ 전구 밝기 설정하기

01》 '남자선생님1' 오브젝트를 다시 선택한 후 [시작] 카테고리에서 `전구켜기 신호 보내기` 블록을 블록 조립소로 드래그하여 조립합니다.

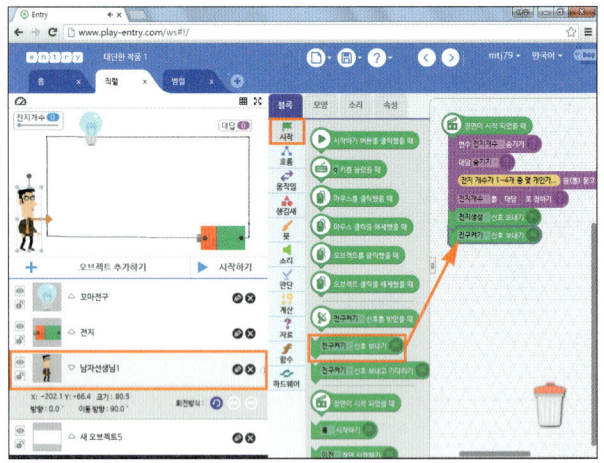

02》 전구를 켜고, 밝기를 설정하기 위해 '꼬마전구' 오브젝트를 선택합니다. [시작] 카테고리에서 `전구켜기 신호를 받았을 때` 블록을 블록 조립소로 가져온 후 아래에 [생김새] 블록의 `다음 모양으로 바꾸기` 블록을 드래그하여 조립하고, `색깔 효과를 10 만큼 주기` 블록을 가져와서 조립합니다. '색깔'은 '밝기'로 변경합니다.

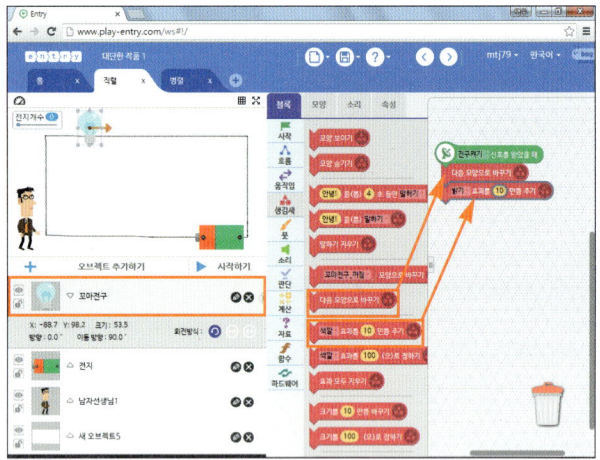

> 블록 꾸러미의 [모양] 탭을 클릭하면 두 번째 모양이 꼬마전구가 켜진 모양이기 때문에 `다음 모양으로 바꾸기` 블록을 조립하여 꼬마전구가 켜진 모양으로 바뀌게 설정합니다.
>
>

03 >> ![밝기 효과를 10 만큼 주기] 블록의 '10' 위로 [계산] 카테고리에서 ![10 x 10] 블록을 드래그하여 끼워 넣습니다. 앞쪽 '10'은 [자료] 카테고리에서 ![전지개수 값] 블록을 가져와서 끼워 넣고, 뒤쪽 '10'은 '30'으로 변경합니다.

 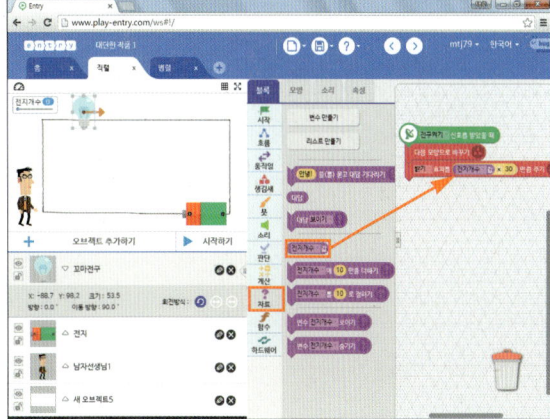

04 >> [오브젝트 추가하기]를 클릭하여 [글상자] 탭에서 글꼴은 바탕체, 글꼴색은 검정색, 음영색은 노란색으로 설정한 후 입력 창에 '홈 화면'을 입력하고 [적용하기] 단추를 클릭합니다.

05 >> 오브젝트 이름을 '홈화면'으로 변경하고, [시작] 카테고리에서 ![오브젝트를 클릭했을 때] 블록을 블록 조립소로 드래그한 후 ![홈 시작하기] 블록을 드래그하여 조립합니다.

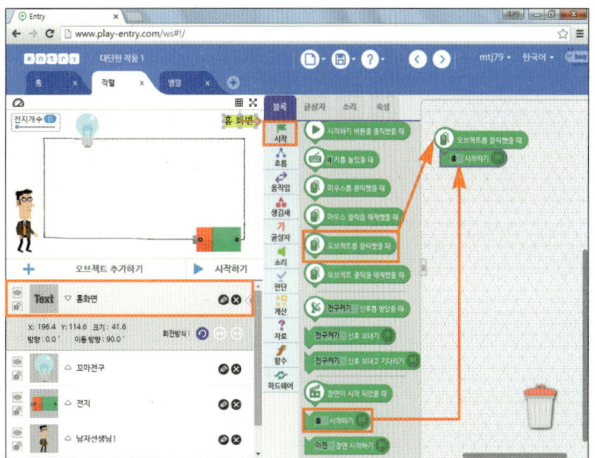

Chapter 02 엔트리 수업에 바로 활용하기 1

06 » 직렬 연결의 특징을 설정하기 위해 '남자선생님1' 오브젝트를 선택한 후 [생김새] 카테고리에서 `안녕! 을(를) 4 초 동안 말하기` 블록 2개를 가져와서 조립합니다. '안녕'을 각각 '직렬 연결은 전지 여러 개를 서로 다른 극끼리 한 길로 연결하는 방법이에요.', '전지가 많아질수록 전구가 밝습니다.' 로 변경합니다.

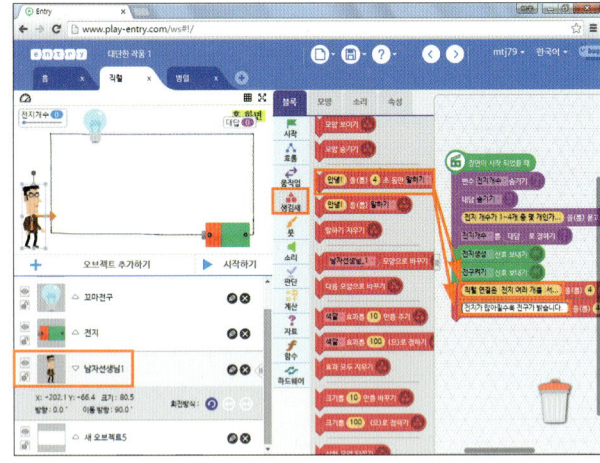

병렬 연결에서 전지개수에 따른 전구 밝기   Step 05

01 » [직렬] 장면의 오브젝트 목록에서 각각의 오브젝트 위에서 마우스 오른쪽 버튼을 클릭하고 [복사하기]를 선택한 후 [병렬] 장면의 오브젝트 목록에서 마우스 오른쪽 버튼을 클릭하여 [붙여넣기]를 선택합니다. 복사되면서 오브젝트의 블록까지 함께 붙여넣기 됩니다.

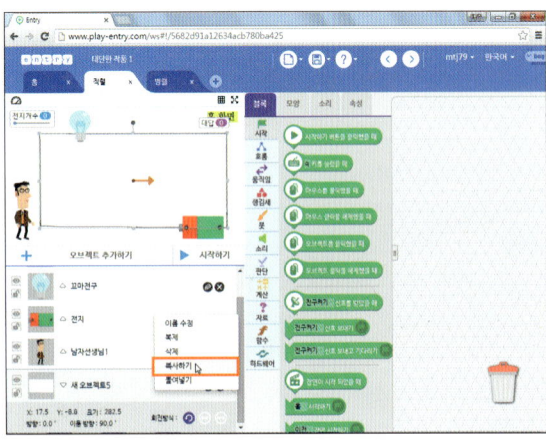
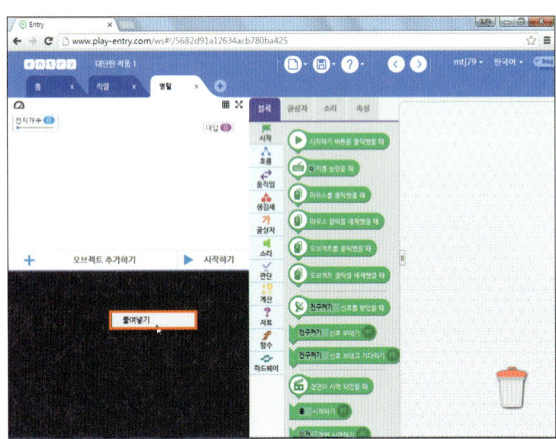

02 >> 전선의 오른쪽 부분에 그림판에서 새로 전선을 그려서 새 오브젝트를 추가합니다. '전지1' 오브젝트를 선택하여 전지를 오른쪽 새로 그린 전선 위로 옮긴 후 방향점을 시계 방향으로 90° 회전합니다.

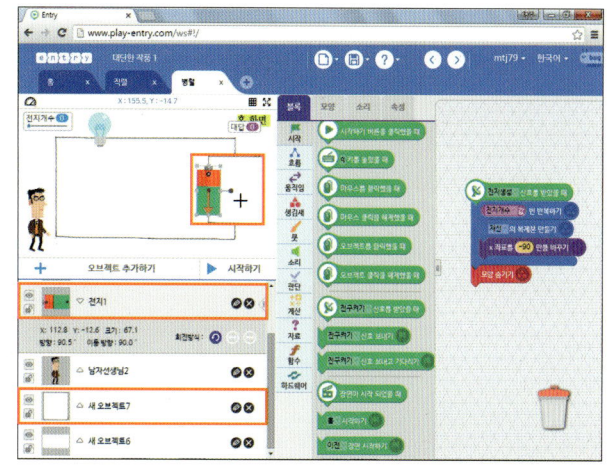

[오브젝트 추가하기] – [새로 그리기] 탭을 클릭하거나 블록 꾸러미의 [모양] 탭을 클릭하여 그림판을 불러온 후 전선을 그리고 저장합니다.

03 >> 오브젝트가 복사되면서 블록 조립까지 모두 복사되어 있습니다. `x좌표를 -90 만큼 바꾸기` 블록의 '-90'을 '100'으로 변경합니다.

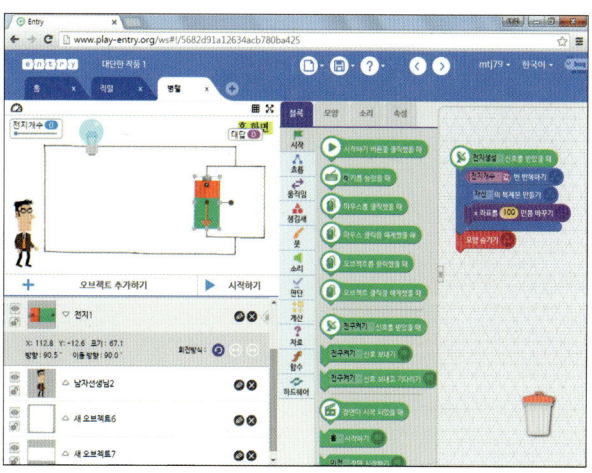

새로 그린 전선의 왼쪽 세로줄 x 좌표는 '112'인데, 오른쪽 세로줄의 x 좌표는 '212'이므로, x 좌표를 '100' 이동하면 전선의 세로줄에 전지 하나를 더 생성할 수 있습니다.

04 >> '남자선생님2' 오브젝트를 선택한 후 `전지 개수가 1~4개 중 몇 개입니... 을(를) 묻고 대답 기다리기` 블록의 전지 개수를 '1~2개'로 변경합니다.

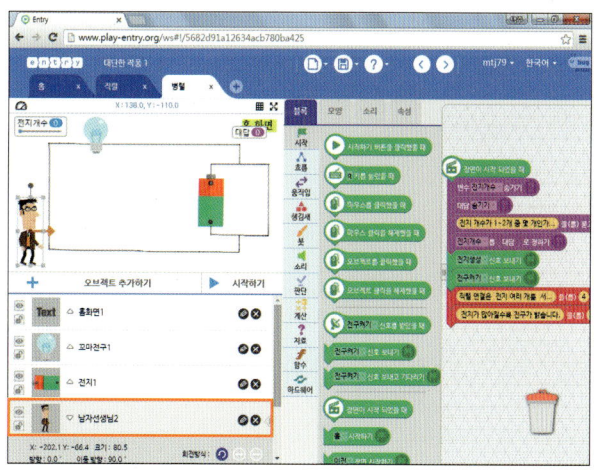

05 >> '꼬마전구1' 오브젝트를 선택한 후 블록 조립소에서 ![블록] 블록을 ![블록] 블록으로 변경합니다.

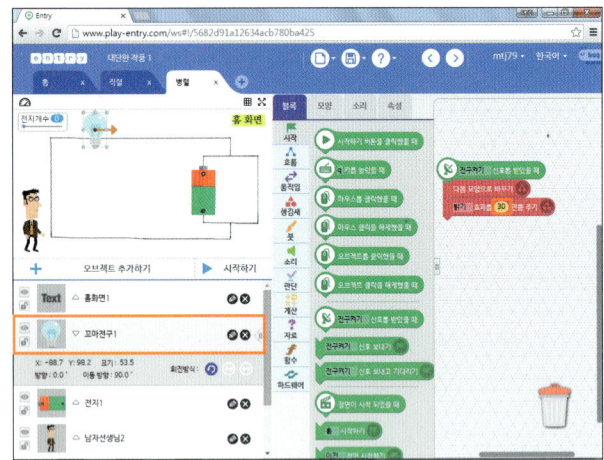

06 >> '남자선생님2' 오브젝트를 선택하여 말하기 블록에 병렬 연결의 특징을 입력합니다.

> 병렬로 전지를 연결했을 때 전지 하나만 연결하고, 한쪽은 전선으로 연결해도 전구에 불이 들어옵니다.

07 >> [시작하기] 버튼을 클릭하여 직렬 연결과 병렬 연결 실험을 통해 전구의 밝기를 비교해봅니다.

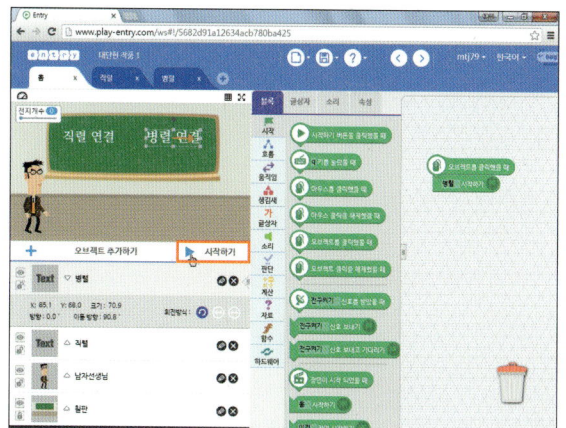 

08 >> 실행 화면의 홈 화면에 전지개수가 보이므로, '남자선생님' 오브젝트를 선택한 후 [자료] 카테고리에서 변수 전지개수 숨기기 블록을 가져가서 조립합니다. [시작하기] 버튼을 클릭하여 다시 한 번 확인한 후 제목을 변경하고, - [저장하기]를 클릭하여 저장합니다.

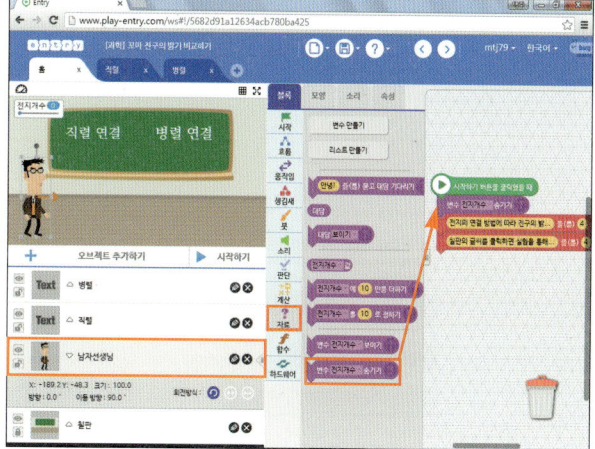

학습정리

❶ 그림판 : [오브젝트 추가하기] - [새로 그리기] 탭을 클릭하거나 블록 꾸러미의 [모양] 탭을 클릭하면 그림을 그릴 수 있는 그림판을 불러올 수 있습니다.

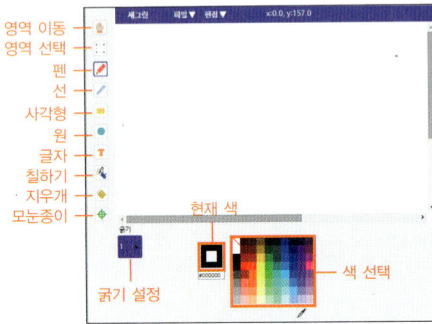

❷ [움직임] 카테고리의 [이동] 블록(오브젝트의 중심점이 기준)
- `x: 10 위치로 이동하기` : 오브젝트가 입력한 x 좌표로 이동합니다.
- `y: 10 위치로 이동하기` : 오브젝트가 입력한 y 좌표로 이동합니다.
- `x: 0 y: 0 위치로 이동하기` : 오브젝트가 입력한 x와 y 좌표로 이동합니다.
- `2 초 동안 x: 10 y: 10 위치로 이동하기` : 오브젝트가 입력한 시간에 걸쳐 지정한 x, y 좌표로 이동합니다.
- `엔트리봇 위치로 이동하기` : 오브젝트가 선택한 오브젝트 또는 마우스 포인터의 위치로 이동합니다.
- `2 초 동안 엔트리봇 위치로 이동하기` : 오브젝트가 입력한 시간에 걸쳐 선택한 오브젝트 또는 마우스 포인터의 위치로 이동합니다.

❸ [생김새] 카테고리의 [색깔/밝기/투명도] 블록
- `색깔 효과를 10 만큼 주기` : 오브젝트에 색깔 효과를 입력한 값만큼 줍니다(0~100을 주기로 반복됨).
- `밝기 효과를 10 만큼 주기` : 오브젝트에 밝기 효과를 입력한 값만큼 줍니다(-100~100 사이의 범위, -100 이하는 -100으로 100 이상은 100으로 처리 됨).
- `투명도 효과를 10 만큼 주기` : 오브젝트에 투명도 효과를 입력한 값만큼 줍니다(0~100 사이의 범위, 0이하는 0으로, 100 이상은 100으로 처리됨).
- `색깔 효과를 100 (으)로 정하기` : 오브젝트의 색깔 효과를 입력한 값으로 정합니다(0~100을 주기로 반복됨).

• 퀴즈 및 실습 문제 •

01 엔트리의 그림판을 사용하려면 블록 꾸러미 중 어떤 탭을 클릭해야 합니까? (   )
① 블록   ② 모양
③ 소리   ④ 속성

02 엔트리 그림판 도구 중 반듯한 선을 그릴 때 사용하는 것은 어느 것입니까? (   )

03 오브젝트가 입력한 x와 y 좌표로 이동할 때 필요한 블록은 어느 것입니까? (   )

04 스위치를 누르면 방 안의 전등에 불이 들어오게 만드세요.
(웹 주소 : http://goo.gl/LarxiU)

- 오브젝트 : '초록방', '전등(1)', '스위치(2)' 추가하기
- 신호 : 'on' 추가하기

▲ 실행 화면

정답
1. ② 2. ② 3. ③
4. ① 상단 메뉴 중 🅔 – [새로 만들기]를 클릭하여 새 작품을 만듭니다.
② [오브젝트 추가하기]를 클릭한 후 [라이브러리] 탭을 클릭하고, '초록방', '전등(1)', '스위치(2)'를 각각 불러옵니다.
③ '스위치(2)' 오브젝트를 선택한 후 [시작] 카테고리에서 [　　] 블록을 블록 조립소로 가져온 후 [　　] 블록을 가져와서 조립합니다.
④ '전등(1)' 오브젝트를 선택한 후 [시작] 카테고리에서 [　　] 블록을 블록 조립소로 가져옵니다.
⑤ [생김새] 카테고리에서 [　　] 블록을 드래그하여 블록 조립소로 가져가서 조립합니다.

Section 10

[영어] 단어 게임

발음을 듣고, 입력한 단어가 맞으면 점수가 10점씩 올라가는 게임을 만들 수 있습니다. 틀리면 0점 처리가 되어서 게임이 끝나면 몇 점인지 알 수 있습니다. 소리 파일을 업로드하고, 점수 변수를 활용하여 영어 게임을 만들어보겠습니다.

Section 06　Section 07　Section 08　Section 09　**Section 10**

| 예제 파일 | 개.mp3, 고양이.mp3, 곰.mp3, 돼지.mp3, 뱀.mp3, 사자.mp3, 여우.mp3, 코끼리.mp3, 토끼.mp3, 호랑이.mp3
| 웹 주소 | http://goo.gl/IPUwr9

영어 발음 추가하기 Step 01

01 》》 새 작품을 만든 후 '엔트리봇' 오브젝트를 삭제합니다. [오브젝트 추가하기]를 클릭한 후 [라이브러리 선택] 탭 - [배경]에서 '초원(1)'에 체크 표시하고, [동물]에서 '강아지'에 체크 표시한 후 [적용하기] 단추를 클릭합니다.

02 》》 배경으로 '초원(1)'과 '강아지' 오브젝트가 실행 화면에 나타납니다. '강아지' 오브젝트를 선택한 후 크기를 조절하고 드래그하여 알맞은 곳에 위치시킵니다.

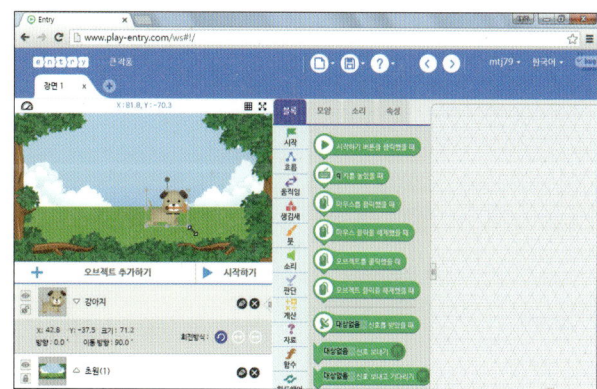

03 》》 블록 꾸러미의 [소리] 탭을 클릭한 후 [소리 추가] 버튼을 클릭합니다. [소리 추가] 창에서 [파일 업로드] 탭을 클릭한 후 🔼를 클릭합니다.

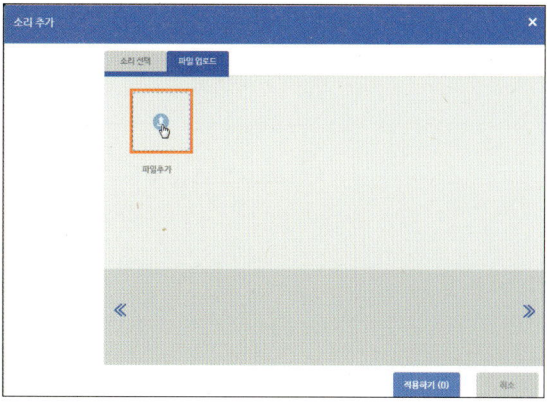

169

[소리] 탭

오브젝트가 낼 소리를 관리하는 탭입니다. 새롭게 소리를 추가할 수도 있고, 이미 추가된 소리들을 재생 버튼을 이용해서 바로 들어볼 수도 있습니다.

04 » [열기] 대화 상자에서 '개.mp3, 고양이.mp3, 곰.mp3, 돼지.mp3, 뱀.mp3, 사자.mp3, 여우.mp3, 코끼리.mp3, 토끼.mp3, 호랑이.mp3'을 모두 선택한 후 [열기] 버튼을 클릭합니다. 각각의 소리 파일에 모두 체크 표시한 후 [적용하기] 단추를 클릭합니다.

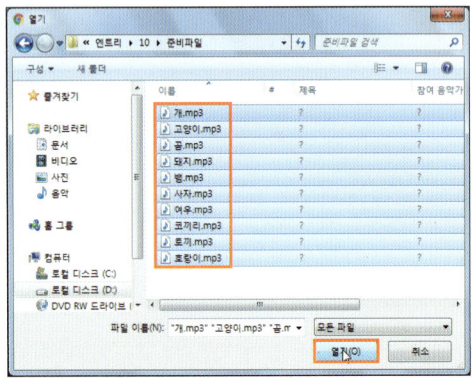
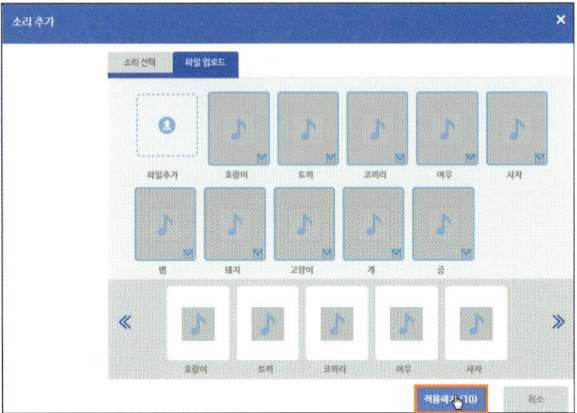

05 » 블록 꾸러미의 [소리] 탭에 소리들이 추가되었습니다.

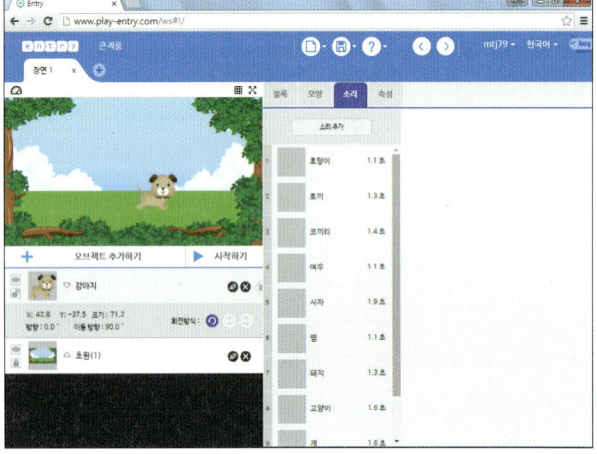

소리 듣고 정답 입력하기   Step 02

01 » 발음을 듣고 단어를 입력할 수 있는 블록을 조립하기 위해 먼저 [시작] 카테고리에서 `시작하기 버튼을 클릭했을 때` 블록을 드래그하여 블록 조립소로 가져온 후 [소리] 카테고리에서 `소리 호랑이 재생하기` 블록을 드래그하여 조립한 후 '호랑이'를 '개'로 변경합니다.

02 » [블록] 탭에서 [자료] 카테고리를 클릭한 후 `안녕! 을(를) 묻고 대답 기다리기` 블록을 가져와서 조립합니다. '안녕!' 부분을 '소리를 듣고 단어의 이름을 쓰세요.(단, 소문자로 쓰세요.)'라고 입력합니다.

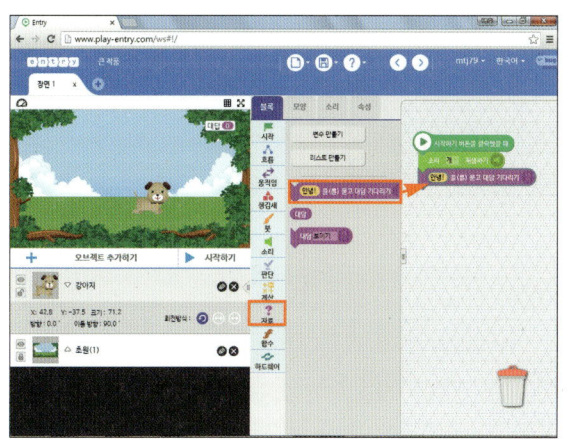 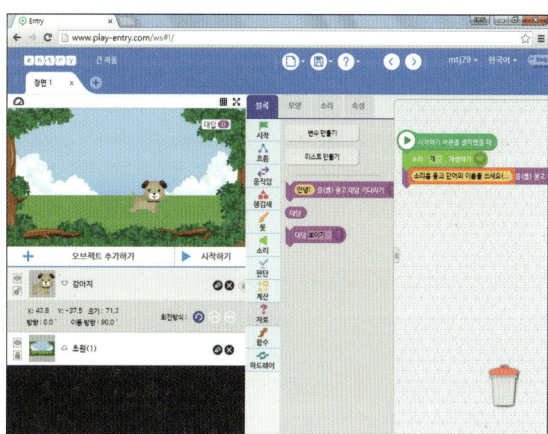

> 발음을 듣고, 질문을 한 후 대답을 입력할 수 있게 묻고 기다리기 블록을 조립합니다. 대소문자를 구별해서 정답을 체크해야 하므로, 소문자로만 입력하라고 안내합니다.

03 〉〉 질문에 대한 대답이 정답일 때와 오답일 때를 설정하기 위해 [흐름] 카테고리에서 ![만일 참 이라면 아니면] 블록을 드래그하여 블록 조립소에서 조립합니다.

04 〉〉 [판단] 카테고리에서 ![10 = 10] 블록을 블록 조립소의 ![만일 참 이라면] 블록의 '참' 부분 위에 드래그하여 끼워 넣습니다.

05 〉〉 [자료] 카테고리에서 ![대답] 블록을 드래그하여 블록 조립소의 ![만일 10 = 10 이라면] 블록의 앞쪽 '10'에 끼워 넣고, 뒤쪽 '10'에는 정답인 'dog'를 입력합니다.

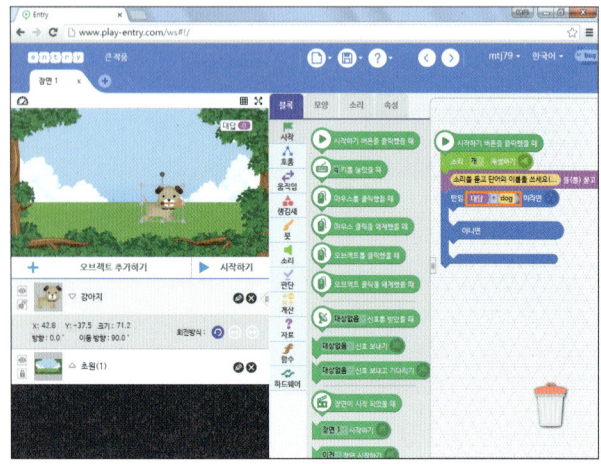

06 » 만일 대답 dog 이라면 블록 아래에 [생김새] 카테고리의 안녕! 을(를) 4 초 동안 말하기 블록을 가져와 끼워 넣은 후 '안녕'은 '축하합니다.'로, '4초'는 '2초'로 변경합니다.

점수 변수 만들고 모양 추가하기   Step 03

01 » 정답일 때 점수를 '10점'씩 더하기 위해서 먼저 변수를 만듭니다. [속성] 탭 - [변수] - [변수 추가]를 클릭한 후 변수 이름을 '점수'라고 입력하고 [확인] 버튼을 클릭합니다.

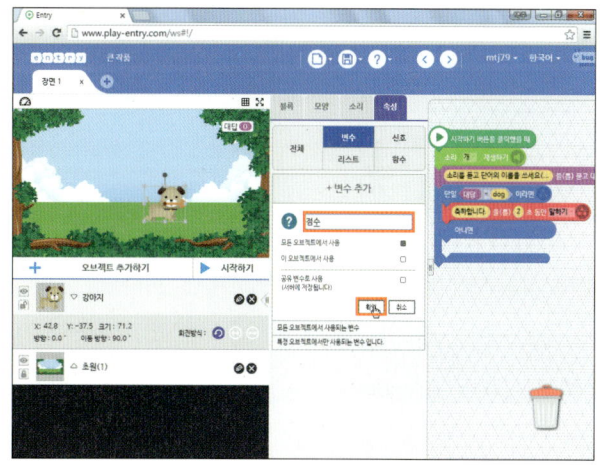

02 ›› ![score+10] 블록을 드래그하여 ![축하합니다 2초] 블록 아래에 끼워 넣습니다. 정답이 아닐 때는 ![아니면] 블록 아래에 ![안녕! 4초 말하기] 블록을 끼워 넣고, '안녕!'을 '틀렸습니다.'로, '4초'를 '2초'로 변경합니다.

03 ›› 블록 꾸러미에서 [모양] 탭을 클릭한 후 '강아지_2'를 선택하고, 마우스 오른쪽 버튼을 클릭하여 [삭제]를 클릭합니다. 모양을 추가하기 위해 [모양 추가] 버튼을 클릭합니다.

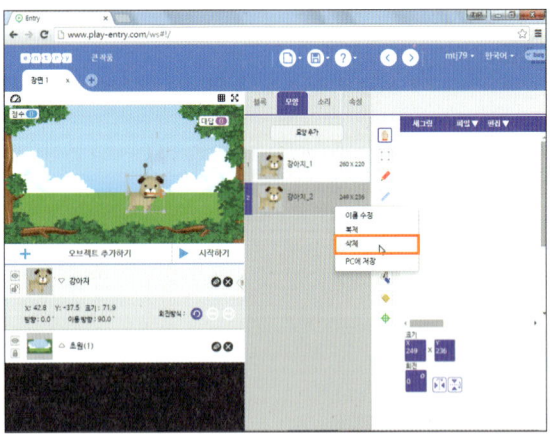
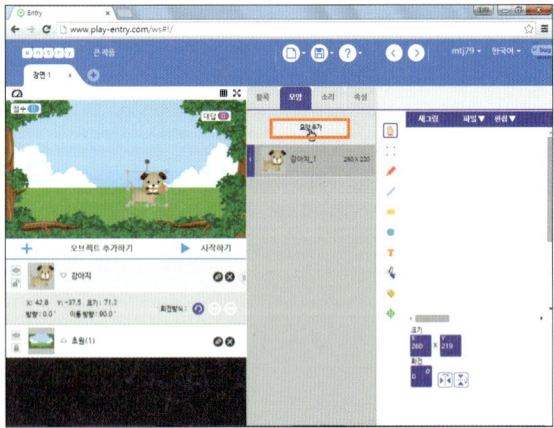

04 [모양 추가] 창의 [모양 선택] 탭 - [동물]과 [사람]에서 '고양이_1', '돼지_1', '뱀_1', '사자_1', '호랑이_1', '곰(1)_1', '여우_1', '코끼리_1', '우화-토끼_1', '여자아이(1)_1'을 각각 선택하여 체크 표시한 후 [적용하기] 단추를 클릭합니다.

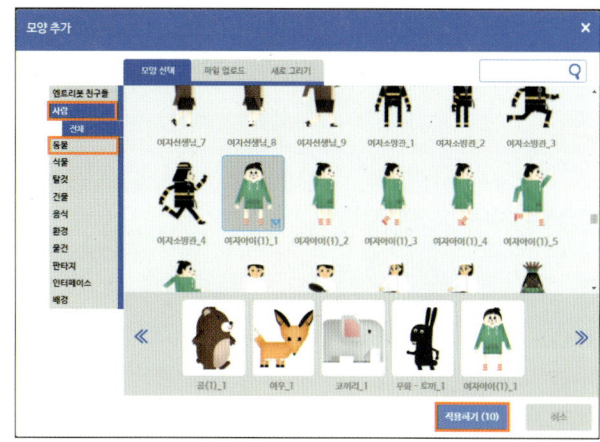

05 여러 모양이 한꺼번에 추가되었습니다. [블록] 탭을 클릭하여 [생김새] 카테고리에서 블록을 조립합니다. 그러면 강아지 다음 모양인 '고양이'로 변경되므로, 고양이에 관련된 문제를 내면 됩니다.

06 조립된 블록 중 상위 블록인 [소리 개 재생하기] 블록 위에서 마우스 오른쪽 버튼을 눌러서 [코드 복사 & 붙여넣기]를 클릭합니다. 조립된 블록이 한꺼번에 복제됩니다. 복제된 블록을 드래그하여 아래쪽에 조립합니다.

07 같은 방법으로 8번 더 복제하여 아래쪽에 차례대로 조립합니다. 소리 블록에서 각각의 동물 발음으로 선택한 후 [대답 = 동물단어] 부분의 동물 단어를 소문자로 해당 동물 단어로 변경합니다.

08 [생김새] 카테고리에서 [안녕! 을(를) 말하기] 블록을 드래그하여 조립한 후 '안녕' 부분에 [계산] 카테고리에서 [안녕! 과(와) 엔트리 를 합치기] 블록을 가져와서 조립합니다.

09 » 조립한 `안녕!` `과(와)` `엔트리` `를 합치기` 블록의 앞쪽 '안녕!'에는 [자료] 카테고리에서 `점수 값` 블록을 드래그하여 끼워 넣고, 뒤쪽 '엔트리' 부분은 '점입니다. 수고하셨습니다.'로 변경합니다.

· 영어 단어를 맞히면 10점씩 점수가 올라가는 게임입니다. 마지막 모양인 여자아이가 점수 합계를 말하는 블록 조립입니다.

10 » [시작하기] 버튼을 클릭합니다. 영어 단어 발음이 들리면 해당하는 단어를 소문자로 입력합니다. 끝까지 문제를 모두 풀면 점수가 표시됩니다. 모든 확인이 끝나면 제목을 변경하고, 🖫 - [저장하기]를 클릭하여 저장합니다.

학습정리

❶ 블록 꾸러미의 [소리] 탭
- 오브젝트가 낼 소리를 관리하는 탭입니다. 새롭게 소리를 추가할 수도 있고, 이미 추가된 소리들을 재생 버튼을 이용해서 바로 들어볼 수도 있습니다.

❷ [소리] 블록
- `소리 강아지 찾는소리 재생하기` : 해당 오브젝트가 선택한 소리를 재생하는 동시에 다음 블록을 실행합니다.
- `소리 강아지 찾는소리 1 초 재생하기` : 해당 오브젝트가 선택한 소리를 입력한 시간만큼만 재생하는 동시에 다음 블록을 실행합니다.
- `소리 강아지 찾는소리 1 초 부터 10 초까지 재생하기` : 해당 오브젝트가 선택한 소리를 입력한 시간 부분만을 재생하는 동시에 다음 블록을 실행합니다.
- `소리 강아지 찾는소리 재생하고 기다리기` : 해당 오브젝트가 선택한 소리를 재생하고, 소리 재생이 끝나면 다음 블록을 실행합니다.
- `모든 소리 멈추기` : 현재 재생 중인 모든 소리를 멈춥니다.

❸ 변수

변수를 만들 때에는 변수의 사용 범위를 결정해야 하며, 이는 추후에 변경이 불가능합니다.

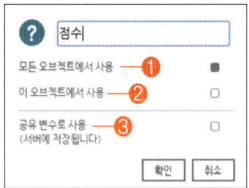

① 모든 오브젝트에서 사용 : 해당 변수를 모든 오브젝트에서 사용할 수 있습니다.

② 이 오브젝트에서 사용 : 해당 변수를 현재 선택한 오브젝트에서만 사용할 수 있습니다. 이 변수는 특히 '복제본'을 만들어 복제본마다 다른 행동을 하게 할 때 유용하게 사용할 수 있습니다.

③ 공유 변수로 사용 : 엔트리에서는 실행 화면을 정지하면 모든 변수의 값이 기본값으로 돌아갑니다. 그러나 '공유 변수'를 사용하면 '정지하기'를 누른 순간에 마지막에 변수에 들어있던 값이 저장됩니다. 이 기능을 사용하면 내 작품을 공유했을 때 다른 사람이 남긴 결과물들이 저장되어 더 재미있는 작품들을 만들어 낼 수 있습니다.

퀴즈 및 실습 문제

01 블록 꾸러미 탭 중에서 이미 추가된 소리들을 재생 버튼을 이용해서 바로 들어볼 수도 있는 것은 어느 것입니까? (   )

① 블록　　　② 모양　　　③ 소리　　　④ 속성

02 변수를 만들 때에는 변수의 사용 범위를 결정해야 하는데, 복제본을 만들어 복제본마다 다른 행동을 하게 할 때 유용하게 사용하려면 어떤 것을 선택해야 합니까? (   )

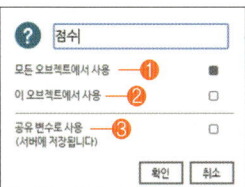

03 해당 오브젝트가 선택한 소리를 재생하고, 소리 재생이 끝나면 다음 블록을 실행하려면 다음 중 어느 것을 사용해야 합니까? (   )

① 소리 강아지 짖는소리 재생하기
② 소리 강아지 짖는소리 1 초 재생하기
③ 소리 강아지 짖는소리 1 초 부터 10 초까지 재생하기
④ 소리 강아지 짖는소리 재생하고 기다리기

04 실행 화면에서 '과일' 오브젝트를 클릭하면 발음과 함께 철자와 뜻이 동시에 나오게 만드세요. (웹 주소 : http://goo.gl/CAx8ND)

- 준비파일 : 사과.mp3, 수박.mp3, 바나나.mp3
- 오브젝트 : '들판(4)', '사과', '수박', '바나나' 추가하기
- 오브젝트를 클릭했을 때 발음이 들리고, 철자와 뜻이 나타나게 블록 조립합니다.

▲ 블록 조립소

▲ 실행 화면

정답

1. ③　2. ②　3. ④
4. ① 상단 메뉴 중 [아이콘] – [새로 만들기]를 클릭하여 새 작품을 만듭니다.
② '엔트리봇' 오브젝트를 삭제한 후 [오브젝트 추가하기]를 클릭한 후 [라이브러리] 탭을 클릭하고, '들판(4)', '사과', '수박', '바나나'에 체크 표시한 후 [적용하기] 단추를 클릭합니다.
③ '사과' 오브젝트를 클릭한 후 블록 꾸러미의 [소리] 탭 – [소리 추가] 버튼을 클릭하고, [파일 업로드] 탭을 클릭한 후 [아이콘]을 클릭하여, '사과.mp3'를 불러옵니다.
④ [블록] 탭에서 [시작] 카테고리에서 [오브젝트를 클릭했을 때] 블록을 블록 조립소로 가져온 후 [소리] 카테고리에서 [소리 사과 재생하기] 블록을 블록 조립소로 가져와 조립합니다.
⑤ [생김새] 카테고리에서 [안녕 을(를) 4 초 동안 말하기] 블록을 가져와서 조립한 후 '안녕'을 'apple(사과)'로 변경하고 '4초'는 '2초'로 변경합니다.
⑥ '바나나', '수박' 오브젝트도 같은 방법으로 블록을 조립합니다.

학 교 에 서 통 하 는 Entry

Chapter 03

Section 11   [실과] 쓰레기 분리수거 게임
Section 12   [미술] 연필로 그림 그리고 공유하기
Section 13   [음악] 피아노건반 연주하기
Section 14   [체육] 운동회 사진 보기
Section 15   [도덕] 법과 규칙 문제 풀기

엔트리 수업에 바로 활용하기 2

블록 코딩으로 게임을 만들 수도 있고, 사진 앨범 보기, 리스트 기능을 사용하면 객관식 문제도 풀어볼 수 있습니다. 다양한 작품을 만드는데 그치지 않고, 나의 학급을 만들고, 강의 만들기를 통해 학생들과 소통하면서 학생들의 작품도 공유할 수 있습니다. 더 많은 작품을 만들어보고, 만든 엔트리 작품을 학생들과 공유하는 방법까지 알아보겠습니다.

Section 11

[실과] 쓰레기 분리수거 게임

쓰레기 종류에 따라 분리해서 버려야 쓰레기를 재활용할 수 있습니다. 쓰레기 분리수거 게임을 통해 쓰레기를 제대로 잘 분리해서 버리면 점수가 올라갈 수 있는 게임을 통해 공부해 볼 수 있습니다. 무작위로 쓰레기 모양이 변하면 방향키를 사용해서 알맞은 분리수거함에 버리는 게임을 만들어보겠습니다.

Section 11 | Section 12 | Section 13 | Section 14 | Section 15

| 웹 주소 | http://goo.gl/nxBzDj

'분리수거함' 오브젝트 복제하고, 모양 추가하기 Step 01

01» 새 작품를 만든 후 '엔트리봇' 오브젝트를 삭제합니다. [오브젝트 추가하기]를 클릭한 후 [라이브러리 선택] 탭 – [배경]에서 '잔디밭'에 체크 표시하고, [물건]에서 '신문지묶음', '분리수거함'에 체크 표시한 후 [적용하기] 단추를 클릭합니다.

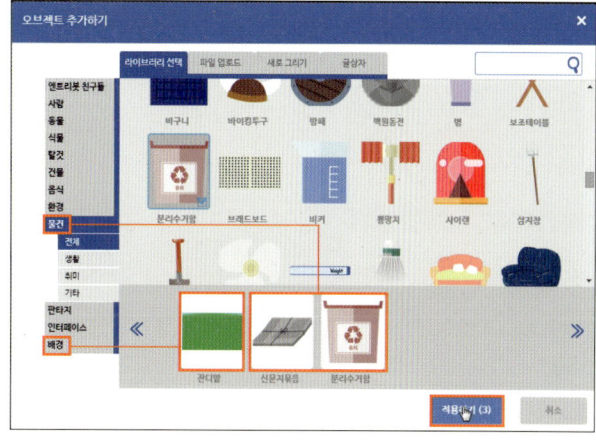

02» '분리수거함'은 아래쪽 가운데에 위치시키고, 크기는 좀 더 작게 조절합니다. 위쪽 가운데에는 '신문지묶음'을 배치하고, 크기를 더 작게 조절합니다.

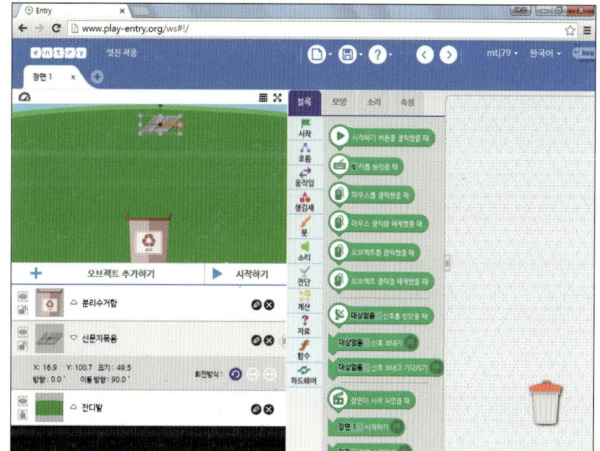

183

Chapter 03 엔트리 수업에 바로 활용하기 2

03 ▶▶ 오브젝트 목록 중 '분리수거함' 오브젝트 위에서 마우스 오른쪽 버튼을 클릭한 후 [복제]를 선택합니다. 복제한 '분리수거함1' 오브젝트를 드래그하여 분리수거함 옆에 배치하고, [모양] 탭을 클릭하여 분리수거함 모양 중 2번인 '분리수거함_종이'를 선택합니다.

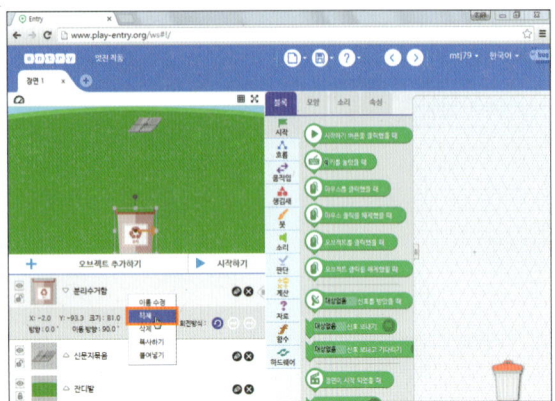 

04 ▶▶ 분리수거함을 2개 더 복제하여 '분리수거함2', '분리수거함3' 오브젝트를 추가하고, 모양은 3번, 4번 모양으로 변경한 후 다음처럼 배치합니다.

05 ▶▶ 실행 화면에서 '신문지묶음' 오브젝트를 선택한 후 [모양] 탭에서 [모양 추가] 버튼을 클릭합니다. [모양 선택] 탭 - [물건]을 클릭한 후, '비커_빈', '빈플라스틱병_1', '찌그러진캔_1'에 체크 표시한 후 [적용하기] 단추를 클릭합니다.

 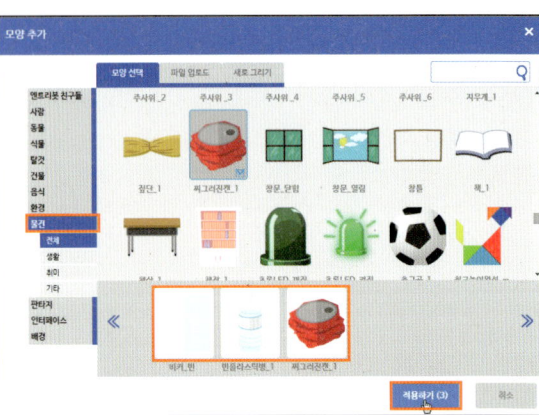

무작위로 쓰레기 모양 변경하기   Step 02

01 ›› '신문지묶음' 오브젝트를 선택한 후 블록 꾸러미의 [블록] 탭을 클릭하고, [시작] 카테고리에서 블록을 블록 조립소로 가져온 후 [흐름] 카테고리에서 블록을 조립하고, 블록을 가져와 끼워 넣은 후 '3초'로 변경합니다.

02 ›› 블록 아래에 [생김새] 카테고리의 블록을 드래그하여 조립합니다.

Chapter 03 엔트리 수업에 바로 활용하기 2

03 [계산] 카테고리에서 `0 부터 10 사이의 무작위 수` 블록을 `신문지묶은것_1 모양으로 바꾸기` 블록의 '신문지묶은것_1' 위로 드래그하여 끼워 넣습니다. 쓰레기 모양을 무작위로 변경할 것이므로, '0부터 10사이' 를 '1부터 4사이' 로 변경합니다.

> 신문지묶음 모양에 추가한 빈 비커, 빈플라스틱병, 찌그러진캔까지 4가지 모양 중에서 1가지 모양으로 무작위로 보여줍니다.

04 [움직임] 카테고리에서 `x: 0 y: 0 위치로 이동하기` 블록을 드래그하여 `1 부터 4 사이의 무작위 수 모양으로 바꾸기` 블록 아래에 조립합니다. 위쪽 가운데 위치로 조정하기 위해 `x: 0 y: 0 위치로 이동하기` 블록의 y값을 '90' 으로 변경하고, [생김새] 카테고리에서 `모양 보이기` 블록을 가져와 조립합니다.

방향키로 쓰레기 모양 움직이게 조립하기 　Step 03

01 〉〉 [시작] 카테고리에서 `시작하기 버튼을 클릭했을 때` 블록을 블록 조립소로 가져온 후 [흐름] 카테고리에서 `계속 반복하기` 블록을 조립하고, `만일 참 이라면` 블록을 가져와 끼워 넣습니다.

02 〉〉 `만일 참 이라면` 블록의 '참' 부분에 [판단] 카테고리에서 `q 키가 눌러져 있는가?` 블록을 가져와서 끼워 넣고, 'q' 부분을 클릭하여 키보드에서 ➡를 누릅니다.

03 〉〉 오른쪽 화살표 블록 사이에는 [움직임] 카테고리에서 `x 좌표를 10 만큼 바꾸기` 블록을 드래그하여 넣습니다. 같은 방법으로 왼쪽 화살표 블록에는 `x 좌표를 -10 만큼 바꾸기` 블록을, 아래쪽 화살표 블록에는 `y 좌표를 -10 만큼 바꾸기` 블록으로 변경하여 조립합니다.

쓰레기를 분리수거함에 넣고 점수 올리기   Step 04

01 〉〉 [속성] 탭 – [변수] – [변수 추가]를 클릭한 후 변수 이름을 '점수'라고 입력하고 [확인] 버튼을 클릭합니다.

02 〉〉 [시작] 카테고리에서 `시작하기 버튼을 클릭했을 때` 블록을 블록 조립소로 가져온 후 [흐름] 카테고리에서 `계속 반복하기` 블록을 조립하고, `만일 참 이라면` 블록을 가져와 끼워 넣습니다.

03 〉〉 `만일 참 이라면` 블록의 '참' 위에 [판단] 카테고리에서 `마우스포인터 에 닿았는가?` 블록을 드래그하여 끼워 넣고, '마우스포인터'를 '분리수거함'으로 변경합니다.

Section 11 [실과] 쓰레기 분리수거 게임

04 ▶▶ [흐름] 카테고리에서 `만일 참 이라면` 블록을 가져와 조립하고, '참' 위에 [판단] 카테고리에서 `10 = 10` 블록을 가져와 끼워 넣습니다. 앞쪽 '10'에 [계산] 카테고리에서 `분리수거함3 의 x 좌푯값` 블록을 끼워 넣고, '분리수거함3' 부분은 '신문지묶음'으로, 뒤쪽 '10'은 '2'로 입력합니다.

 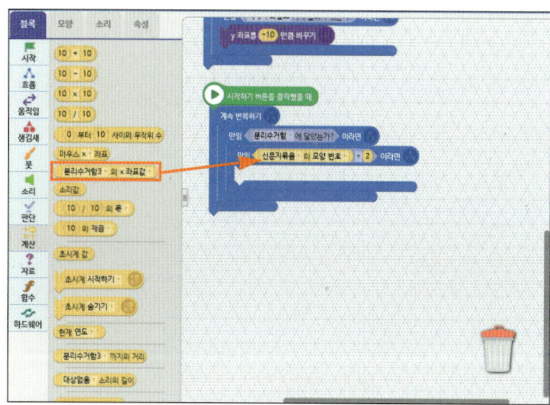

> 분리수거함은 '유리'를 담는 함입니다. 따라서 [모양] 탭에 추가한 모양을 살펴보면 2번 모양이 빈 비커로 유리입니다. '신문지묶음의 모양번호=2'라고 설정해야 분리수거함에 유리에 해당하는 빈 비커가 닿을 때 점수가 올라가게 설정할 수 있습니다.

05 ▶▶ 분리수거함에 '2'번인 빈 비커가 닿았을 때 점수가 10점 올라가도록 [자료] 카테고리에서 `점수 에 10 만큼 더하기` 블록을 가져와 조립합니다.

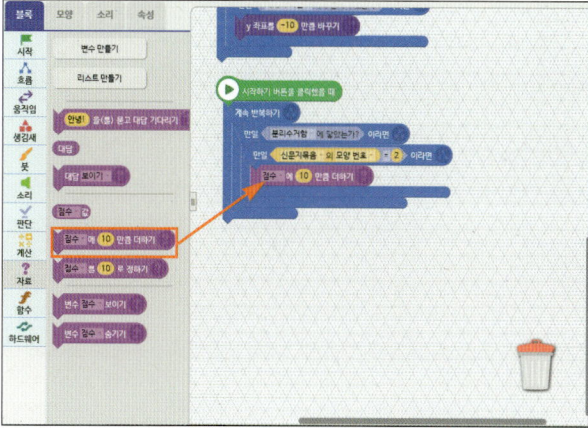

189

06 » 분리수거함 닿았을 때 점수 올리기 블록 꾸러미 위에서 마우스 오른쪽 버튼을 클릭하여 [코드 복사 & 붙여넣기]를 선택합니다. 복제된 블록 꾸러미를 아래쪽에 배치한 후 '분리수거함'은 '분리수거함1'로, '분리수거함1'은 종이이므로 '신문지묶음의 모양번호=1'로 변경합니다.

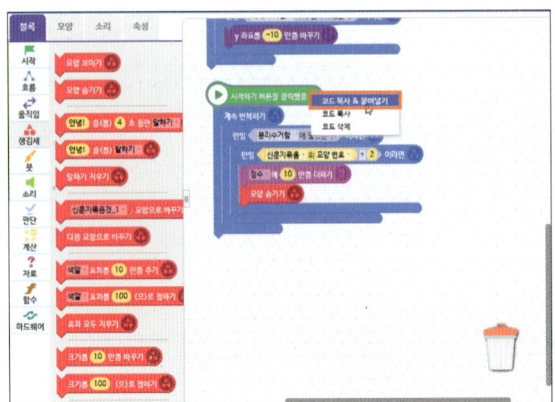 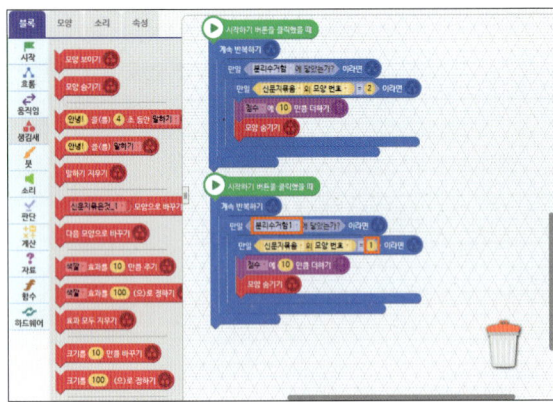

07 » 같은 방법으로 분리수거함 닿았을 때 점수 올리기 블록 꾸러미를 2개 더 복제한 후 '분리수거함2'는 '신문지묶음의 모양번호=3'과 '분리수거함3'은 '신문지묶음의 모양번호=4'로 각각 변경합니다.

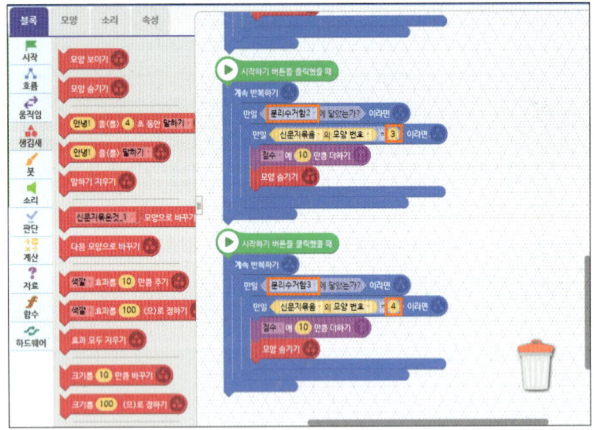

Section 11 [실과] 쓰레기 분리수거 게임

초시계 설정하고 글상자로 게임 방법 설명하기　Step 05

■ **초시계 만들기**

01 ▷▷ '잔디밭' 오브젝트를 선택하고, [시작] 카테고리에서 블록을 드래그하여 블록 조립소로 가져옵니다. [계산] 카테고리에서 블록을 가져와서 조립한 후 [흐름] 카테고리에서 블록을 가져와서 조립합니다. '참' 부분에 [판단] 카테고리에서 블록을 가져와서 끼워 넣습니다.

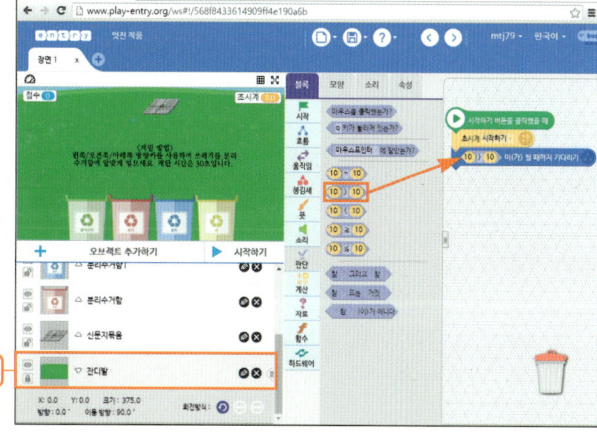

잔디밭 오브젝트 클릭

02 ▷▷ 블록의 앞쪽 '10'에 [계산] 카테고리에서 블록을 드래그하여 끼워 넣고, 뒤쪽 '10'은 '30'으로 입력합니다. 블록을 드래그하여 조립한 후 '시작하기'를 '정지하기'로 변경합니다.

03 〉〉 [흐름] 카테고리에서 블록을 드래그하여 조립합니다.

04 〉〉 실행 화면에서 점수 창과 초시계 창을 드래그하여 높이를 맞춰 줍니다.

■ 글상자로 게임 방법 설명하기

01 » 게임을 시작하기 전에 게임 방법을 볼 수 있게 [오브젝트 추가하기]를 클릭합니다. [글상자] 탭을 클릭하고, 아래쪽의 를 클릭한 후 입력 창에 게임 방법을 입력합니다. 글꼴은 바탕체, 글꼴색은 검정색, 음영색은 색 없음으로 설정하고 [적용하기] 단추를 클릭합니다.

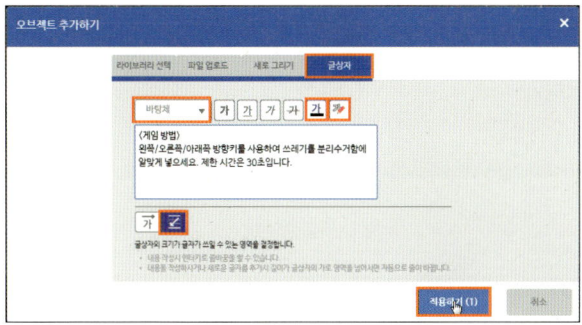

02 » 글자 크기가 너무 커서 크기 조절점을 드래그해도 글자 크기는 조절되지 않습니다. 블록 꾸러미에서 [글상자] 탭을 클릭하면 입력한 내용도 바꿀 수 있고, 글상자를 편집할 수 있습니다. 글자 크기의 슬라이드 바를 왼쪽으로 드래그하여 글자 크기를 줄여줍니다.

03 » '글상자' 오브젝트를 선택하고, [시작] 카테고리에서 ![시작하기 버튼을 클릭했을 때] 블록을 드래그하여 블록 조립소로 가져옵니다. 시작 전에 게임 방법을 읽고, 바로 게임을 할 수 있게 [글상자] 카테고리에서 ![텍스트 모두 지우기] 블록을 가져와서 조립합니다.

Chapter 03 엔트리 수업에 바로 활용하기 2

04 [시작하기] 버튼을 클릭하여 쓰레기 종류를 구분하여 분리수거함에 넣는 게임을 합니다. 30초 동안 게임이 진행되고, 획득한 점수를 확인할 수 있습니다.

05 쓰레기 분리수거 게임을 완료하였으면 제목을 변경한 후 [💾] - [저장하기]를 클릭하여 저장합니다.

학습정리

❶ 모양 추가하기
- 블록 꾸러미의 [모양] 탭을 클릭한 후 [모양 추가] 버튼을 클릭합니다.
- [라이브러리] 탭에서 원하는 모양을 선택한 후 [적용하기] 단추를 클릭합니다.
- [모양] 탭에 추가한 목록이 나타납니다. 모양의 번호나 이름을 활용하여 작품 실행 중 모양을 바꿀 수 있습니다.

❷ [계산] 카테고리의 [초시계] 블록
- `초시계 값` : 이 블록이 실행되는 순간 초시계에 저장된 값입니다.
- `초시계 시작하기` : 초시계를 시작합니다.
- `초시계 정지하기` : 초시계를 정지합니다.
- `초시계 초기화하기` : 초시계의 값을 0으로 초기화합니다.
- `초시계 숨기기` : 초시계 창을 화면에서 숨깁니다.
- `초시계 보이기` : 초시계 창을 화면에서 보이게 합니다.

❸ [글상자] 블록
- `엔트리` : 글상자의 내용을 의미합니다.
- `엔트리 라고 글쓰기` : 글상자의 내용을 입력한 값으로 고쳐씁니다.
- `엔트리 라고 뒤에 이어쓰기` : 글상자의 내용 뒤에 입력한 값을 추가합니다.
- `엔트리 라고 앞에 추가하기` : 글상자의 내용 앞에 입력한 값을 추가합니다.
- `텍스트 모두 지우기` : 글상자에 저장된 값을 모두 지웁니다.

❹ [판단] 블록
- `마우스를 클릭했는가?` : 마우스를 클릭한 경우 '참'으로 판단합니다.
- `q 키가 눌려져 있는가?` : 선택한 키가 눌려져 있는 경우 '참'으로 판단합니다.
- `마우스포인터 에 닿았는가?` : 해당 오브젝트가 선택한 항목과 닿은 경우 '참'으로 판단합니다.

• 퀴즈 및 실습 문제 •

01 오브젝트를 복제하는 방법을 순서대로 번호를 쓰세요.
- 오브젝트 목록에서 복제할 오브젝트를 선택합니다. (   )
- 오브젝트 목록 위에서 마우스 오른쪽 버튼을 클릭한 후 [붙여넣기]를 선택합니다. (   )
- 오브젝트 위에서 마우스 오른쪽 버튼을 클릭한 후 [복제]를 선택합니다. (   )

02 초시계의 값을 0으로 하려면 어떤 블록이 필요합니까? (   )

03 다음 중 글상자 블록은 어느 것입니까? (   )

04 엔트리봇이 운동장에서 달리기하게 만드세요. 오른쪽 벽에 닿으면 처음 위치로 와서 다시 달리게 하세요. (웹 주소 : http://goo.gl/1hoUIB)

- 오브젝트 : '운동장' 추가
- x 좌표로 5만큼 움직이고, 오른쪽벽에 닿으면 x : -200 위치로 이동합니다.
- 0.2초마다 엔트리봇이 다음 모양으로 바뀝니다.

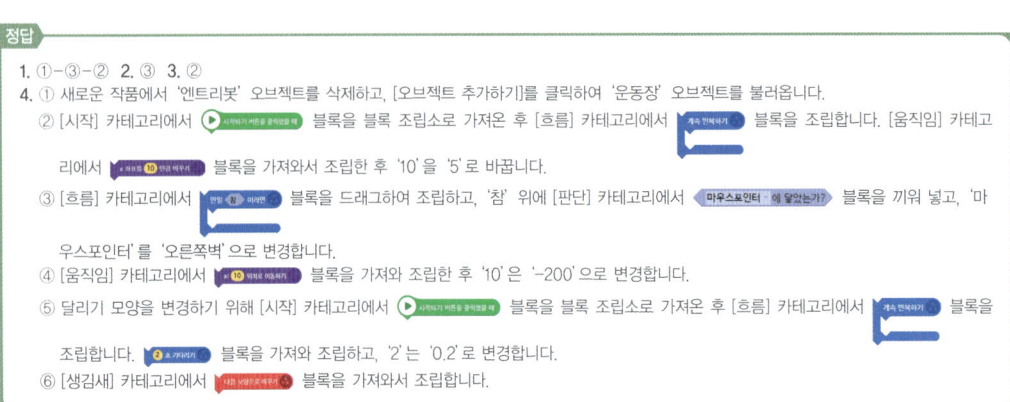

▲ 블록 조립소   ▲ 실행 화면

정답

1. ①-③-② 2. ③ 3. ②
4. ① 새로운 작품에서 '엔트리봇' 오브젝트를 삭제하고, [오브젝트 추가하기]를 클릭하여 '운동장' 오브젝트를 불러옵니다.
② [시작] 카테고리에서 [시작하기 버튼을 클릭했을 때] 블록을 블록 조립소로 가져온 후 [흐름] 카테고리에서 [계속 반복하기] 블록을 조립합니다. [움직임] 카테고리에서 [x 좌표를 10 만큼 바꾸기] 블록을 가져와서 조립한 후 '10'을 '5'로 바꿉니다.
③ [흐름] 카테고리에서 [만일 ~ 이라면] 블록을 드래그하여 조립하고, '참' 위에 [판단] 카테고리에서 [마우스포인터 에 닿았는가?] 블록을 끼워 넣고, '마우스포인터'를 '오른쪽벽'으로 변경합니다.
④ [움직임] 카테고리에서 [x: 10 위치로 이동하기] 블록을 가져와 조립한 후 '10'은 '-200'으로 변경합니다.
⑤ 달리기 모양을 변경하기 위해 [시작] 카테고리에서 [시작하기 버튼을 클릭했을 때] 블록을 블록 조립소로 가져온 후 [흐름] 카테고리에서 [계속 반복하기] 블록을 조립합니다. [2 초 기다리기] 블록을 가져와 조립하고, '2'는 '0.2'로 변경합니다.
⑥ [생김새] 카테고리에서 [다음 모양으로 바꾸기] 블록을 가져와서 조립합니다.

Section 12

[미술] 연필로 그림 그리고 공유하기

컴퓨터에서는 그래픽 프로그램을 통해 그림을 그리고 편집할 수 있는데, 엔트리에서는 붓과 신호 기능을 사용하여 그림판과 같은 프로그램을 만들 수 있습니다. 방향버튼에 신호를 사용하여 연필의 굵기를 다르게 하여 연필로 그림을 그리게 하고, 지우개로 한꺼번에 지울 수 있게 만들어보겠습니다.

Section 11 | **Section 12** | Section 13 | Section 14 | Section 15

| 웹 주소 | http://goo.gl/YLhbu3

연필로 그리기 Step 01

01 >> 새 작품를 만든 후 '엔트리봇' 오브젝트를 삭제하고, [오브젝트 추가하기]를 클릭합니다. [라이브러리 선택] 탭 - [물건]에서 '연필', '지우개'에 체크 표시하고, [인터페이스]에서 '방향버튼'에 체크 표시한 후 [적용하기] 단추를 클릭합니다.

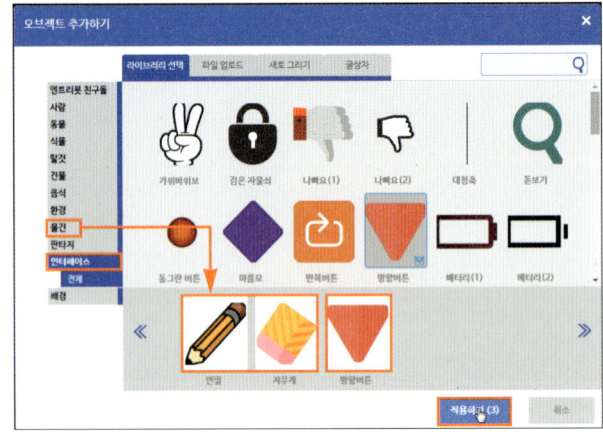

02 >> '방향버튼'과 '지우개' 오브젝트를 드래그하여 '방향버튼'은 왼쪽에, '지우개'는 오른쪽에 위치시킵니다. '방향버튼' 오브젝트를 선택하고 크기를 좀 더 작게 조절합니다.

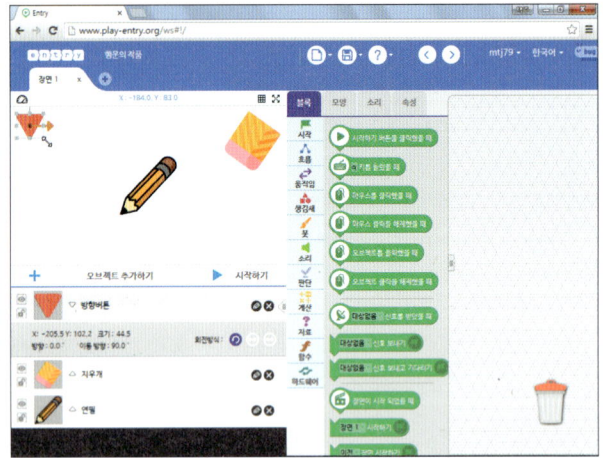

03 >> '지우개' 오브젝트도 선택한 후 크기를 작게 조절합니다.

04 >> 연필심이 마우스 포인터를 따라 다니게 하고 싶으면 '연필' 오브젝트의 중심점을 드래그하여 연필심 끝으로 옮겨줍니다.

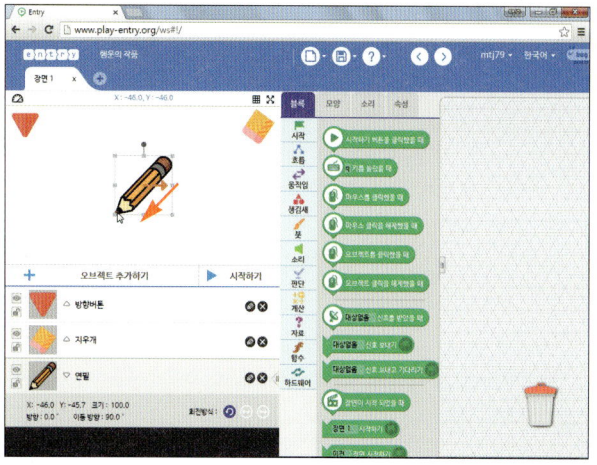

05 >> [블록] 탭의 [시작] 카테고리에서 `시작하기 버튼을 클릭했을 때` 블록을 블록 조립소로 가져갑니다. [흐름] 카테고리에서 `계속 반복하기` 블록을 가져와서 조립한 후 [움직임] 카테고리에서 `방향버튼 위치로 이동하기` 블록을 반복 블록 안에 끼워 넣은 후 '방향버튼'에 '마우스포인터'로 변경합니다.

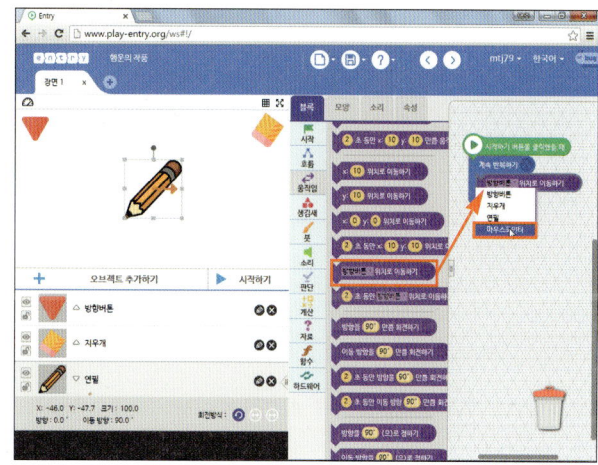

> 연필이 마우스를 계속 따라 움직이도록 조립합니다. 반복 블록 사이에 `마우스포인터 위치로 이동하기` 블록을 끼워 넣으면 연필이 마우스를 계속 따라 다니게 조립됩니다.

06 >> [시작] 카테고리에서 `마우스를 클릭했을 때` 블록을 드래그하여 블록 조립소로 가져옵니다.

199

07 〉〉 [붓] 카테고리에서 `그리기 시작하기` 블록을 블록 조립소로 가져와서 조립하고, `붓의 색을 (으)로 정하기` 블록을 가져와서 조립한 후 ■를 클릭하여 검정색으로 설정합니다.

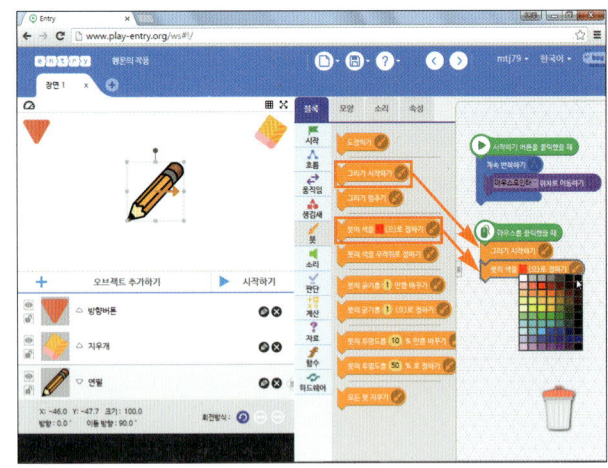

· 연필을 마우스로 클릭 시 검정색으로 그림을 그리게 설정합니다.

08 〉〉 [시작] 카테고리에서 `마우스 클릭을 해제했을 때` 블록을 드래그하여 블록 조립소로 가져온 후 [붓] 카테고리에서 `그리기 멈추기` 블록을 가져와서 조립합니다.

· 마우스에서 연필을 떼면 그리기가 멈춥니다.

신호 추가하고 지우개로 지우기 — Step 02

01 » [속성] 탭을 클릭한 후 [신호] – [신호 추가]를 클릭한 후 '지우기' 라고 신호 이름을 입력합니다.

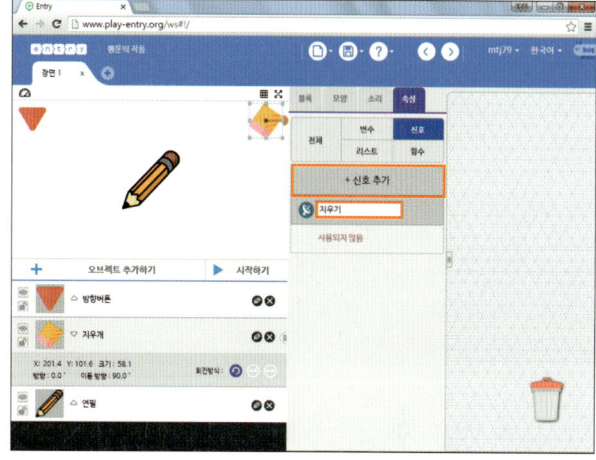

02 » '지우개' 오브젝트를 선택하고, [블록] 탭의 [시작] 카테고리에서 `오브젝트를 클릭했을 때` 블록을 드래그하여 블록 조립소로 가져옵니다. `지우기 신호 보내기` 블록을 가져와서 조립합니다.

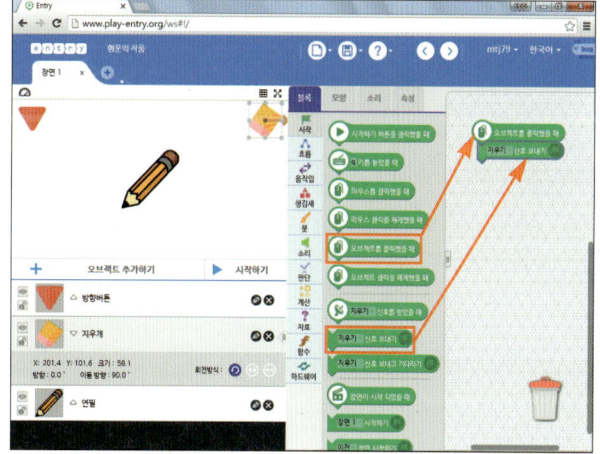

201

Chapter 03 엔트리 수업에 바로 활용하기 2

03 ›› '연필' 오브젝트를 선택한 후 [시작] 카테고리에서 ![지우개 신호를 받았을 때] 블록을 드래그하여 블록 조립소로 가져옵니다. [붓] 카테고리에서 ![모든 붓 지우기] 블록을 드래그하여 조립합니다.

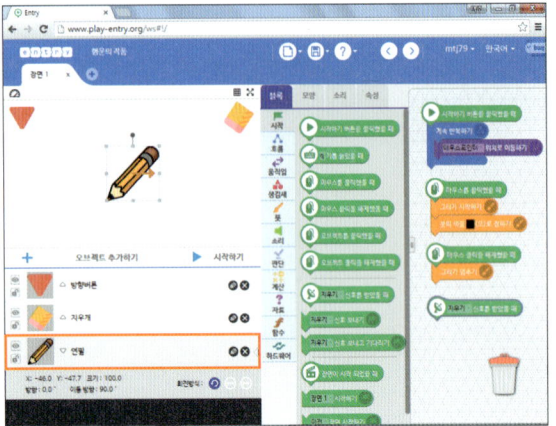 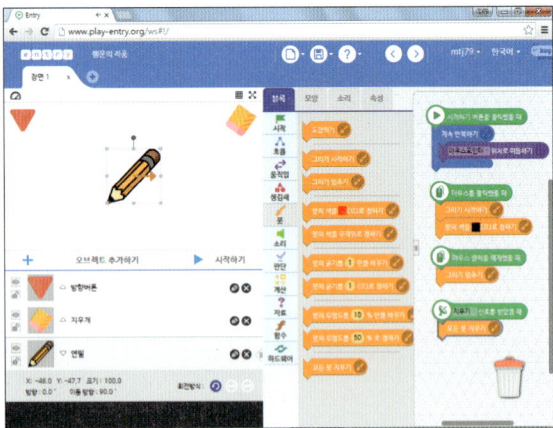

> '지우개' 오브젝트를 눌렀을 때, 연필이 그렸던 모든 그림이 지워져야 합니다. 따라서, '연필' 오브젝트와 '지우개' 오브젝트 간의 상호 작용을 위해 신호를 사용합니다.

연필 선 굵기   Step 03

01 ›› [속성] 탭을 클릭한 후 [신호] - [신호 추가]를 클릭한 후 '얇게'라고 신호 이름을 입력하고, [신호 추가]를 한 번 더 클릭하여 '굵게'를 추가합니다.

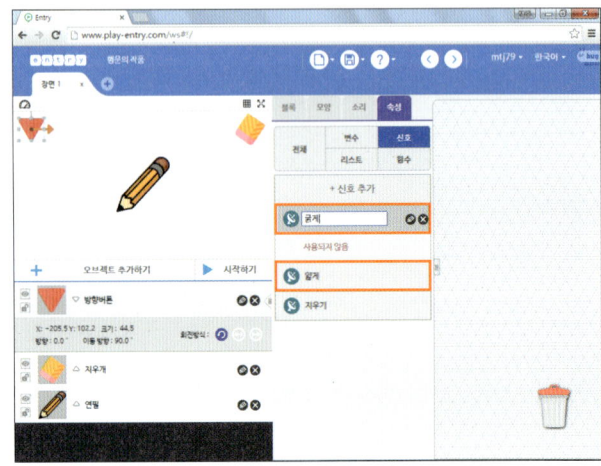

02 >> '방향버튼' 오브젝트를 선택하고 [시작] 카테고리에서 블록을 드래그하여 블록 조립소로 가져옵니다. 블록을 가져와서 조립한 후 '굵게'를 '얇게'로 설정합니다.

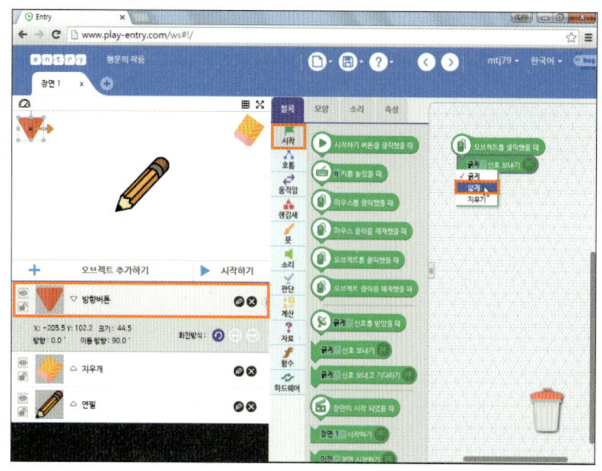

03 >> '연필' 오브젝트를 선택하고 [시작] 카테고리에서 블록을 드래그하여 블록 조립소로 가져온 후 '굵게'를 '얇게'로 변경합니다. [붓] 카테고리에서 블록을 드래그하여 조립합니다. '1'은 '-5'로 변경합니다.

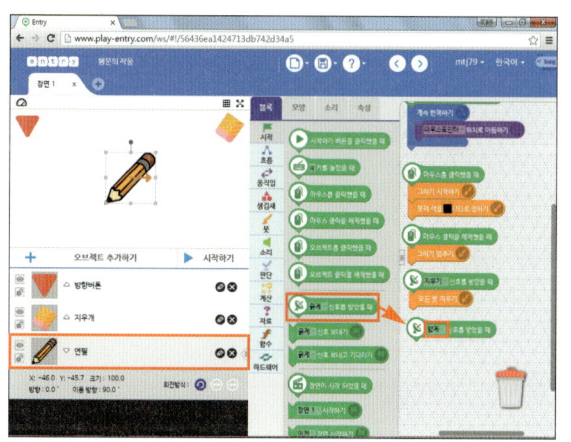 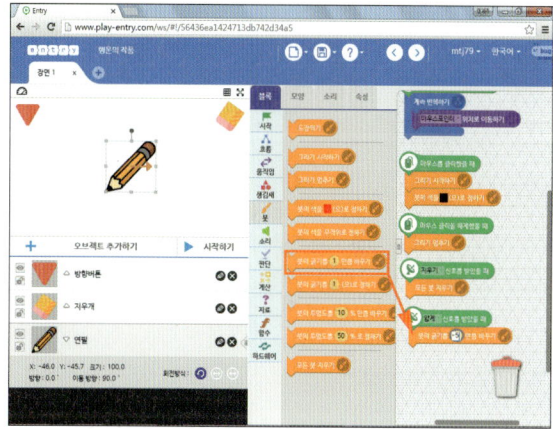

'방향버튼' 오브젝트를 눌렀을 때, 연필의 선이 얇아지게 설정하였습니다. '방향버튼'과 '연필' 오브젝트 간의 상호 작용을 위해 신호를 사용하였습니다.

04 오브젝트 목록에서 '방향버튼' 위에서 마우스 오른쪽 버튼을 클릭한 후 [복제]를 클릭합니다.

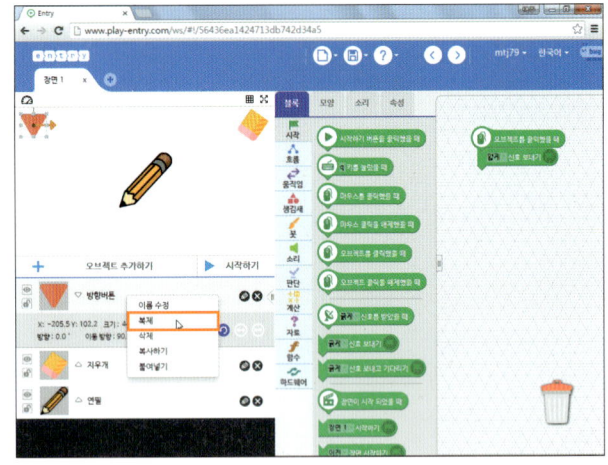

05 '방향버튼1' 오브젝트가 복제되었습니다. '방향버튼1'의 방향점을 시계 방향으로 180° 회전하여 모양이 거꾸로 되게 합니다. 블록 조립소에서 얇게 신호 보내기 블록의 '얇게'를 '굵게'로 변경합니다.

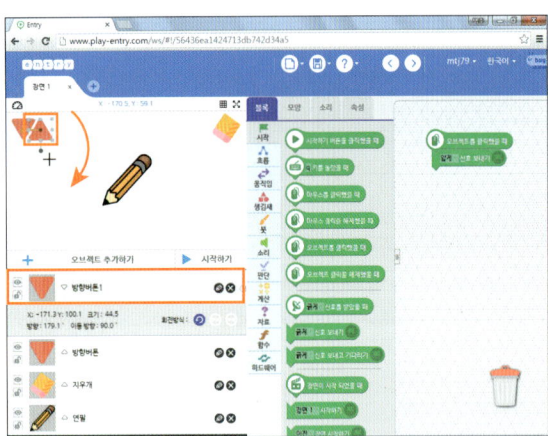 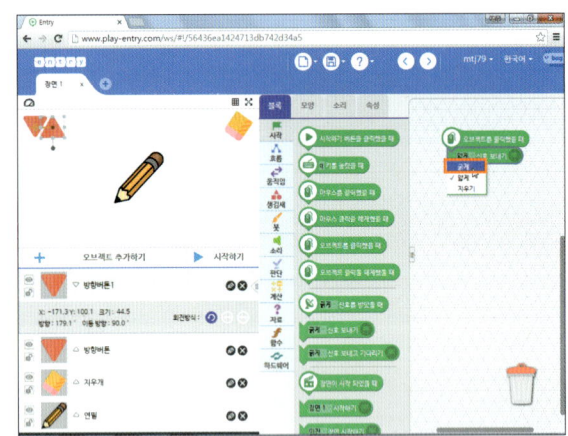

06 '연필' 오브젝트를 선택하고 [시작] 카테고리에서 굵게 신호를 받았을 때 블록을 드래그하여 블록 조립소로 가져옵니다. [붓] 카테고리에서 붓의 굵기를 1 만큼 바꾸기 블록을 드래그하여 조립한 후 '1'은 '5'로 변경합니다.

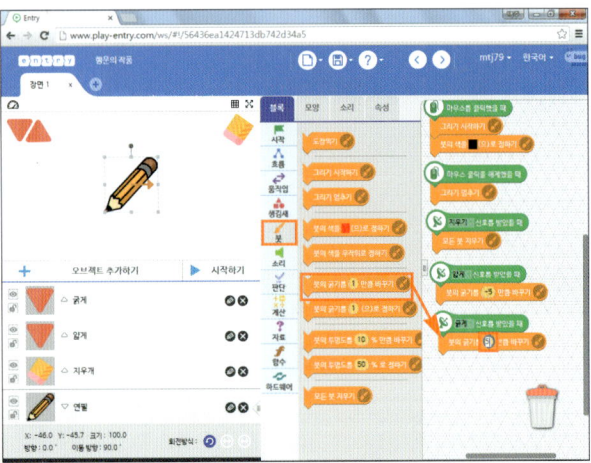

Section 12 [미술] 연필로 그림 그리고 공유하기

07 » 오브젝트 목록 중 '방향버튼1'의 ◎를 클릭하여 '굵게'로 변경하고, '방향버튼'의 ◎를 클릭하여 '얇게'로 변경합니다.

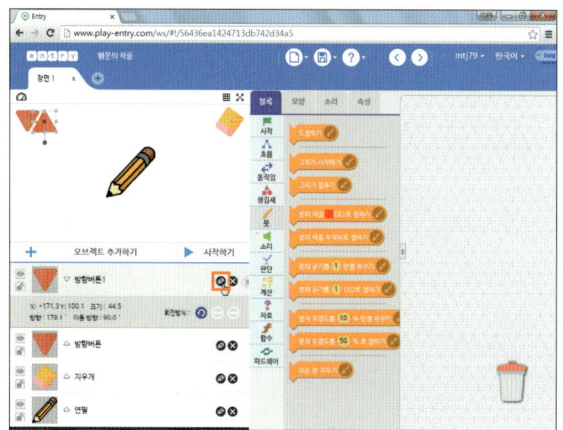 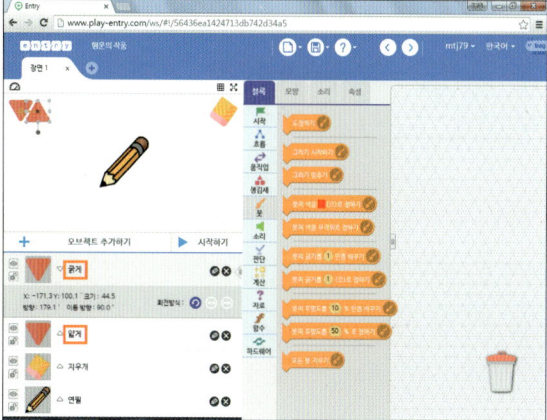

08 » [시작하기] 버튼을 클릭하여 연필로 그림을 그려봅니다. 연필 굵기를 다르게 하여 그림을 그려보고, 지우개로 지워봅니다.

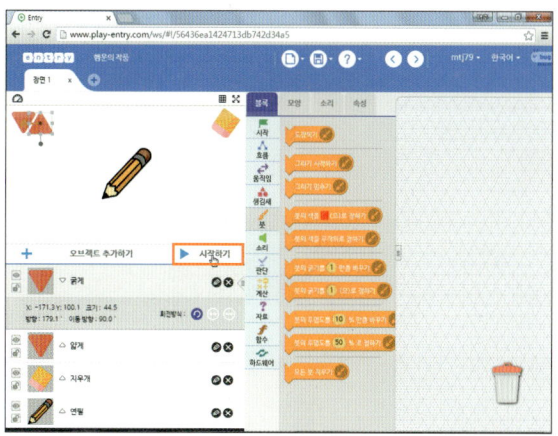 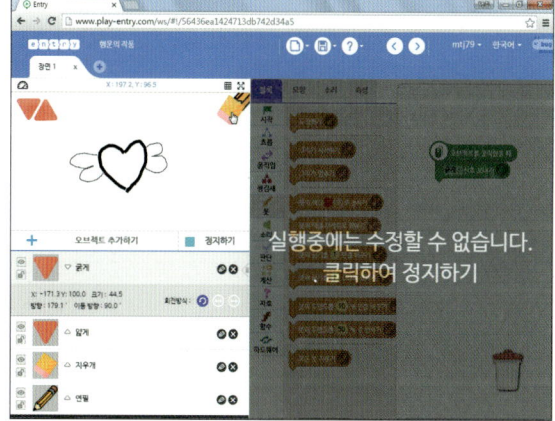

09 » 제목을 '[미술] 연필로 그림 그리기'로 변경한 후 상단 메뉴 중 🖫 - [저장하기]를 클릭하여 저장합니다.

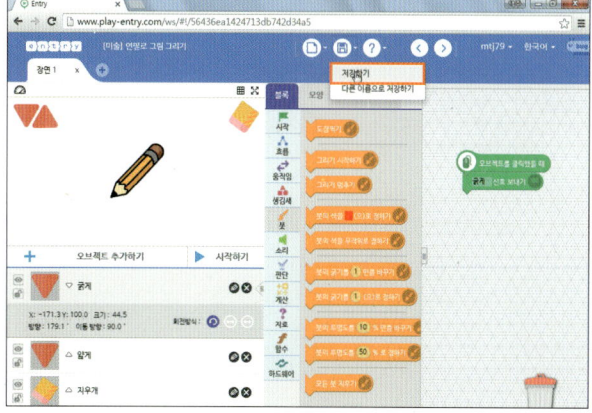

205

Chapter 03 엔트리 수업에 바로 활용하기 2

작품 공유하기   Step 04

01 >> ▣ - [온라인 작품 불러오기]를 클릭합니다.

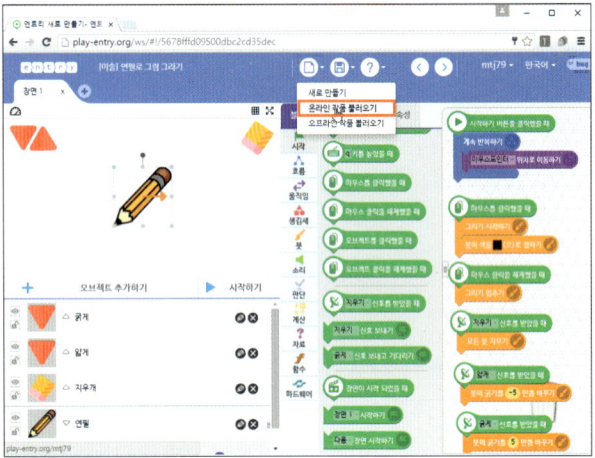

02 >> 현재까지 저장한 작품 중에서 원하는 작품을 선택하여 볼 수 있습니다. 공유할 작품의 🔒를 클릭하여 공개로 전환한 후 선택합니다.

> 🔒를 클릭하여 공개로 전환한 작품은 [공유하기]에서 볼 수 있습니다.

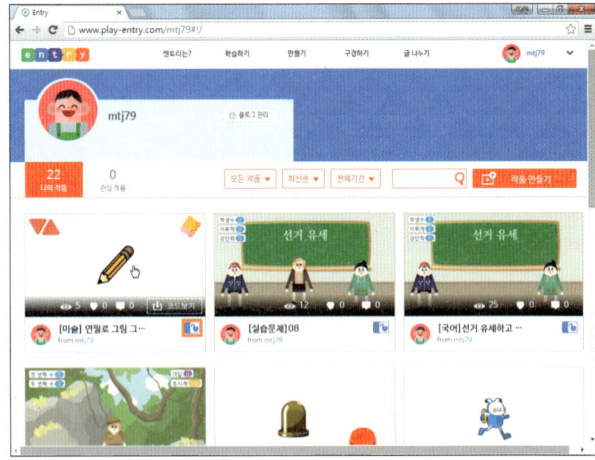

03 >> 작품 아래쪽의 [공유]를 클릭한 후 페이스북이나 트위터 아이콘 중 하나를 클릭합니다.

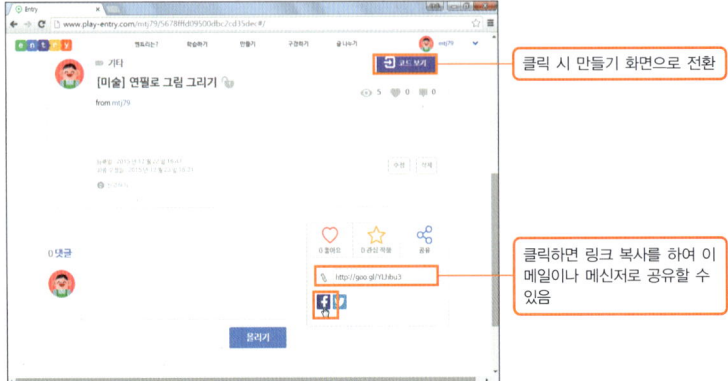

클릭 시 만들기 화면으로 전환

클릭하면 링크 복사를 하여 이메일이나 메신저로 공유할 수 있음

Section 12 [미술] 연필로 그림 그리고 공유하기

04 >> 페이스북을 클릭하면 페이스북 로그인 화면이 나타납니다. 이메일과 비밀번호를 입력하고 [로그인] 버튼을 클릭하여 페이스북에 로그인합니다.

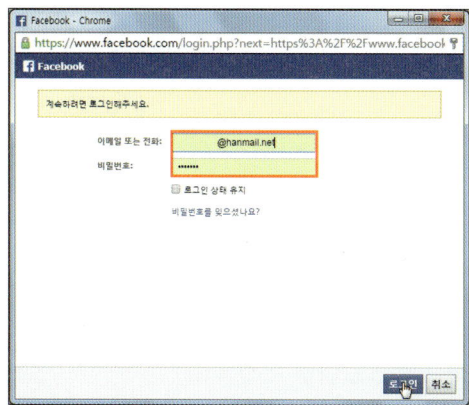

05 >> 페이스북에 공유하기 창에 내용을 입력하고, [링크 공유] 버튼을 클릭합니다.

06 >> 페이스북에 공유가 됩니다. 공유된 링크를 클릭하면 엔트리에 접속하여 해당 작품을 볼 수 있습니다.

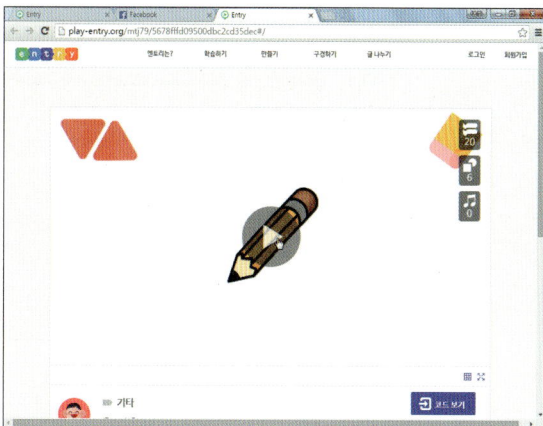

학습정리

❶ [붓] 블록
- `그리기 시작하기` : 오브젝트가 이동하는 경로를 따라 선이 그려지기 시작합니다(오브젝트의 중심점이 기준).
- `그리기 멈추기` : 오브젝트가 선을 그리는 것을 멈춥니다.
- `붓의 색을 ■(으)로 정하기` : 오브젝트가 그리는 선의 색을 선택한 색으로 정합니다.
- `붓의 색을 무작위로 정하기` : 오브젝트가 그리는 선의 색을 무작위로 정합니다.
- `붓의 굵기를 1 만큼 바꾸기` : 오브젝트가 그리는 선의 굵기를 입력한 값만큼 바꿉니다(1~무한의 범위, 1 이하는 1로 처리).
- `붓의 굵기를 1 (으)로 정하기` : 오브젝트가 그리는 선의 굵기를 입력한 값으로 정합니다(1~무한의 범위, 1 이하는 1로 처리).
- `모든 붓 지우기` : 해당 오브젝트가 그린 선과 도장을 모두 지웁니다.

❷ 공유하기
- [만들기] 메뉴 - [저장된 작품 불러오기]로 가서 공유하고 싶은 작품의 🔒 를 클릭하여 공개로 전환한 후 클릭합니다. 공개한 작품은 [공유하기] 메뉴에서 볼 수 있습니다.

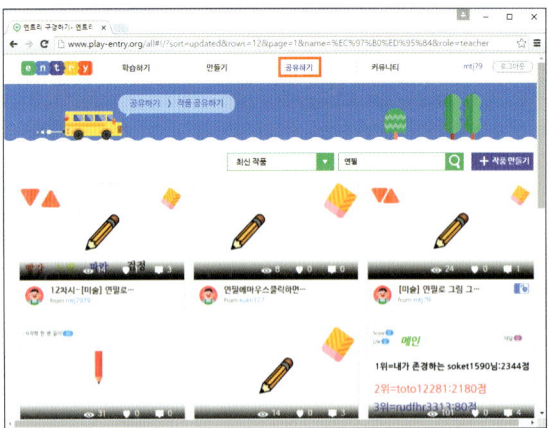

- 작품 아래 [공유]를 클릭합니다.
- 웹 주소를 클릭하여 복사한 후 공유하고 싶은 사람의 이메일이나 메신저로 붙여넣기 하여 공유합니다.
- 페이스북이나 트위터 아이콘을 클릭하면 바로 로그인 화면이 나타나고 해당 계정으로 로그인한 후 공유할 수 있습니다.

• 퀴즈 및 실습 문제 •

01 다음 (   ) 안에 들어갈 알맞은 말은 어느 것입니까? (   )

> 한 작품에 여러 개의 오브젝트가 있을 때, 한 오브젝트의 코드를 실행하는 도중에 다른 오브젝트의 코드의 실행이 시작되도록 해주려면 어떻게 해야 할까요? 오브젝트 간 상호 작용이 필요할 때 (   )을 사용합니다.

① 변수
② 리스트
③ 신호
④ 함수

02 그림을 그리고, 선의 굵기, 투명도 등을 설정할 때 필요한 카테고리는 어느 것입니까? (   )
① 시작
② 흐름
③ 판단
④ 붓

03 오브젝트가 그리는 선의 굵기를 입력한 값으로 정할 때 필요한 블록은 어느 것입니까? (   )
① 그리기 시작하기
② 붓의 색을 ■ (으)로 정하기
③ 붓의 굵기를 1 만큼 바꾸기
④ 붓의 굵기를 1 (으)로 정하기

04 '[미술] 연필로 그림 그리기' 작품을 불러온 후 '빨강', '노랑', '파랑', '검정' 오브젝트를 추가하고, 추가한 오브젝트를 클릭 시 해당 색으로 변경하세요.
(웹 주소 : http://goo.gl/MGr6Hq)

- 오브젝트 : '빨강', '노랑', '파랑', '검정' 텍스트 추가하기
- 신호 : '빨강', '노랑', '파랑', '검정' 추가하기
- 추가한 각 오브젝트를 선택한 후 오브젝트 클릭했을 때 신호를 보내고, '연필' 오브젝트를 선택한 후 신호를 받아서 각 붓의 색상을 해당 색으로 설정합니다.

▲ 블록 조립소

▲ 실행 화면

정답

1. ③ 2. ④ 3. ④
4. ① [미술] 연필로 그림 그리기' 작품을 불러옵니다.
   ② 블록 조립소에서 [그리기 시작하기] 블록 아래의 [붓의 색을 ■으로 정하기] 블록을 삭제합니다.
   ③ [오브젝트 추가하기]를 클릭하여 [글상자] 탭에서 '빨강', '노랑', '파랑', '검정'을 각각 추가합니다.
   ④ [속성] 탭 – [신호] – [신호 추가]를 클릭하여 각각 '빨강', '노랑', '파랑', '검정' 신호를 추가합니다.
   ⑤ 추가한 오브젝트를 선택한 후 [오브젝트를 클릭했을 때] 블록과 선택한 [색상 신호 보내기] 블록을 각각 조립합니다.
      예) [오브젝트를 클릭했을 때] 블록과 [빨강 신호를 받았을 때] 블록을 조립합니다.
   ⑥ '연필' 오브젝트를 선택한 후 새로 추가한 색상 [~ 신호를 받았을 때]와 [붓의 색을 ~으로 정하기] 블록을 각각 조립합니다.
      예) [빨강 신호를 받았을 때] 블록과 [붓의 색을 ■으로 정하기] 블록을 조립합니다.

Section 13

[음악] 피아노건반 연주하기

키보드를 눌러서 피아노 연주를 할 수 있는 프로그램을 만들어보겠습니다. 먼저 '피아노건반' 오브젝트의 모양을 [모양] 탭에서 각각 다른 계이름으로 연결하고, 소리 추가 기능을 통해 피아노 소리를 추가합니다. 시작 버튼을 클릭했을 때 모양을 숨겼다가 특정 키보드를 누르면 모양도 보이고 소리도 들리도록 블록을 조립해보겠습니다.

Section 11 | Section 12 | **Section 13** | Section 14 | Section 15

| 웹 주소 | http://goo.gl/gj9SxL

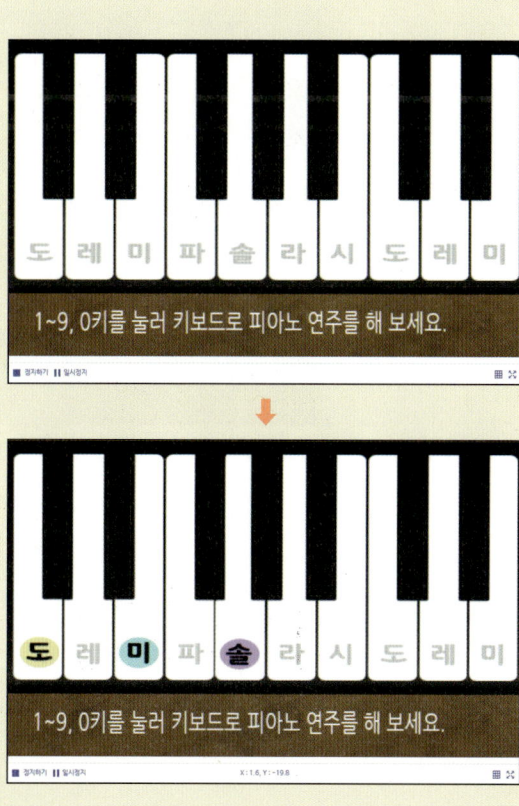

모양 바꾸기   Step 01

01 〉〉 새 작품을 만든 후 '엔트리봇' 오브젝트를 삭제하고, [오브젝트 추가하기]를 클릭합니다. [라이브러리 선택] 탭 – [물건]에서 '피아노', '피아노건반'에 체크 표시한 후 [적용하기] 단추를 클릭합니다.

02 〉〉 '피아노' 오브젝트를 선택한 후 오른쪽의 크기 조절점을 드래그하여 가로로 넓어지게 합니다. 건반이 가온도부터 높은미까지 보이게 조절합니다.

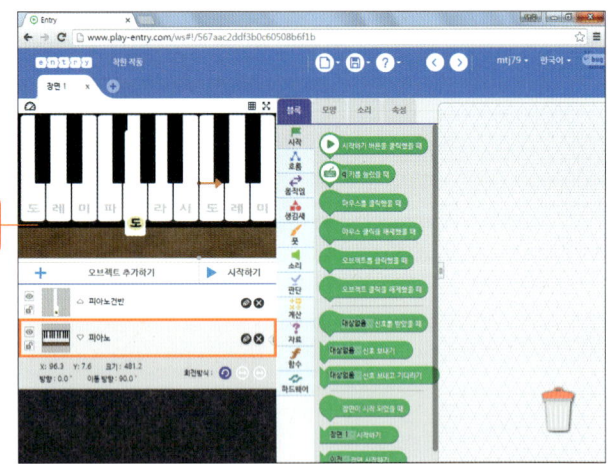

건반을 높은미까지 보이게 크기 조절

03 〉〉 '피아노건반' 오브젝트를 선택한 후 드래그하여 피아노의 도 건반 위로 이동합니다. 크기 조절점을 드래그하여 건반 크기에 맞게 조절합니다.

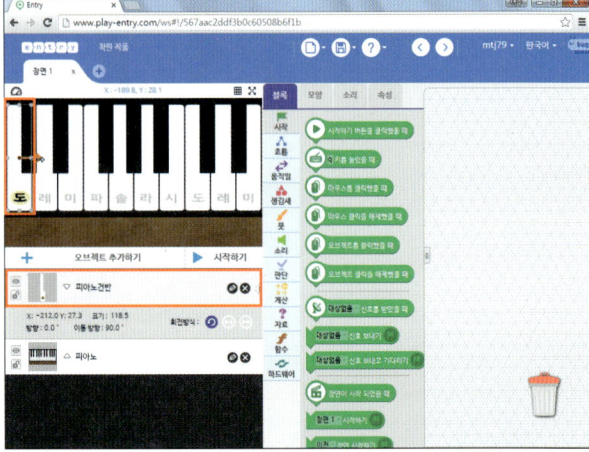

04 ›› 피아노건반을 복제하기 위해 오브젝트 목록의 피아노건반 위에서 마우스 오른쪽 버튼을 클릭한 후 [복제]를 선택합니다. 같은 방법으로 8번 더 피아노건반을 복제합니다.

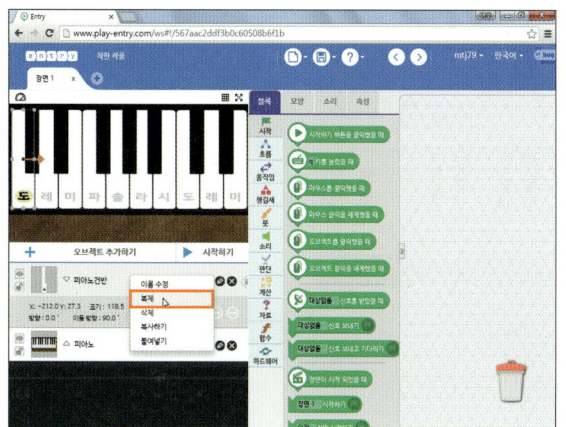 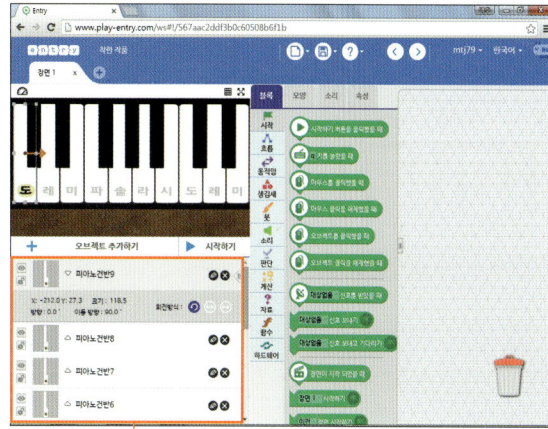

05 ›› 도 위에 복제된 건반을 오른쪽 끝 높은미부터 레까지 드래그하여 옮겨 놓습니다.

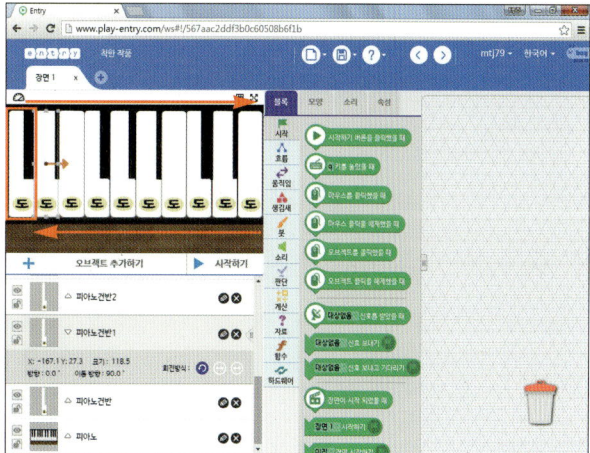

06 »» 레 위의 '피아노건반1' 오브젝트를 선택한 후 [모양] 탭을 클릭합니다. 여러 모양 중 '레' 모양의 건반을 선택합니다. 피아노건반1의 모양이 '도'에서 '레'로 바뀝니다. 같은 방법으로 각 건반에 맞게 다른 오브젝트의 모양도 변경합니다.

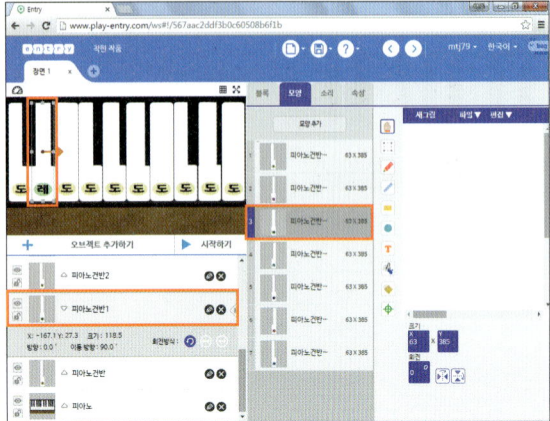
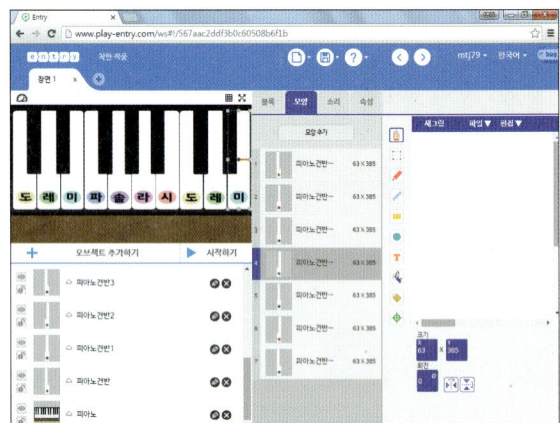

- 한 오브젝트는 여러 가지 모양을 가질 수 있습니다. [모양] 탭을 클릭하면 오브젝트가 가진 모양 목록을 보여줍니다. 선택하여 모양을 변경할 수 있습니다.

07 »» 오브젝트 목록에서 '건반' 오브젝트의 ⬤를 클릭하여 계이름에 맞게 오브젝트 이름을 변경합니다.

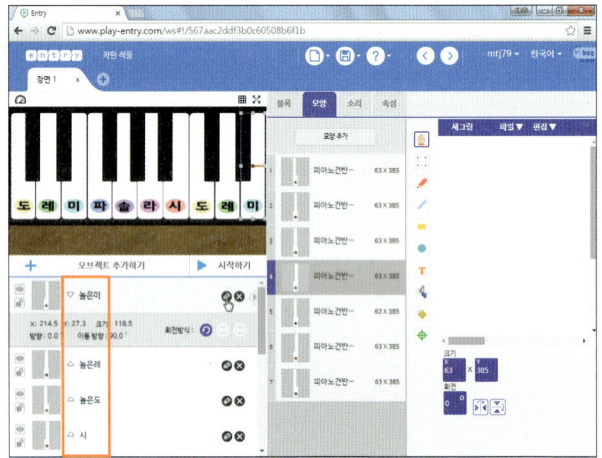

Section 13 [음악] 피아노건반 연주하기

소리 추가하고 글상자 삽입하기   Step 02

01 ›› [소리] 탭의 [소리 추가] 버튼을 클릭합니다.

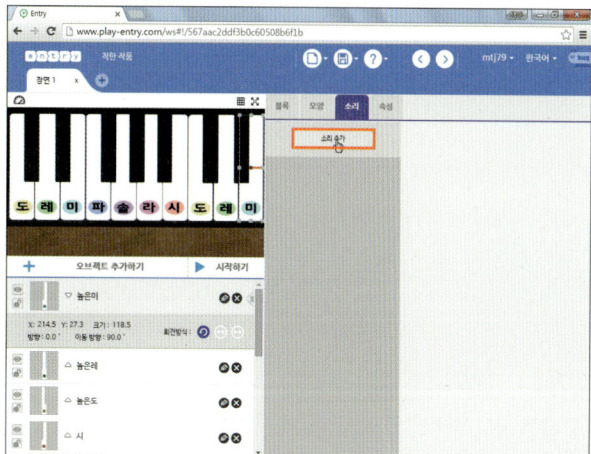

> 오브젝트가 낼 소리를 관리하는 탭으로 [소리 추가] 버튼을 클릭하여 새롭게 소리를 추가할 수 있습니다.

02 ›› [소리 선택] 탭 – [악기] – [피아노]에서 '가온도'부터 '높은미'까지 체크 표시한 후 [적용하기] 단추를 클릭합니다. 피아노건반 소리가 추가되었습니다.

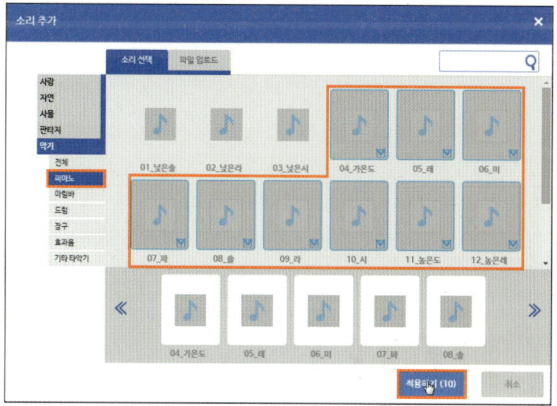 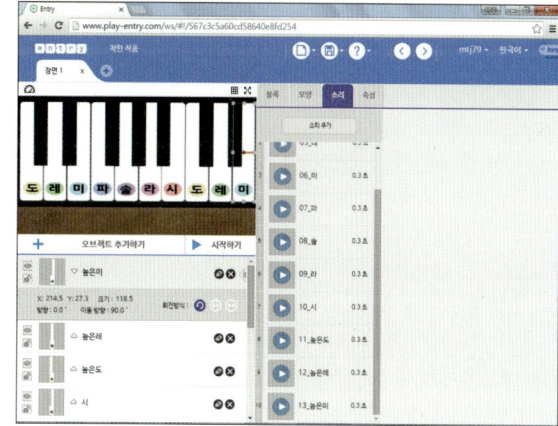

215

03 » 글상자를 추가하기 위해 [오브젝트 추가하기]를 클릭합니다.

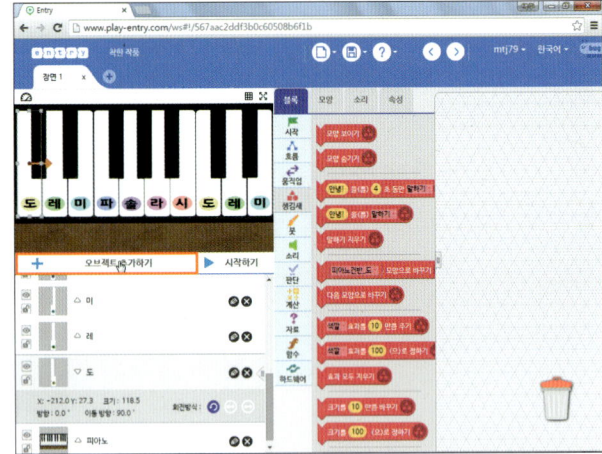

04 » [글상자] 탭을 클릭한 후 입력 창에 다음처럼 글을 입력합니다. 글꼴색은 흰색, 음영색은 색 없음으로 설정한 후 [적용하기] 단추를 클릭합니다.

05 » 음영색은 없고 흰색의 글이 입력되어 나타납니다.

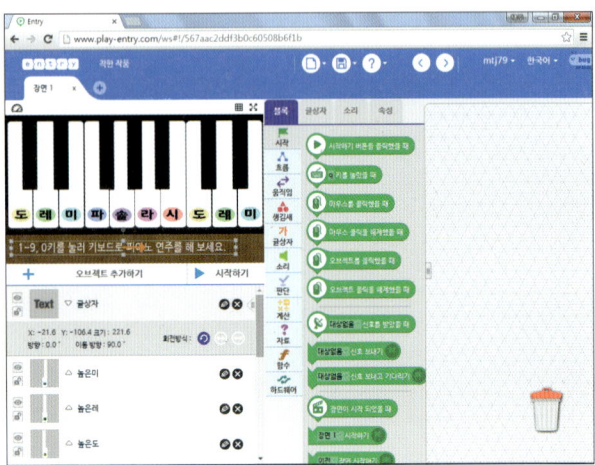

> 키보드에서 키를 입력하면 연주를 할 수 있다는 내용을 글상자를 사용하여 알려줍니다.

Section 13 [음악] 피아노건반 연주하기

키보드와 소리 연결하기 Step 03

01 » '도' 오브젝트를 선택한 후 [블록] 탭의 [시작] 카테고리에서 `시작하기 버튼을 클릭했을 때` 블록을 블록 조립소로 가져갑니다. [생김새] 카테고리에서 `모양 숨기기` 블록을 가져와서 조립합니다.

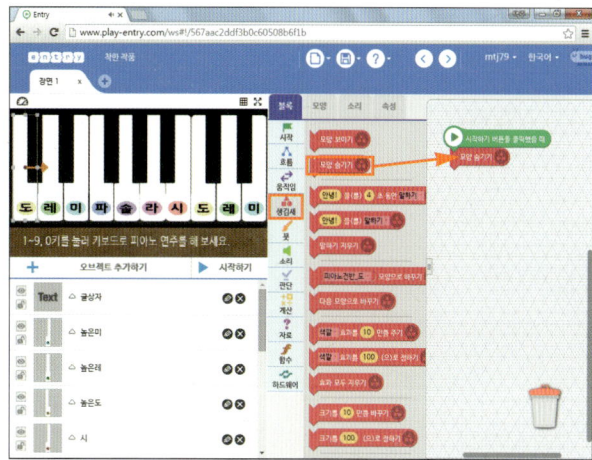

> [시작하기] 버튼을 클릭하면 건반 모양은 보이지 않고, 피아노만 보이게 됩니다.

02 » [시작] 카테고리에서 `q 키를 눌렀을 때` 블록을 블록 조립소로 가져온 후 'q' 부분을 클릭하면 가상 키보드가 표시됩니다. 진한 파란색 부분의 키만 선택할 수 있으므로 실제 키보드에서 숫자키 중 1을 누릅니다.

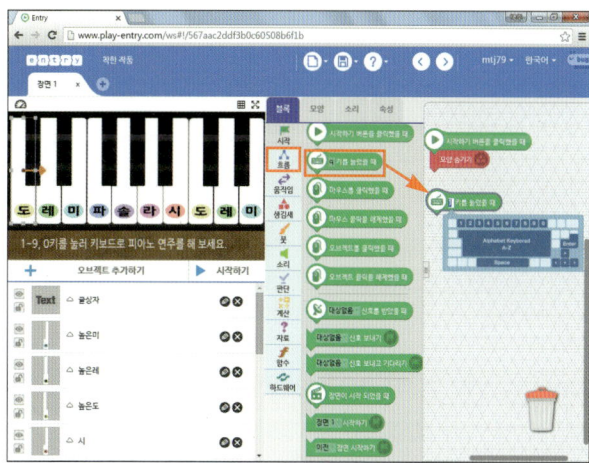

> 숫자키 중 1을 누르면 '도' 소리가 날 수 있게 설정하는 과정입니다.

03 » [생김새] 카테고리에서 `모양 보이기` 블록을 가져와서 조립하고, [소리] 카테고리에서 `소리 04_가온도 재생하고 기다리기` 블록을 가져와서 조립합니다.

> 숫자키 중 1을 누르면 '도' 건반이 보이고, '가온도' 소리가 재생되도록 블록 조립합니다.

217

04 [생김새] 카테고리에서 `모양 숨기기` 블록을 가져와서 조립합니다.

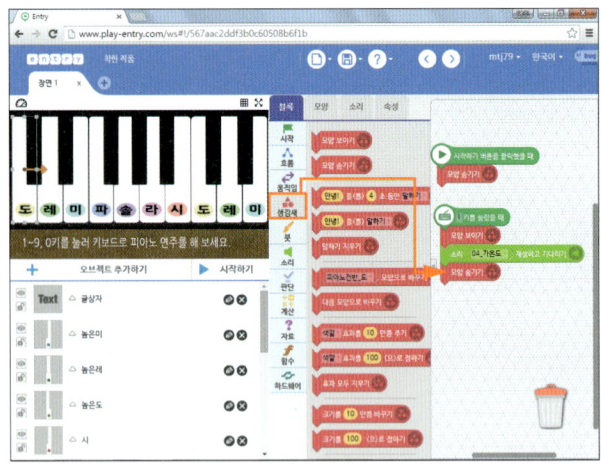

05 `1키를 눌렀을 때` 블록 위에서 마우스 오른쪽 버튼을 클릭한 후 [코드 복사]를 선택합니다. 그러면 붙여넣기할 때 조립한 블록 모두 복사할 수 있습니다.

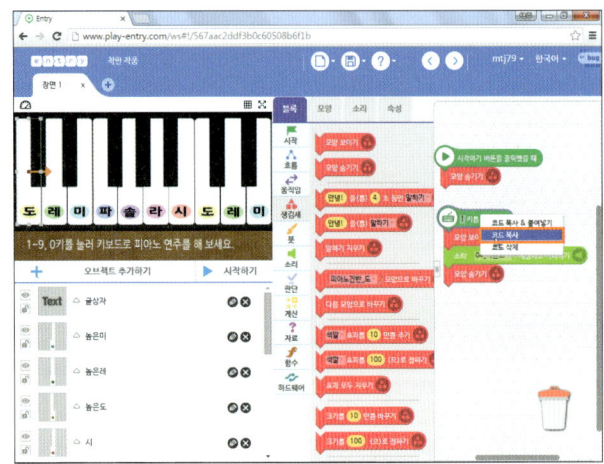

06 '레' 오브젝트를 선택한 후 [시작] 카테고리에서 `시작하기 버튼을 클릭했을 때` 블록을 블록 조립소로 가져갑니다. [생김새] 카테고리에서 `모양 숨기기` 블록을 가져와서 조립합니다. 마우스 오른쪽 버튼을 클릭한 후 [붙여넣기]를 선택합니다.

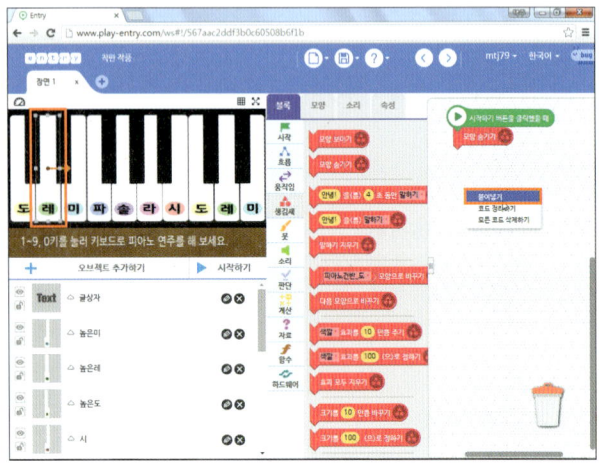

07》 블록 묶음이 복사되면 '레' 오브젝트에 해당하는 소리로 변경해 줍니다. 블록 조립소에서 `소리 04_가온도 재생하고 기다리기` 블록의 '04_가온도' 부분을 '05_레'로 변경합니다.

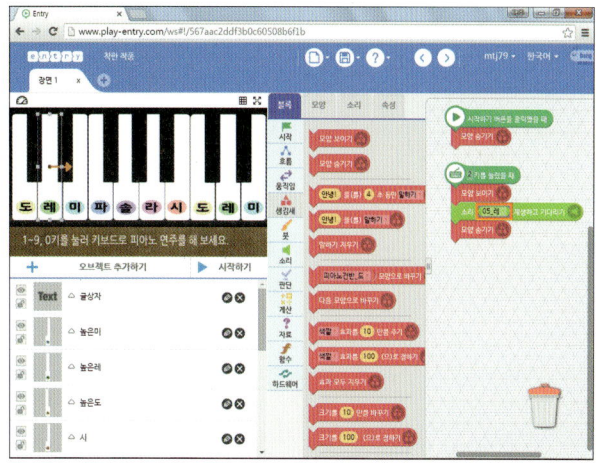

08》 다른 건반 오브젝트도 각각 선택하여 알맞은 소리 블록으로 변경합니다.

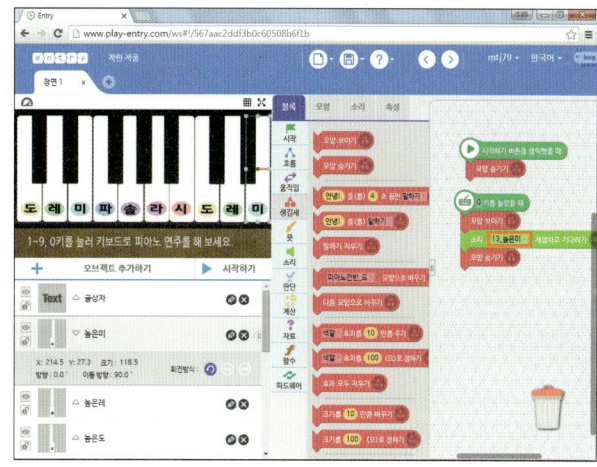

09》 [시작하기] 버튼을 클릭하여 키보드를 눌러 건반을 연주해 봅니다. 여러 개의 숫자키를 한꺼번에 눌러 화음을 연주할 수도 있습니다.

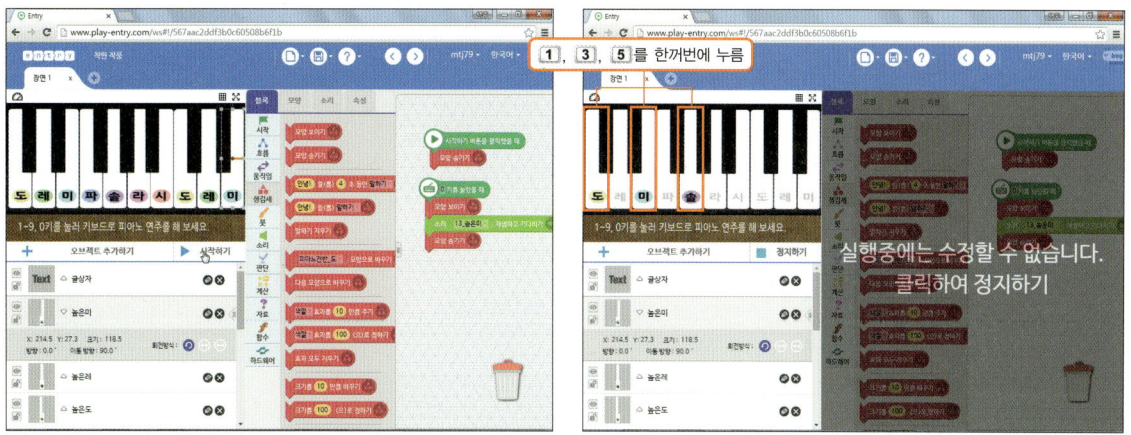

10 ≫ 제목을 '[음악] 피아노건반 연주하기'로 변경한 후 상단 메뉴 중 🖫 - [저장하기]를 클릭하여 저장합니다.

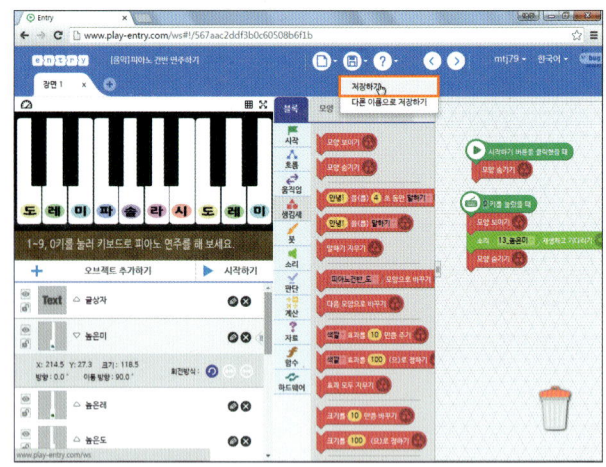

학 습 정 리

❶ 모양 변경
- 블록 꾸러미의 [모양] 탭은 오브젝트의 모양을 추가하거나 이름을 수정하고 복제하는 등의 작업을 할 수 있습니다.
- [모양] 탭을 클릭하면 오브젝트가 가진 모양 목록이 나타나는데 그 중 원하는 모양을 선택하여 변경합니다.

❷ 오브젝트의 이름 변경
- 오브젝트 목록에서 이름을 변경하려는 오브젝트의 ✏️를 클릭하여 원하는 오브젝트 이름으로 변경합니다.

❸ [생김새] 블록
- `모양 보이기` : 오브젝트를 화면에 나타냅니다.
- `모양 숨기기` : 오브젝트를 화면에서 보이지 않게 합니다.
- `엔트리봇 모양으로 바꾸기` : 오브젝트를 선택한 모양으로 바꿉니다(내부 블록을 분리하면 모양의 번호를 사용하여 모양 선택 가능).
- `다음 모양으로 바꾸기` : 오브젝트의 모양을 다음 모양으로 바꿉니다.

• 퀴즈 및 실습 문제 •

01 다음 문제에 O, ×로 답하세요.
① 한 오브젝트는 여러 가지 모양을 가질 수 있습니다. (   )
② [블록] 탭을 클릭하면 오브젝트가 가진 모양 목록을 보여줍니다. (   )
③ 오브젝트 모양은 변경할 수 없습니다.(   )

02 블록 꾸러미 중 오브젝트가 낼 소리를 관리하는 탭은 어느 것입니까? (   )
① 블록   ② 모양
③ 소리   ④ 속성

03 오브젝트를 선택한 모양으로 바꿀 때 필요한 블록은 어느 것입니까? (   )

04 Space Bar 를 누르면 만세남이 만세를 부를 수 있게 새 작품을 만드세요.
(웹 주소 : http://goo.gl/gAUNqZ)

- 오브젝트 : '만세남(2)' 추가하기
- Space Bar 를 누르면 '만세남(2)_2' 모양으로 만세를 부르고, 1초 뒤에 다시 '만세남(2)_1' 모양으로 바꾸게 설정합니다.

▲ 블록 조립소   ▲ 실행 화면

정답
1. O / X / X   2. ③   3. ③
4. ① 상단 메뉴 중 - [새로 만들기]를 클릭하여 새 작품을 만듭니다.
② [시작] 카테고리에서 블록을 블록 조립소로 가져온 후 'q' 부분을 클릭하면 가상 키보드가 표시됩니다. 실제 키보드에서 Space Bar 를 누릅니다.
③ [생김새] 카테고리에서 블록을 드래그하여 블록 조립소로 가져가서 조립한 후 '만세남(2)_1'을 '만세남(2)_2'로 변경합니다.
④ [흐름] 카테고리에서 블록을 드래그하여 블록 조립소로 가져가서 조립한 후 '2초'를 '1초'로 변경합니다.
⑤ [생김새] 카테고리에서 블록을 드래그하여 블록 조립소로 가져가서 조립합니다.

Section 14

[체육] 운동회 사진 보기

엔트리에서는 사진 슬라이드를 만들어서 운동회 사진을 감상해 볼 수 있습니다. 모양 추가를 사용하여 여러 사진을 추가한 후에 변수를 활용해서 다음 버튼으로 차례로 클릭하여 다음 사진으로 이동했다가 이전 버튼을 사용하여 다시 처음 사진으로 되돌아올 수 있습니다. 블록을 조립해서 사진 슬라이드를 만들어보겠습니다.

| 예제 파일 | 01.jpg, 02.jpg, 03.jpg, 04.jpg, 05.jpg
| 웹 주소 | http://goo.gl/r88cll

Section 14 [체육] 운동회 사진 보기

파일 업로드하고 모양 추가하기 Step 01

01 » 새 작품를 만든 후 '엔트리봇' 오브젝트를 삭제합니다. [오브젝트 추가하기]를 클릭한 후 [파일 업로드] 탭을 클릭하고 ⬆를 클릭합니다. '01.jpg'를 선택한 후 [열기] 버튼을 클릭합니다.

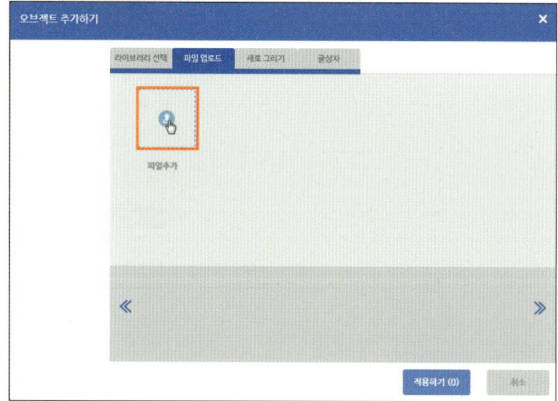 

02 » 업로드된 파일을 선택하여 체크 표시한 후 [적용하기] 단추를 클릭합니다. 실행 화면에 운동회 사진이 나타나면 크기 조절점을 드래그하여 실행 화면에 꽉 차게 조절합니다.

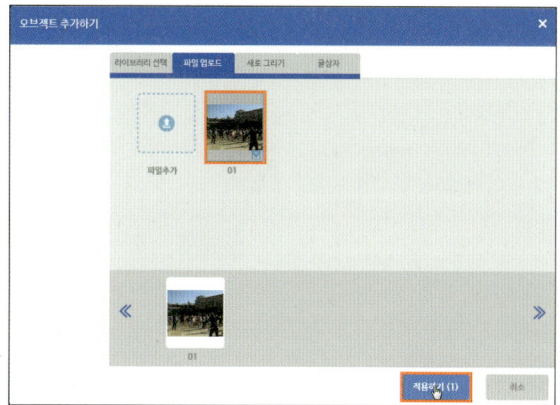 

223

03 블록 꾸러미의 [모양] 탭을 클릭한 후 [모양 추가] 버튼을 클릭합니다. [모양 추가] 창의 [파일 업로드] 탭을 클릭하여 를 클릭합니다.

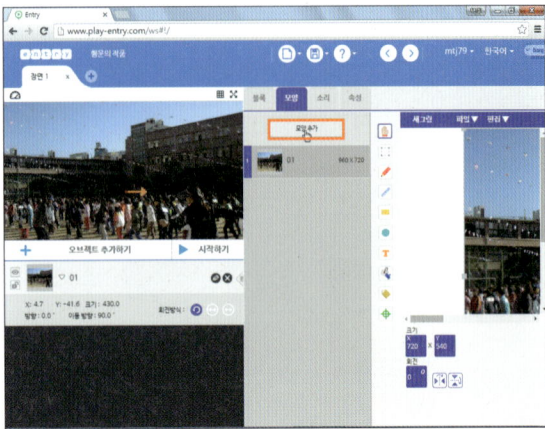
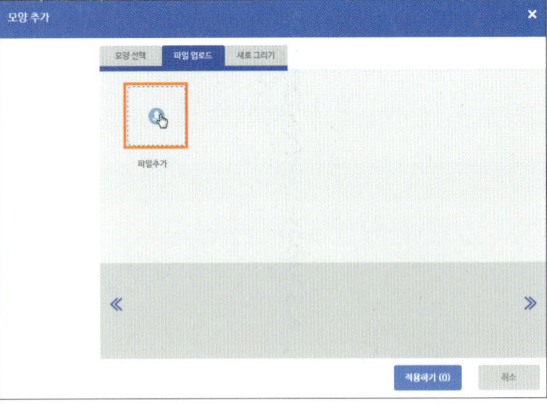

04 '02.jpg, 03.jpg, 04.jpg, 05.jpg'를 선택한 후 [열기] 버튼을 클릭합니다. 추가된 업로드 파일을 '02.jpg, 03.jpg. 04.jpg, 05.jpg' 차례대로 선택한 후 [적용하기] 단추를 클릭합니다.

05 모양이 추가되었습니다.

Section 14 [체육] 운동회 사진 보기

이전과 다음 버튼 신호 보내기 Step 02

01 〉〉 [오브젝트 추가하기]를 클릭한 후 [라이브러리 선택] 탭 - [인터페이스]에서 '플레이어 버튼(2)'에 체크 표시하고 [적용하기] 단추를 클릭합니다. '플레이어 버튼(2)' 오브젝트를 클릭하여 크기를 조절하고, 오른쪽 위에 배치합니다.

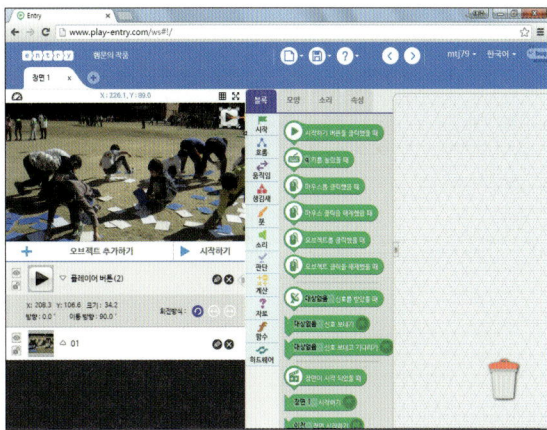

02 〉〉 '플레이어 버튼(2)' 오브젝트 위에서 마우스 오른쪽 버튼을 클릭한 후 [복제]를 클릭합니다.

03 》 복제된 '플레이어 버튼(2)1' 오브젝트를 선택한 후 방향점을 시계 반대 방향으로 90° 드래그하여 회전합니다. '플레이어 버튼(2)' 오브젝트의 이름은 '다음'으로, '플레이어 버튼(2)1' 오브젝트의 이름은 '이전'으로 변경합니다.

 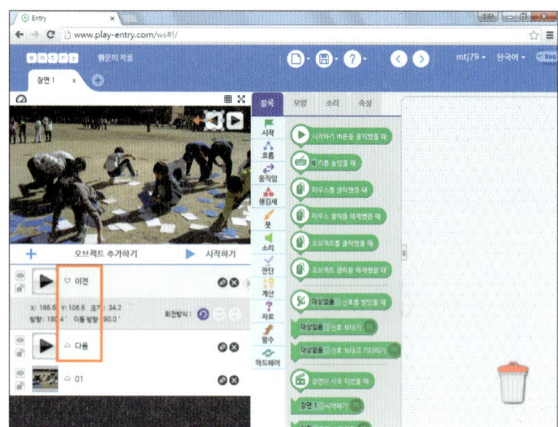

- 사진 슬라이드에서 차례로 넘기고, 다시 되돌아오기 위해서 다음 버튼과 이전 버튼을 만듭니다.

04 》 신호를 추가하기 위해 블록 꾸러미에서 [속성] 탭을 클릭한 후 [신호] - [신호 추가]를 클릭하여 '이전', '다음'을 추가합니다.

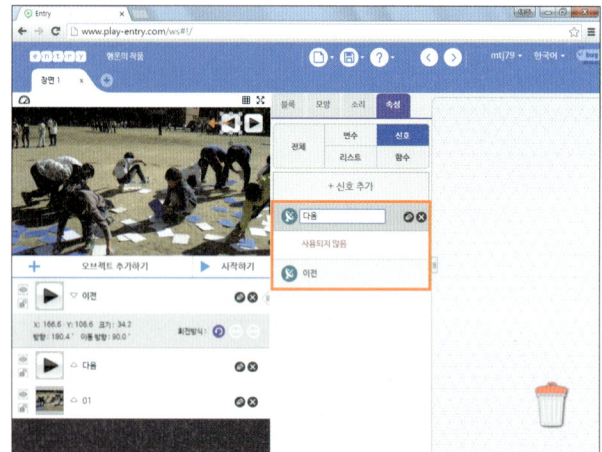

05 >> 사진 슬라이드에 쓰일 변수를 만들기 위해 [속성] 탭 – [변수] – [변수 추가]를 클릭한 후 '현재사진'이라고 입력한 후 [확인] 버튼을 클릭합니다.

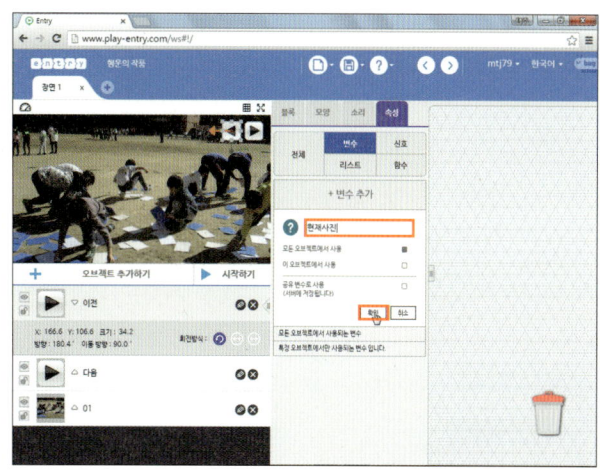

06 >> 실행 화면에 '현재사진0'이라는 변수창이 생겼습니다. 다음 버튼에서 신호를 보내기 위해 '다음' 오브젝트를 선택한 후 [시작] 카테고리에서 오브젝트를클릭했을때 블록을 블록 조립소로 가져온 후 다음신호보내기 블록을 조립합니다.

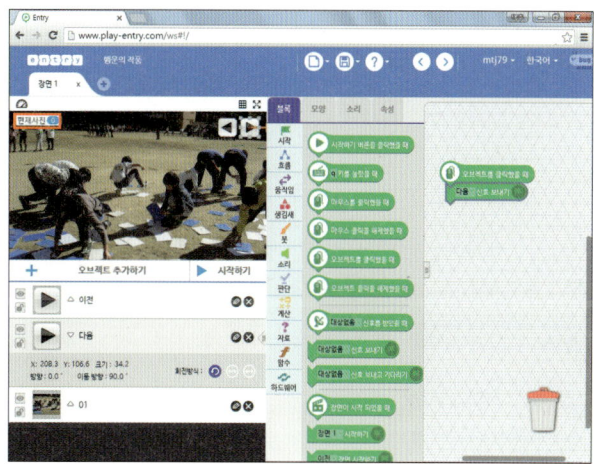

Chapter 03 엔트리 수업에 바로 활용하기 2

이전과 다음 버튼 신호를 받았을 때 사진 변화 블록 조립하기 — Step 03

■ 다음 사진으로 넘어가게 블록 조립하기

01》 '01' 오브젝트를 선택한 후 [시작] 카테고리에서 [다음 신호를 받았을 때] 블록을 블록 조립소로 가져옵니다. [흐름] 카테고리에서 [만일 참 이라면 아니면] 블록을 드래그하여 조립하고, [판단] 카테고리에서 [10 = 10] 블록을 '참' 부분에 끼워 넣습니다.

02》 [자료] 카테고리에서 [현재사진 값] 블록을 드래그하여 블록 조립소의 [만일 10 = 10 이라면 아니면] 블록의 앞쪽 '10'에 끼워 넣고, 뒤쪽 '10'에는 '5'를 입력합니다. [현재사진을 10 로 정하기] 블록을 드래그하여 참일 때 블록 아래에 끼워 넣고, [현재사진에 10 만큼 더하기] 블록은 드래그하여 [아니면] 블록 아래에 끼워 넣고, '10'은 '1'로 각각 변경합니다.

> 다음 버튼을 사용하여 차례대로 다음 사진으로 넘기려면
> 다음 버튼을 클릭하면 다음 사진으로 차례로 넘어갑니다. '만약 참 이라면~'에서 현재사진이 '5'가 맞으면 '1'로 되돌아가게 설정하고, 그 값이 아닐 때는 차례로 '1'씩 더하게 합니다. 만약 현재사진 값이 '1'인 경우에는 1을 더하여 '2'로 이동하고, 다음 버튼을 눌러 다음 사진으로 넘어가다가 현재사진 값이 '5'일 때 다시 '1'인 처음으로 되돌아가게 설정하면 됩니다.

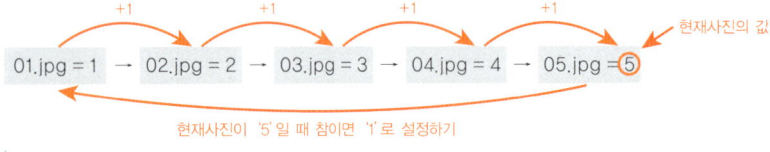

228

■ 현재사진 값과 모양 설정하기

01 » [흐름] 카테고리에서 [만일 참 이라면] 블록을 드래그하여 블록 조립소에서 조립한 후 [판단] 카테고리에서 [10 = 10] 블록을 '참' 위에 끼워 넣고, [자료] 카테고리에서 [현재사진 값] 블록을 앞쪽 '10'에 넣고, 뒤쪽 '10'은 '1'로 변경합니다. [생김새] 카테고리에서 [01 모양으로 바꾸기] 블록을 드래그하여 참일 때 블록 아래에 끼워 넣습니다.

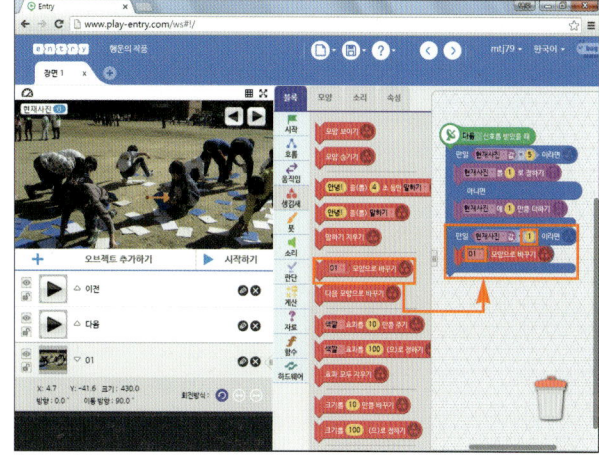

02 » 다른 사진도 설정하기 위해 [만일 참 이라면] 블록 위에서 마우스 오른쪽 버튼을 클릭한 후 [코드 복사 & 붙여넣기]를 클릭합니다.

03 » 복제된 블록 꾸러미를 드래그하여 아래쪽에 조립한 후 '현재사진값=2'로 변경하고, 모양도 '01'을 '02'로 변경합니다. 같은 방법으로 다른 사진도 현재사진값과 모양을 설정합니다.

■ 이전 사진으로 넘어가게 블록 조립하기

01 » [시작] 카테고리에서 `이전 신호를 받았을 때` 블록을 블록 조립소로 가져옵니다. `다음 신호를 받았을 때` 블록 바로 아래에 있는 블록에서 마우스 오른쪽 버튼을 클릭한 후 [코드 복사 & 붙여넣기]를 클릭합니다.

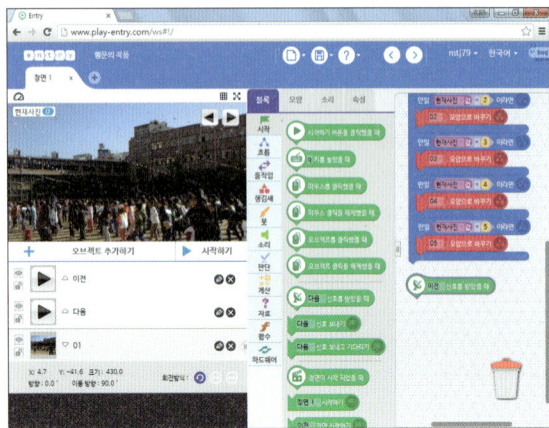 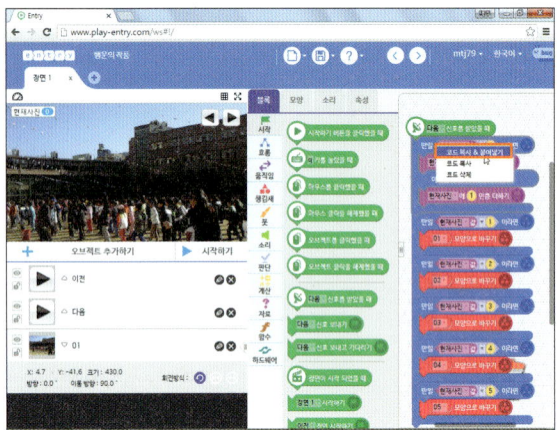

02 » 복제된 블록 꾸러미를 드래그하여 `이전 신호를 받았을 때` 블록 아래로 드래그하여 조립합니다. `만일 현재사진 값 = 5 이라면 아니면` 블록에서 '5'를 '1'로 변경하고, 참일 때 블록 아래의 `현재사진 를 1 로 정하기` 블록을 '1'에서 '5'로 변경합니다. `아니면` 블록 아래의 `현재사진 에 1 만큼 더하기` 블록은 '1'을 '-1'로 변경합니다. 다른 블록은 변경하지 않고 동일합니다.

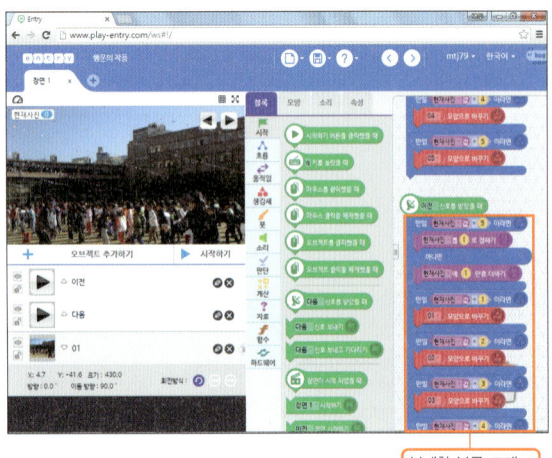 

복제한 블록 드래그

Section 14 [체육] 운동회 사진 보기

이전 버튼을 사용하여 이전 사진으로 되돌아가려면

이전 버튼을 클릭하면 이전 사진으로 되돌아가게 됩니다. '만약 참 이라면~'에서 현재사진이 '1'이 맞으면 '5'로 이동하게 설정하고, 그 값이 아닐 때는 차례로 '-1'씩 더하게 합니다. 만약 현재사진 값이 '5'인 경우에는 -1을 더하여 '4'로 이동하고, 이전 버튼을 눌러 이전 사진으로 넘어가다가 현재사진 값이 '1'인 참 값이 되면 현재사진 값이 '5'인 사진 '05.jpg' 사진을 보여주게 설정합니다.

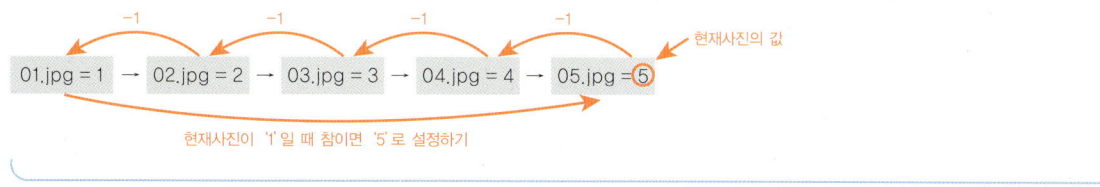

03 » [시작하기] 버튼을 클릭하여 사진 슬라이드를 확인합니다. '이전' 오브젝트를 클릭해도 사진이 이전 사진으로 이동하지 않는 것을 확인할 수 있습니다.

04 » 실행 화면에 '현재사진0'이라는 변수 창이 보입니다. 변수의 기본값은 본래 '0'으로 설정되어 있어서 이전 사진으로 이동하지 않습니다. [속성] 탭을 클릭하여 변수를 변경하기 위해 '현재사진' 변수의 🖉를 클릭합니다. '기본값'을 1로 변경하면 실행 화면의 변수 창도 '현재사진1'로 변경됩니다.

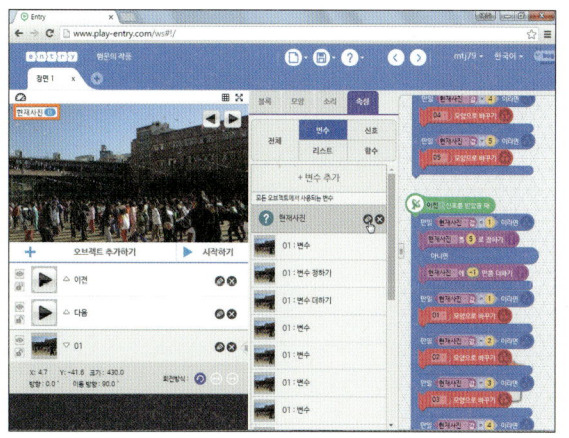
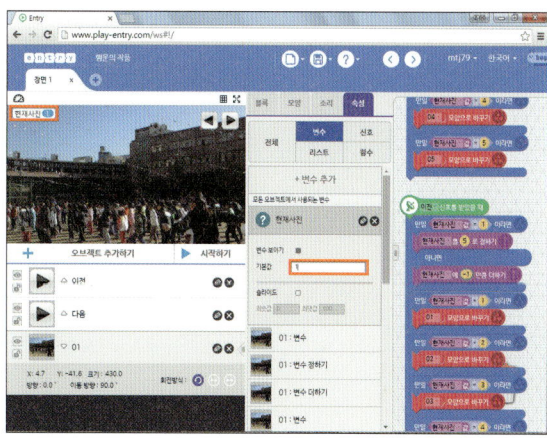

05 〉〉 다시 [시작하기] 버튼을 클릭한 후 '이전', '다음' 오브젝트를 클릭하여 운동회 사진을 감상합니다.

 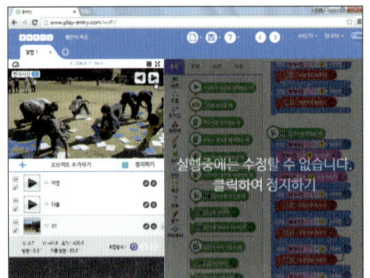 

06 〉〉 사진 슬라이드가 만들어졌으면 제목을 변경한 후 💾 - [저장하기]를 클릭하여 저장합니다.

나의 학급 만들기

Step 04

01 엔트리의 학급 기능을 사용하면 보다 쉽게 학생들과 엔트리 작품을 공유할 수 있습니다. 상단에 있는 [만들기] 메뉴 - [학급 만들기]를 클릭합니다. [학급 만들기]를 클릭합니다.

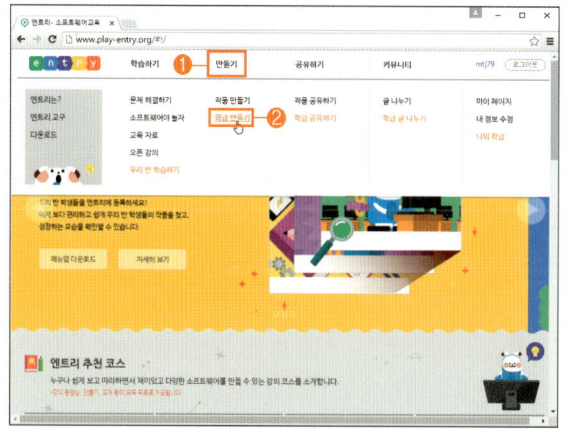 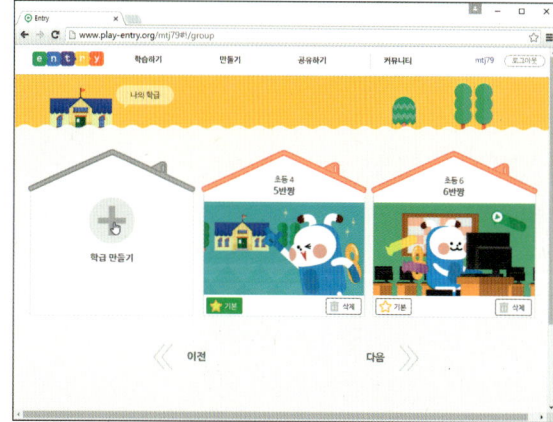

나의 학급 기능이란?
엔트리에서 나의 학급을 만들면 보다 쉽게 학습하고, 작품을 만들고, 다른 사용자와 공유할 수 있습니다.
- 나의 학급을 만들고, 학생을 추가할 수 있습니다.
- 추가한 학생들의 정보를 한눈에 볼 수 있고, 관리할 수 있습니다.
- 학생들의 작품 페이지로 바로 이동할 수 있고, 우리 반에 추가한 학생 계정 정보를 엑셀 또는 PDF 파일로 내려받을 수 있습니다.

02 안내 창을 읽은 후 학급 개설 정보를 입력하고 [개설하기] 버튼을 클릭합니다.

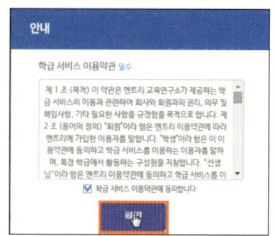 

입력

기본 학급으로 지정
기본 학급으로 설정한 학급이 목록에 가장 앞에 보여지며, 학습하기, 구경하기, 글 나누기와 같은 학급 페이지에서도 기본 학급으로 설정한 학급의 정보가 우선 노출됩니다. 학급 목록에서 기본 학급 설정을 변경할 수 있습니다.

Chapter 03 엔트리 수업에 바로 활용하기 2

03 학급이 개설이 완료되면 [학급 개설] 창에 [확인] 버튼을 클릭합니다. 나의 학급 목록 페이지가 열립니다. 개설한 학급을 클릭합니다.

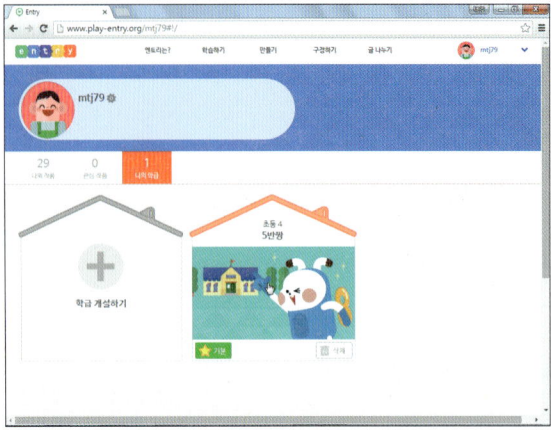

04 나의 학급 추가된 학생 목록을 한눈에 볼 수 있고, 학생을 추가할 수 있습니다. [학생 추가하기] 버튼을 클릭하면 [학생 추가하기] 창이 나타납니다. 추가할 학생의 이름을 입력하고 [다음] 버튼을 클릭합니다.

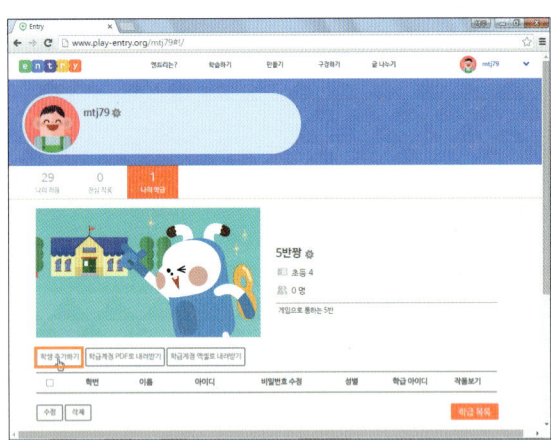
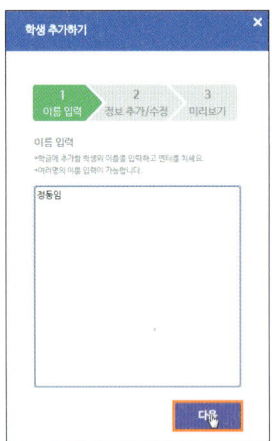

여러 명의 학생 이름을 입력하여 한꺼번에 추가할 수도 있습니다.

05 》 학번은 자동으로 생성되며 만약 엔트리에 계정이 있는 학생의 경우 추가로 아이디를 입력합니다. 그러면 해당 학생이 로그인 했을 때 [학급 초대 알림] 창이 발송되어서 학생도 학급 계정을 공유할 수 있습니다. [다음] 버튼을 클릭한 후 [완료] 버튼을 클릭하여 학생을 추가합니다.

06 》 나의 학급에 학생이 추가되었습니다. 학생 목록 중 추가된 학생의 작품보기를 클릭하면 해당 학생의 작품 목록 페이지로 이동됩니다. 학생의 작품을 바로 확인할 수 있습니다.

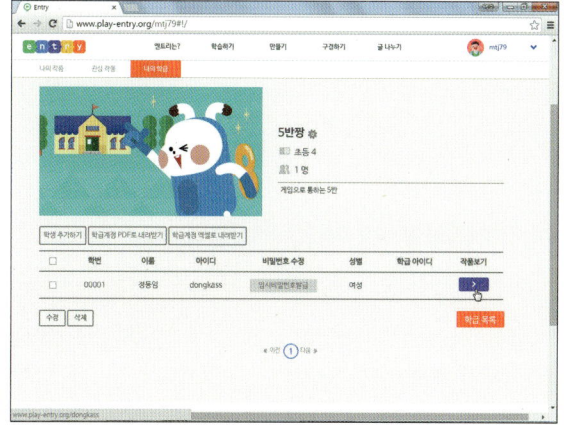
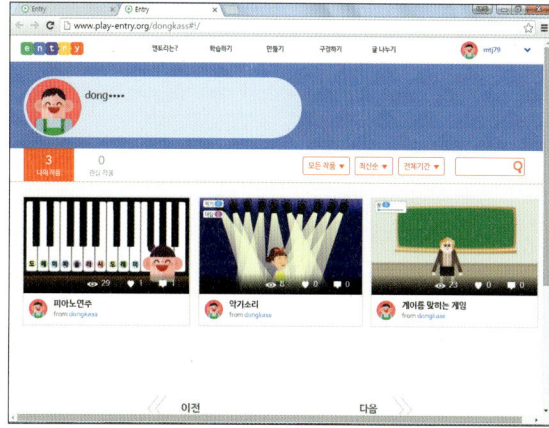

학습정리

❶ 모양 파일 업로드 하기
- 블록 꾸러미의 [모양] 탭을 클릭한 후 [모양 추가] 버튼을 클릭합니다.
- [모양 추가] 창에서 [파일 업로드] 탭을 클릭한 후 ⬆를 클릭합니다. [열기] 대화 상자에서 업로드할 파일을 선택합니다.
- 업로드한 파일 중 추가할 파일을 선택하여 체크 표시한 후 [적용하기] 단추를 클릭합니다.

❷ 변수의 기본값 변경하기
- 블록 꾸러미의 [속성] 탭을 클릭한 후 [변수] - [변수 추가]를 클릭하여 변수 이름을 입력합니다.
- 변경할 변수의 를 클릭한 후 '기본값'이 '0'으로 되어 있는데, 원하는 기본값으로 변경합니다.

❸ [자료] 카테고리의 [변수] 블록
- `변수 값` : 선택된 변수에 저장된 값입니다.
- `변수에 10 만큼 더하기` : 선택한 변수에 입력한 값을 더합니다.
- `변수를 10 로 정하기` : 선택한 변수의 값을 입력한 값으로 정합니다.
- `변수 변수 보이기` : 선택한 변수 창을 실행 화면에 보이게 합니다.
- `변수 변수 숨기기` : 선택한 변수 창을 실행 화면에서 숨깁니다.

❹ 나의 학급 만들기
- 상단 메뉴 중 [만들기] 메뉴 - [학급 만들기]를 클릭합니다.
- [학급 만들기]를 클릭한 후 [학급 개설] 창에서 정보를 입력하여 학급을 개설합니다.
- 학급 개설 시 기본 학급으로 설정하면 학급 목록 중 가장 앞에서 보여지고, 기본 학급 설정은 학급 목록에서 변경할 수 있습니다.
- 개설한 학급 목록을 클릭하면 학급 상세 페이지로 이동합니다.
- 학급 상세 페이지에서 새로운 학생을 추가할 수도 있고, 추가한 학생 목록을 관리할 수 있습니다.
- 추가한 학생을 클릭하면 해당 학생이 만든 작품 페이지로 바로 이동할 수 있습니다.

• 퀴즈 및 실습 문제 •

01 엔트리에 내 컴퓨터에 있는 파일을 모양 추가하려면 어떻게 해야 합니까? 순서대로 번호를 쓰시오.
- [모양 추가] 창에서 [파일 업로드] 탭을 클릭한 후 ⬆를 클릭합니다. (   )
- 블록 꾸러미의 [모양] 탭을 클릭한 후 [모양 추가] 버튼을 클릭합니다. (   )
- [열기] 대화 상자에서 업로드할 파일을 선택합니다. (   )
- 업로드한 파일 중 추가할 파일을 선택하고 [적용하기] 단추를 클릭합니다. (   )

02 다음 중 변수에 대한 설명으로 옳지 <u>않은</u> 것은 어느 것입니까? (   )
① 프로그램에서는 어떠한 정보를 기억하기 위해 '변수' 라는 공간이 필요합니다.
② 변수를 만들면 변수 창이 실행 화면에 생성됩니다.
③ 변수 창은 마우스로 끌어 원하는 위치로 옮길 수 있습니다.
④ 변수의 기본값은 '0' 이고, 변경할 수 없습니다.

03 신호를 사용하여 이전, 다음 버튼을 누르면 소리가 들리고, 정지 버튼을 누르면 소리가 멈추게 만드세요. (웹 주소 : http://goo.gl/Gj56tr)

- 준비파일 : bgm1.mp3, bgm2.mp3
- 오브젝트 : '조명이 있는 무대', '가난한 락커', '플레이어 버튼(1)' 추가하기
- 신호 : '이전곡', '다음곡' 추가하기
- 이전 버튼을 클릭하면 'bgm1.mp3' 가 들리고, 다음 버튼을 클릭하면 'bgm2.mp3' 가 들립니다. 정지 버튼을 클릭하면 모든 소리가 멈춥니다.

▲ '가난한 락커' 오브젝트의 블록 조립소   ▲ 실행 화면

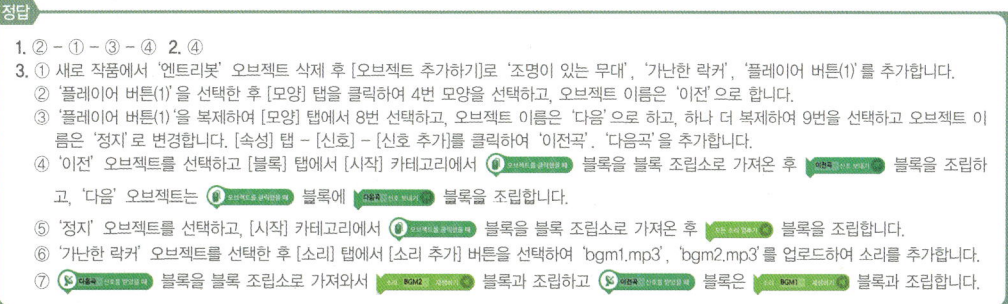

정답
1. ② - ① - ③ - ④   2. ④
3. ① 새로 작품에서 '엔트리봇' 오브젝트 삭제 후 [오브젝트 추가하기]로 '조명이 있는 무대', '가난한 락커', '플레이어 버튼(1)'를 추가합니다.
② '플레이어 버튼(1)'을 선택한 후 [모양] 탭을 클릭하여 4번 모양을 선택하고, 오브젝트 이름은 '이전'으로 합니다.
③ '플레이어 버튼(1)'을 복제하여 [모양] 탭에서 8번 선택하고, 오브젝트 이름은 '다음'으로 하고, 하나 더 복제하여 9번 선택하고 오브젝트 이름은 '정지'로 변경합니다. [속성] 탭 – [신호] – [신호 추가]를 클릭하여 '이전곡', '다음곡'을 추가합니다.
④ '이전' 오브젝트를 선택하고 [블록] 탭에서 [시작] 카테고리에서 [오브젝트를클릭했을때] 블록을 블록 조립소로 가져온 후 [이전곡 신호 보내기] 블록을 조립하고, '다음' 오브젝트는 [오브젝트를클릭했을때] 블록에 [다음곡 신호 보내기] 블록을 조립합니다.
⑤ '정지' 오브젝트를 선택하고, [시작] 카테고리에서 [오브젝트를클릭했을때] 블록을 블록 조립소로 가져온 후 [모든 소리 멈추기] 블록을 조립합니다.
⑥ '가난한 락커' 오브젝트를 선택한 후 [소리] 탭에서 [소리 추가] 버튼을 선택하여 'bgm1.mp3', 'bgm2.mp3'를 업로드하여 소리를 추가합니다.
⑦ [다음곡 신호를 받았을 때] 블록을 블록 조립소로 가져와서 [소리 BGM2 재생하기] 블록과 조립하고 [이전곡 신호를 받았을 때] 블록은 [소리 BGM1 재생하기] 블록과 조립합니다.

Section 15

[도덕] 법과 규칙 문제 풀기

엔트리에서는 객관식 문제를 풀 수도 있습니다. 리스트를 활용하면 객관식 문항수를 조절하여 문제를 출제할 수 있습니다. 여러 장면을 만든 후 장면마다 각기 다른 문제를 내고, 정답을 맞히면서 도덕 공부를 해보겠습니다.

Section 11 | Section 12 | Section 13 | Section 14 | **Section 15**

| 웹 주소 | http://goo.gl/6N1EW9

문제 장면 추가하기   Step 01

01》 새 작품를 만든 후 '엔트리봇' 오브젝트의 블록 조립소에서 블록을 드래그하여 휴지통 위로 가져가서 삭제합니다. [오브젝트 추가하기]를 클릭한 후 [라이브러리 선택] 탭 – [배경]에서 '책 배경'에 체크 표시한 후 [적용하기] 단추를 클릭합니다.

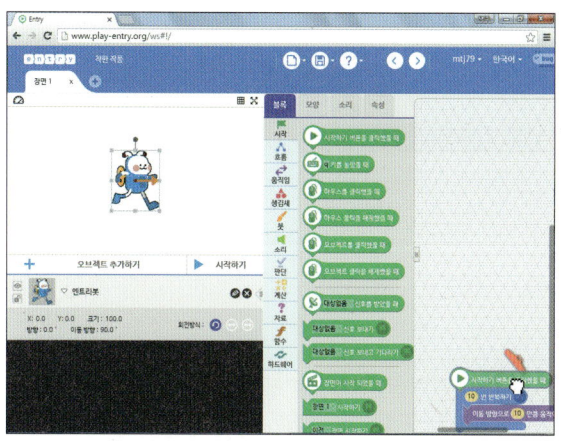

02》 배경으로 책 배경이 나타났으면 다시 한 번 [오브젝트 추가하기]를 클릭합니다. [글상자] 탭을 클릭한 후 입력 창에 '법과 규칙'이라고 입력하고, 도구 모음 중 글꼴은 바탕체, 글꼴색은 검정색, 음영색은 색 없음으로 설정한 후 [적용하기] 단추를 클릭합니다.

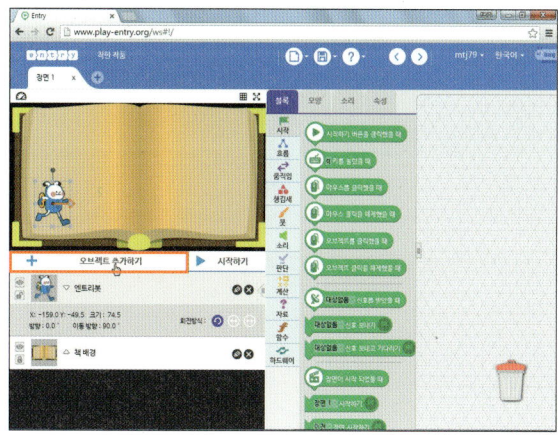

03 〉〉 삽입한 글상자를 드래그하여 실행 화면 왼쪽 위에 위치시키고, 오브젝트 목록에서 '글상자' 오브젝트의 ⚙를 클릭하여 '제목'으로 변경합니다.

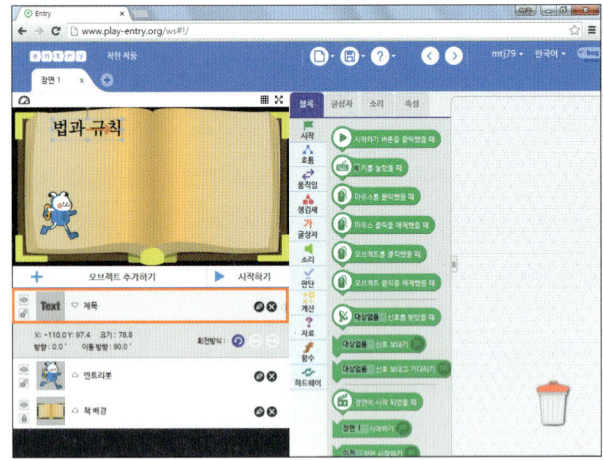

04 〉〉 장면을 추가하기 위해 실행 화면 위의 ➕를 클릭하여 [장면 2]~[장면 5]까지 추가한 후 장면의 이름을 각각 클릭하여 [문제1]~[문제5]로 변경합니다. [속성] 탭 - [변수] - [변수 추가]를 클릭하여 '점수'를 입력하고 [확인] 버튼을 클릭합니다.

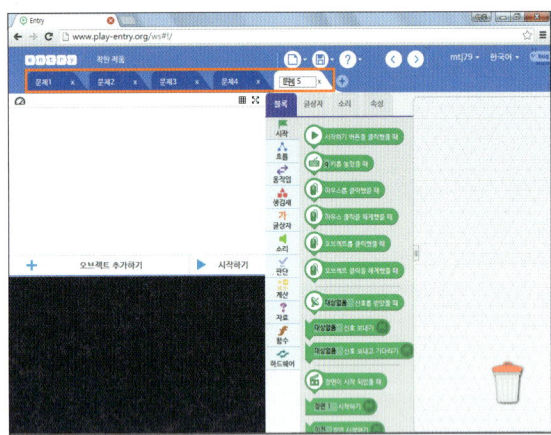
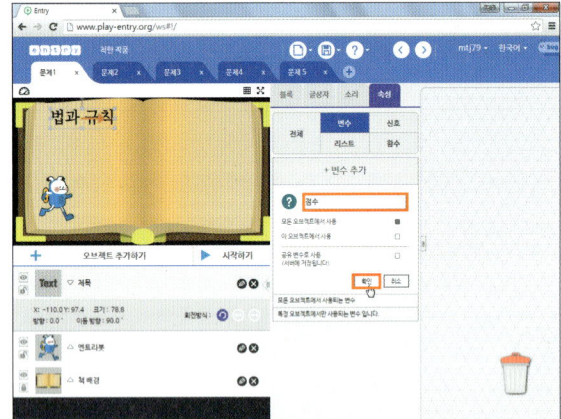

리스트 추가하고 문제 만들기 Step 02

01 ≫ [속성] 탭 – [리스트] – [리스트 추가]를 클릭하고, '문제1'이라고 입력한 후 [확인] 버튼을 클릭합니다.

02 ≫ 리스트 항목 수의 '+'를 클릭하여 항목 수를 '5'로 설정합니다. 각 항목에 항목 값을 입력합니다. 리스트 창은 마우스로 끌어 원하는 크기와 위치로 설정합니다.

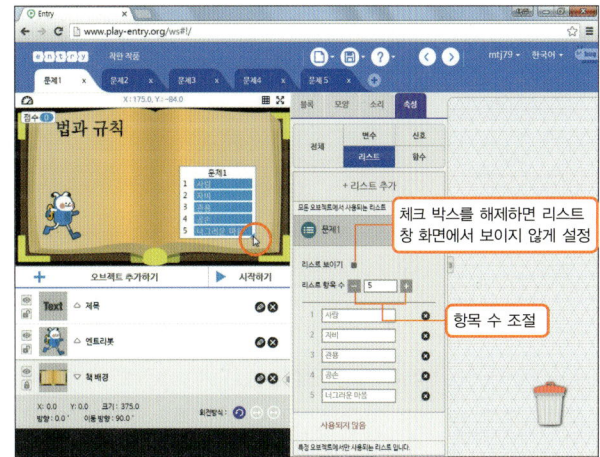

> **리스트**
> 같은 종류의 데이터들이 여러 개일 때, 자료마다 번호를 붙여 '리스트'로 묶어 관리할 수 있습니다. 리스트는 번호를 붙여 관리하는 목록과 같으며, 그 안에는 원하는 만큼의 숫자나 문자를 넣을 수 있습니다.

Chapter 03 엔트리 수업에 바로 활용하기 2

03 리스트로 객관식 문항을 만들었으면 문제를 만들기 위해 '엔트리봇' 오브젝트를 먼저 선택합니다. [시작] 카테고리에서 `시작하기 버튼을 클릭했을 때` 블록을 드래그하여 블록 조립소로 가져온 후 [자료] 카테고리에서 `리스트 문제1 보이기` 블록을 가져와서 조립합니다.

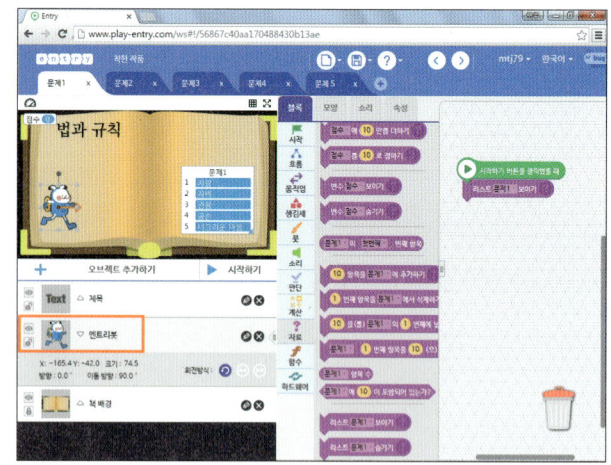

04 블록 조립소로 [생김새] 카테고리의 `안녕! 을(를) 4 초 동안 말하기` 블록을 드래그하여 조립한 후 '안녕!'을 '현수 어머니는 사고를 내서 현수의 다리를 잃게 한 후 도망간 운전사를 용서해 달라고 탄원하였습니다.'라고 입력하고 '4초'는 '2초'로 변경합니다.

05 블록 조립소로 [자료] 카테고리의 `안녕! 을(를) 묻고 대답 기다리기` 블록을 가져와서 조립한 후 '안녕!' 부분을 '어머니의 행동과 관련된 덕목이나 규범에 해당되지 않는 것은 어느 것입니까?'라고 입력합니다.

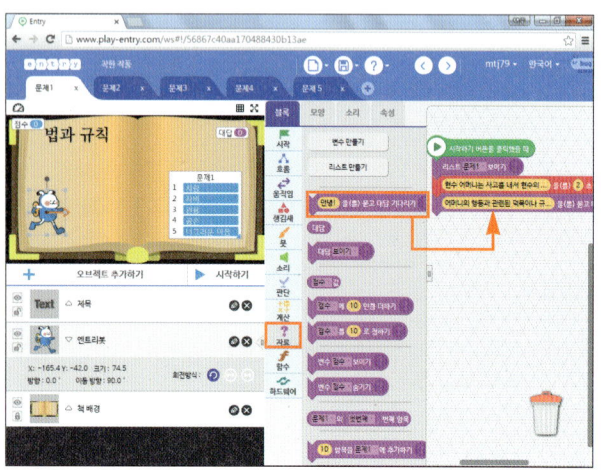

문제의 질문 내용이 너무 길어서 `안녕! 을(를) 4 초 동안 말하기` 블록과 `안녕! 을(를) 묻고 대답 기다리기` 블록에 나누어서 질문 내용을 입력하였는데 보통은 `안녕! 을(를) 묻고 대답 기다리기` 블록만 조립하여 질문을 입력합니다.

06 » 질문에 대한 대답이 정답일 때와 오답일 때를 설정하기 위해 [흐름] 카테고리에서 ![만일 참 이라면 아니면] 블록을 드래그하여 블록 조립소에서 조립합니다.

07 » [판단] 카테고리에서 ![10 = 10] 블록을 블록 조립소의 ![만일 참 이라면 아니면] 블록의 '참' 부분 위에 드래그하여 끼워 넣습니다.

08 » [자료] 카테고리에서 ![대답] 블록을 드래그하여 블록 조립소의 ![만일 10 = 10 이라면 아니면] 블록의 앞쪽 '10'에 끼워 넣고, 뒤쪽 '10'에는 정답인 '4'를 입력합니다. 참일 때 블록 아래와 아닐 때 블록 아래에 각각 ![점수 에 10 만큼 더하기] 블록을 끼워 넣고, 참일 때는 '20', 아닐 때는 '0'으로 수정합니다.

Chapter 03 엔트리 수업에 바로 활용하기 2

09 》 [자료] 카테고리에서 `리스트 문제1 숨기기` 블록을 블록 조립소의 제일 아래쪽에 가져와서 조립한 후 `대답 숨기기` 블록은 `시작하기 버튼을 클릭했을 때` 블록 아래로 조립하여 리스트 문제1과 대답을 숨깁니다.

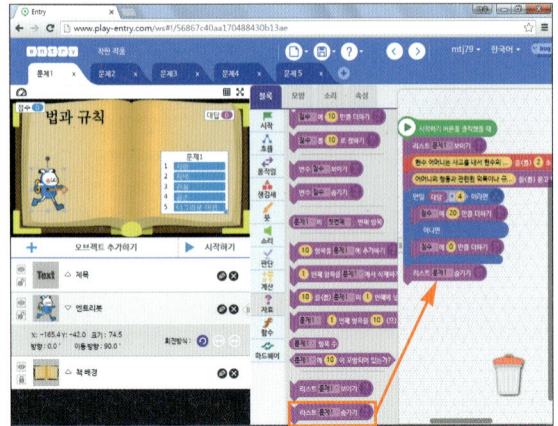
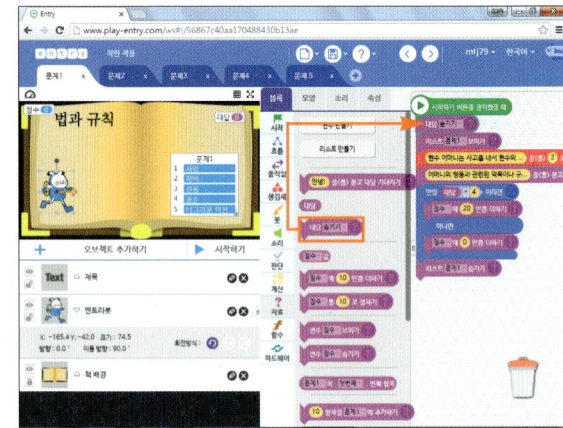

10 》 다음 장면으로 이동하여 [문제2]를 만들기 위해 [시작] 카테고리에서 `이전 장면 시작하기` 블록을 블록 조립소로 가져와서 조립합니다. '이전'은 '다음'으로 변경합니다.

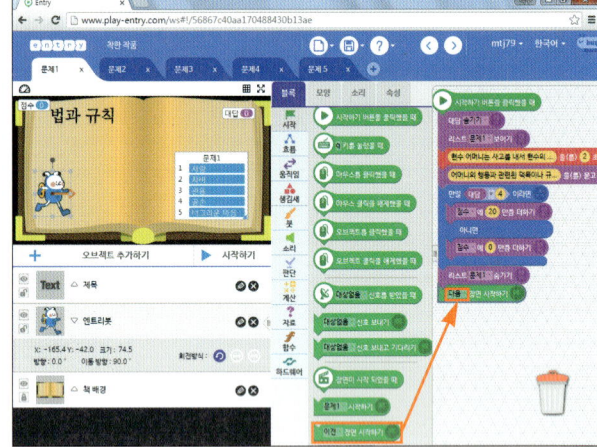

244

Section 15 [도덕] 법과 규칙 문제 풀기

나머지 문제 만들기

Step 03

01》 다른 장면에 나머지 문제를 만들기 위해 오브젝트 목록에서 '책 배경'과 '엔트리봇' 오브젝트를 복사하여 나머지 장면에 각각 붙여넣기 합니다.

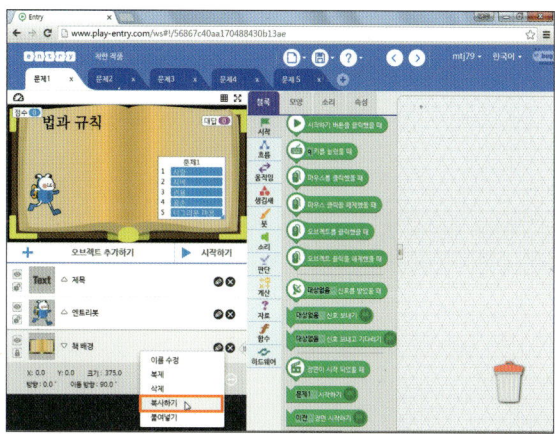 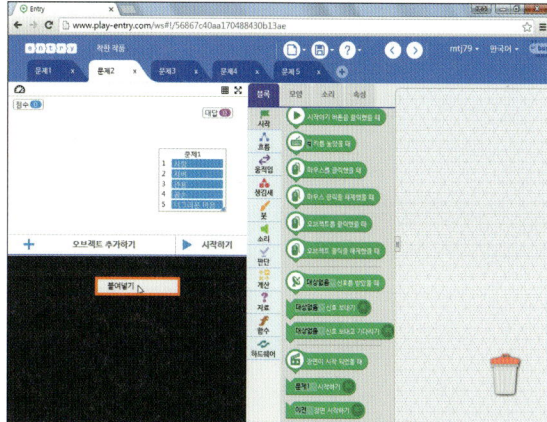

02》 [문제2] 장면을 클릭해도 '문제1' 리스트가 보입니다. [속성] 탭 - [리스트]를 클릭한 후 '문제1' 리스트의 ◎를 클릭하여 [리스트 보이기]의 체크 표시를 해제하여 '문제1' 리스트를 실행 화면에서 숨깁니다.

245

Chapter 03 엔트리 수업에 바로 활용하기 2

03 [리스트 추가]를 클릭하여 '문제2'라고 입력한 후 [확인] 버튼을 클릭합니다. 리스트 항목수를 '5'로 설정하고, 항목 값을 각각 입력합니다. 리스트 창은 마우스로 끌어 원하는 크기와 위치로 설정합니다.

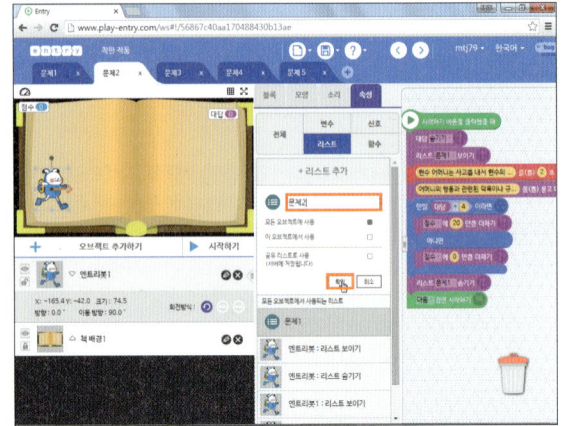 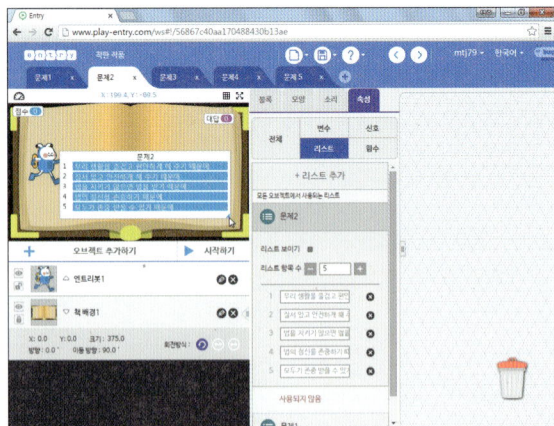

04 [블록] 탭을 클릭한 후 블록 조립소에서 '문제2'에 알맞게 블록을 수정합니다. `시작하기 버튼을 클릭했을 때` 블록은 삭제하고, `장면이 시작되었을 때` 블록으로 변경합니다. `리스트 문제1 보이기` 블록의 '문제1'도 '문제2'로 변경한 후 말하기 블록도 삭제합니다.

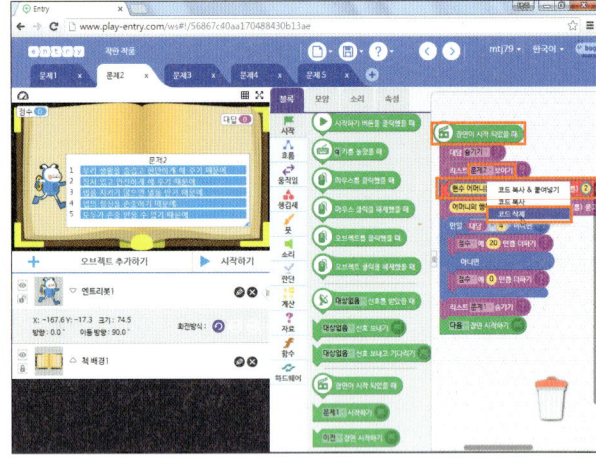

05 묻고 대답하기 블록의 질문 부분은 '문제2' 질문으로 변경하고, 대답은 '3'으로 변경합니다. `리스트 문제1 숨기기` 블록도 '문제2'로 변경합니다.

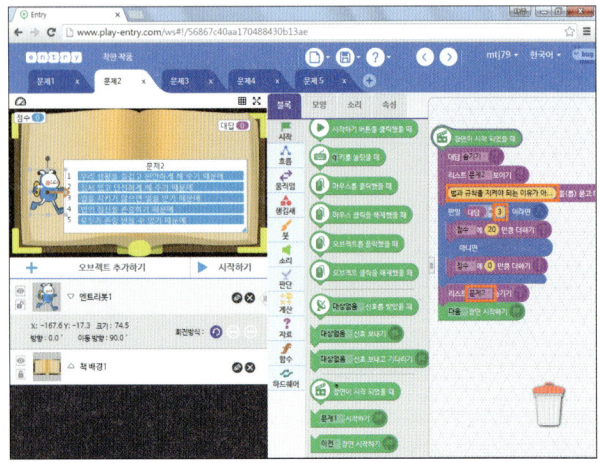

06 >> 같은 방법으로 [문제3], [문제4], [문제5]의 장면도 리스트를 추가하여 블록을 해당 문제에 알맞게 변경합니다.

정답 점수 확인하기 Step 04

01 >> [문제5] 장면을 문제5에 알맞게 변경하였으면 [흐름] 카테고리에서 만일 〈참〉 이라면 / 아니면 블록을 블록 조립소의 리스트 문제5 숨기기 블록 아래에 가져와서 조립합니다.

02 » 문제5번까지 모두 푼 점수가 80점 이상이면 칭찬해주고, 그 이하면 노력하라고 메시지를 주기 위해 [판단] 카테고리에서 `10 > 10` 블록을 블록 조립소의 `만일 참 이라면 아니면` 블록의 '참' 부분 위에 드래그하여 끼워 넣습니다. 자료 카테고리에서 앞쪽 '10'은 `점수 값` 블록을 드래그하여 뒤쪽 '10'은 '80'으로 변경합니다.

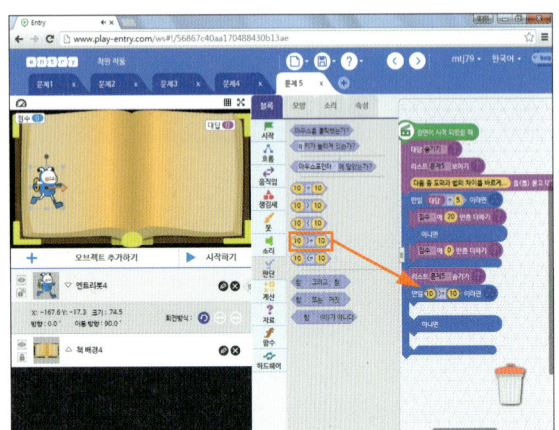 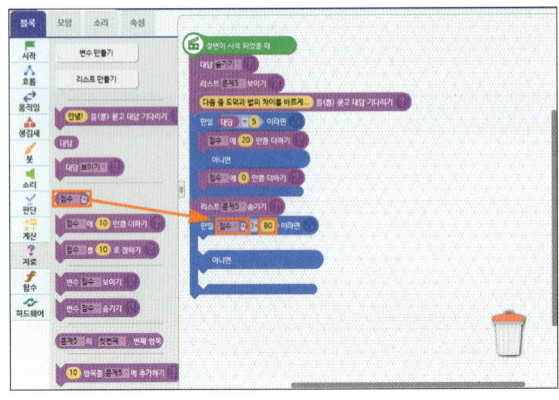

03 » 블록 조립소의 참일 때 블록 아래에 `안녕! 을(를) 4 초 동안 말하기` 블록을 가져와 끼워 넣고, '2초'로 변경한 후 [계산] 카테고리에서 `안녕! 과(와) 엔트리 를 합치기` 블록을 가져와서 '안녕' 부분에 끼워 넣습니다. '안녕!' 블록 위에 [자료] 카테고리에서 `점수 값` 블록을 끼워 넣고, '엔트리' 부분은 '점입니다.'라고 입력합니다. `안녕! 을(를) 4 초 동안 말하기` 블록을 하나 더 가져와서 조립한 후 '안녕!' 부분에 칭찬 말을 입력하고, '2초'로 변경합니다.

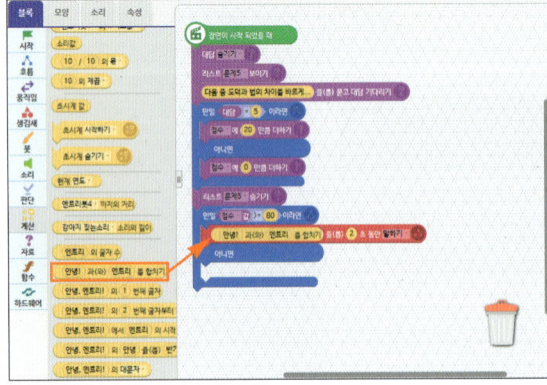 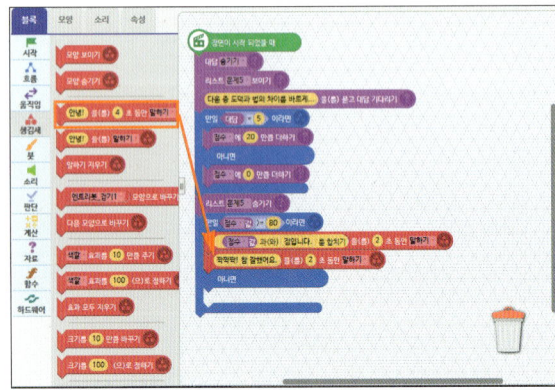

04 ≫ 블록 조립소에서 아니면 블록 아래에도 안녕! 과(와) 엔트리 를 합치기 블록과 안녕! 을(를) 4 초 동안 말하기 블록을 차례로 끼워 넣은 후 같은 방법으로 알맞게 변경합니다.

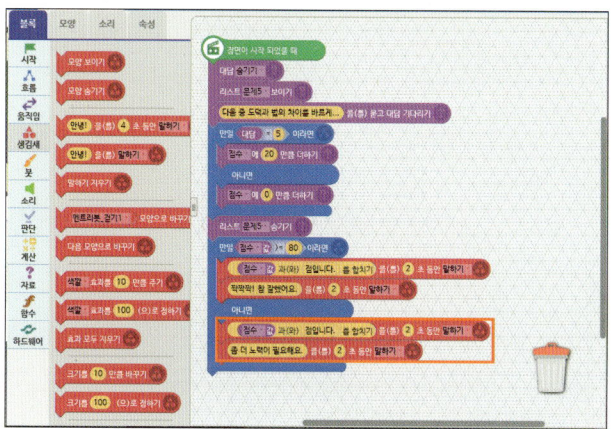

05 ≫ [시작하기] 버튼을 클릭하여 문제를 모두 푼 후 점수를 확인합니다. 확인이 끝났으면 제목을 '[도덕] 법과 규칙 문제 풀기'로 변경한 후 💾 - [저장하기]를 클릭하여 저장합니다.

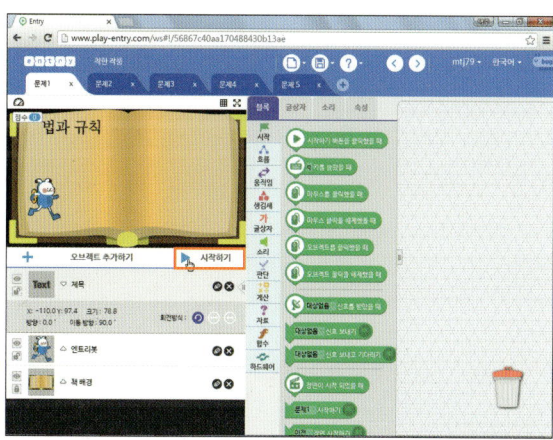

오픈 강의

Step 05

01》 엔트리 상단에 있는 [학습하기] 메뉴 – [오픈 강의]를 클릭하면 강의 목록이 나타납니다. 선택하여 무료 강의를 실습할 수 있습니다. [강의 만들기] 버튼을 클릭하면 직접 강의를 만들 수 있습니다. [엔트리 작품]을 선택합니다.

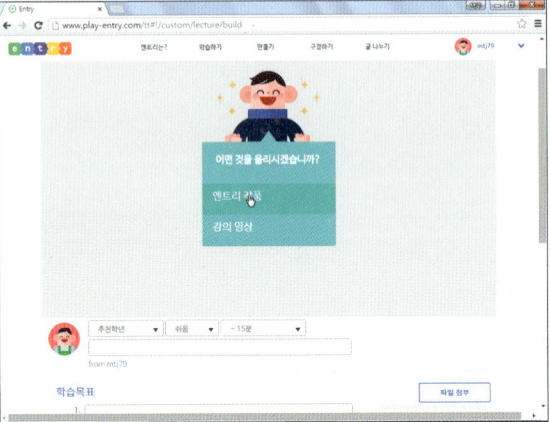

> **오픈 강의**
> 무료 교재/동영상을 보고 예시작품을 차근차근 따라 만들며 프로그래밍을 배울 수 있고, 내가 직접 강의를 만들어 볼 수도 있습니다.

02》 나의 작품 중에서 강의할 작품을 선택한 후 추천학년, 난이도, 학습 시간, 제목, 학습 목표, 설명을 차례대로 입력하고 [다음] 버튼을 클릭합니다.

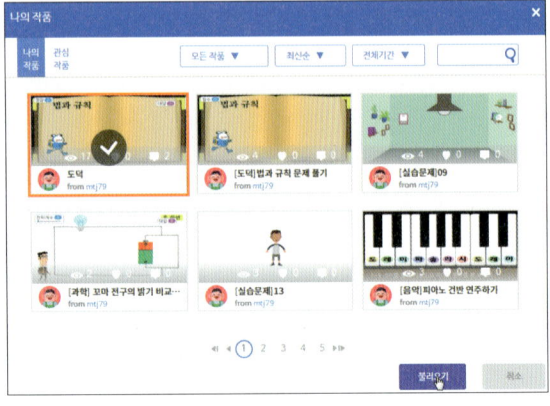
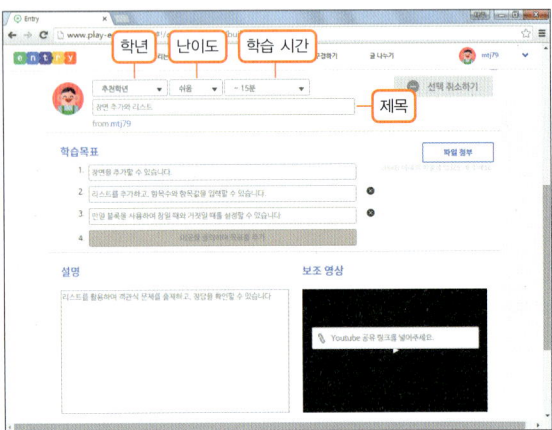

Section 15 [도덕] 법과 규칙 문제 풀기

03 >> 학습에 필요한 기능과 블록만 제한하여 보여줄 수 있습니다. 필요한 기능과 블록에만 체크 표시한 후 [다음] 버튼을 클릭합니다.

04 >> 모든 정보를 올바르게 입력하였는지 확인하고, [다음] 버튼을 클릭합니다. 강의 목록에 내가 만든 강의가 업로드된 것을 확인한 후 클릭합니다.

05 >> [학습하기] 버튼을 클릭하여 학습을 시작합니다. 만들기 화면과 비슷하지만 필요한 기능과 블록만 보입니다. 아래쪽에서 내가 만든 작품을 실행해서 보면서 따라할 수 있습니다.

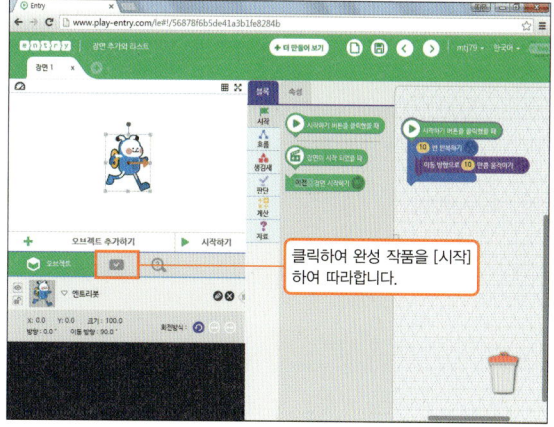

클릭하여 완성 작품을 [시작]하여 따라합니다.

학습정리

❶ 리스트
- 같은 종류의 데이터들이 여러 개일 때, 자료마다 번호를 붙여 '리스트'로 묶어 관리하면 편리합니다. 리스트는 번호를 붙여 관리하는 목록과 같으며, 그 안에는 원하는 만큼의 숫자나 문자를 넣을 수 있습니다.
- [속성] 탭 – [리스트] – [리스트 추가]를 누른 후 리스트 이름을 입력하고 리스트 항목 수를 설정한 후 항목값을 입력합니다.
- 리스트를 만들면 리스트 창이 화면에 생성되는데, 리스트 창은 마우스로 끌어 원하는 크기와 위치로 설정합니다.

❷ [판단] 블록
- `10 = 10` : = 왼쪽에 위치한 값과 오른쪽에 위치한 값이 같으면 '참'으로 판단합니다.
- `10 > 10` : > 왼쪽에 위치한 값이 오른쪽에 위치한 값보다 크면 '참'으로 판단합니다.
- `10 < 10` : < 왼쪽에 위치한 값이 오른쪽에 위치한 값보다 작으면 '참'으로 판단합니다.
- `10 >= 10` : >= 왼쪽에 위치한 값이 오른쪽에 위치한 값보다 크거나 같으면 '참'으로 판단합니다.
- `10 <= 10` : <= 왼쪽에 위치한 값이 오른쪽에 위치한 값보다 작거나 같으면 '참'으로 판단합니다.

❸ 강의 만들기
- 오픈 강의 : 무료 교재/동영상을 보고 예시작품을 차근차근 따라 만들며 프로그래밍을 배울 수 있습니다.
- 강의 만들기 순서
  - 엔트리 상단에 있는 [학습하기] – [오픈 강의]를 클릭한 후 [강의 만들기] 버튼을 클릭합니다. 엔트리 작품 또는 영상 중에서 선택합니다.
  - 추천학년, 난이도, 학습 시간, 제목을 설정하고, 학습 설명을 입력합니다.
  - 필요한 기능과 블록만 제한한 후 강의를 업로드 합니다.
  - 강의 목록에 업로드된 강의의 [학습하기] 버튼을 클릭하면 내가 만든 강의를 학습할 수 있습니다.

퀴즈 및 실습 문제

01 엔트리 기능 중 다음에서 설명하는 것은 어느 것입니까? (   )

> 같은 종류의 데이터들이 여러 개일 때, 자료마다 번호를 붙여 묶어서 관리할 수 있습니다. 번호를 붙여 관리하는 목록과 같으며, 그 안에는 원하는 만큼의 숫자나 문자를 넣을 수 있습니다.

① 변수 ② 신호
③ 리스트 ④ 함수

02 내가 만든 강의를 학습하려고 합니다. 학습 중 완성된 작품을 보면서 실습하려면 어디를 클릭해야 합니까? (   )

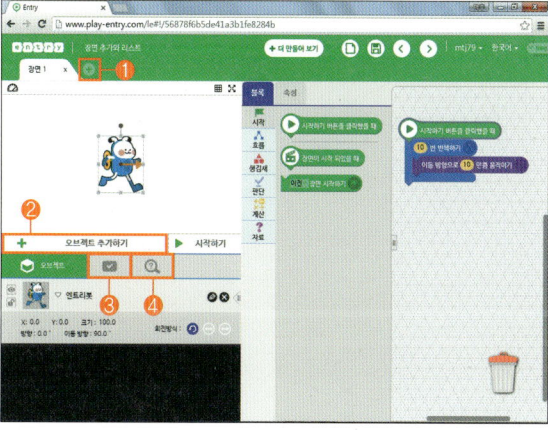

03 왼쪽에 위치한 값이 오른쪽에 위치한 값보다 작으면 '참'으로 판단하는 블록은 어느 것입니까? (   )

① 10 > 10
② 10 < 10
③ 10 >= 10
④ 10 <= 10

04. 다음 실행 화면처럼 질문하고, 리스트를 활용하여 만든 객관식 문항을 보고 대답할 수 있게 작품을 만드세요. (웹 주소 : http://goo.gl/sBu7d0)

- 오브젝트 : '학교 배경', '괴짜박사' 추가하기
- [시작하기] 버튼을 클릭하면 질문이 나타나고, 대답 입력 창이 나타납니다.
- 정답은 '3'으로 설정하고, 정답일 때는 '정답!', 오답일 때는 '땡!' 메시지가 나오게 설정합니다.

▲ 실행 화면

정답

1. ③ 2. ③ 3. ②
4. ① 상단 메뉴 중 🔘 – [새로 만들기]를 클릭하여 새 작품을 만듭니다.
   ② '엔트리봇' 오브젝트를 삭제한 후 [오브젝트 추가하기]를 클릭한 후 [라이브러리] 탭을 클릭하고, '학교 배경', '괴짜박사'를 각각 불러옵니다.
   ③ [속성] 탭 – [리스트] – [리스트 추가]를 누른 후 리스트 이름을 '문제'로 입력하고 리스트 항목 수를 '5'로 설정한 후 항목 값을 입력합니다.
   ④ 리스트 창을 드래그하여 칠판 위로 옮기고, 크기를 조절합니다.
   ⑤ [시작] 카테고리에서 ▶ 블록을 블록 조립소로 가져온 후 [자료] 카테고리에서 블록을 가져와서 조립하고, '안녕!'에 질문을 입력합니다.
   ⑥ 블록을 드래그하여 조립 후 [판단] 카테고리에서 `10 = 10` 블록을 드래그하여 '참' 위에 끼워 넣고, 앞쪽 '10'은 [대답] 블록으로 뒤쪽 '10'은 '3'으로 변경합니다.
   ⑦ 참일 때 블록 아래에 블록을 드래그하여 '안녕'을 '정답'으로, 아니면 블록 아래에는 블록을 가져와서 '안녕'을 '땡!'으로 변경합니다.

학교에서 통하는 엔트리 프로그래밍

1판 1쇄 발행 2016년 4월 30일
1판 3쇄 발행 2017년 10월 16일

저　　자　　문택주, 정동임
발 행 인　　김길수
발 행 처　　(주)영진닷컴
주　　소　　(우)08505 서울시 금천구 가산디지털2로 123
　　　　　　월드메르디앙벤처센터2차 10층 1016호
등　　록　　2007. 4. 27. 제16-4189호

ⓒ 2016., 2017.　(주)영진닷컴

ISBN 978-89-314-5298-3

http://www.youngjin.com